国家级一流本科课程配套教材

教育部现代企业商务运营课程虚拟教研室建设成果

现代企业运营管理与仿真实训

XIANDAI QIYE YUNYING GUANLI YU FANGZHEN SHIXUN

张　莉　章刘成　主　编

杨维芝　副主编

科 学 出 版 社

北　京

内 容 简 介

本书内容涵盖现代企业运营管理的各个环节，不仅包括企业运营管理的相关理论知识，还包括企业运营模拟与仿真的实践环节。本书遵循现代企业运作基本规律，以学生能力和素质提升为指引，将知识运用融合在课程实践中，线上线下全程互动，对提升学生综合能力和素质有较大的帮助。本书分为八个章节以及附录，内容包括：课程导学、企业战略管理、生产能力与生产计划、市场营销、质量控制与价值链管理、人力资源管理、财务报表分析、企业运营仿真综合实践等。

本书是国家级一流本科课程“企业模拟运营决策仿真实验”的配套教材，可作为高等院校经济管理类本科专业实训课程教材，同时也是中国大学生工程实践与创新能力大赛虚拟仿真赛道企业运营仿真竞赛的指导教材，也可作为企业管理人员的培训教材和参考资料。

图书在版编目（CIP）数据

现代企业运营管理与仿真实训 / 张莉，章刘成主编. —北京：科学出版社，2024.7

国家级一流本科课程配套教材

教育部现代企业商务运营课程虚拟教研室建设成果

ISBN 978-7-03-076362-4

Ⅰ. ①现… Ⅱ. ①张… ②章… Ⅲ. ①企业经营管理–高等学校–教材 Ⅳ. ①F272.3

中国国家版本馆 CIP 数据核字（2023）第 174316 号

责任编辑：王京苏 / 责任校对：姜丽策

责任印制：吴兆东 / 封面设计：楠竹设计

科学出版社 出版

北京东黄城根北街 16 号

邮政编码：100717

http://www.sciencep.com

北京华宇信诺印刷有限公司印刷

科学出版社发行 各地新华书店经销

*

2024 年 7 月第 一 版 开本：787×1092 1/16

2025 年 7 月第二次印刷 印张：15

字数：353 000

定价：58.00 元

（如有印装质量问题，我社负责调换）

前　言

有效的企业管理是数字经济时代企业成功的关键。企业管理涵盖了组织架构、资源配置、人力资源管理等方方面面。在数字经济的背景下，企业管理不仅需要注重传统的管理才能，更需要具备数字化和信息化的能力。数字经济为企业管理带来了数据的海量和多元化，企业管理者需要通过数字技术的运用，将这些数据转化为有价值的商业智能，帮助企业实现高效的运营。同时，数字经济也为企业管理带来了变革的机遇。企业管理者可以通过数字技术的创新，重新构建企业的商业模式和运营流程，提升企业的竞争优势和市场地位。

企业运营仿真是一种模拟和模型建立的方法，通过模拟仿真系统，可以研究和评估不同决策对企业运营的影响。企业运营仿真在数字经济时代发挥着越来越重要的作用。在一个复杂和不确定的市场环境中，企业运营仿真可以帮助企业预测和评估各种经营策略和决策的风险与回报。通过仿真分析，企业可以优化生产和供应链管理、改进销售和营销策略，并提高企业的运营效率和盈利能力，以适应激烈的市场竞争和不断变化的商业环境。

本书系统地阐述了把握数字技术和信息化机遇的理论，同时通过企业运营仿真开展企业数字化运营实践。在数字经济时代，企业管理者不仅需要具备数字化、信息化的能力，还需要通过运营仿真实训，模拟预测和优化企业的运营决策，提高企业竞争力。

党的二十大报告指出："我们要坚持教育优先发展、科技自立自强、人才引领驱动，加快建设教育强国、科技强国、人才强国，坚持为党育人、为国育才，全面提高人才自主培养质量，着力造就拔尖创新人才，聚天下英才而用之。"①教材是教学内容的主要载体，是教学的重要依据、培养人才的重要保障。在优秀教材的编写道路上，我们一直在努力。

本书由经济管理国家级实验教学示范中心（哈尔滨商业大学）经管实践教学团队组织编写。参与编写的还有教育部现代企业商务运营课程虚拟教研室成员单位、中国大学生工程实践与创新能力大赛虚拟仿真赛道企业运营仿真竞赛组委会成员单位等。全书将现代企业管理理论与企业运营仿真模拟实训系统融合撰写，理论内容全面，实践操作科学合理。

本书由张莉、章刘成任主编，杨维芝、陈伟宏任副主编，谢红燕、杨海军、吕凤岐、陈丽燕参与编写。

由于作者水平有限，书中难免有疏漏之处，恳请广大读者批评指正。

编　者

2024 年 3 月

---

① 《习近平：高举中国特色社会主义伟大旗帜 为全面建设社会主义现代化国家而团结奋斗——在中国共产党第二十次全国代表大会上的报告》，https://www.gov.cn/xinwen/2022-10/25/content_5721685.htm。

目　录

第1章

课程导学

学习目标

1. 了解数字经济视角下的现代企业运营管理的相关变革与创新。
2. 了解现代企业运营管理概念发展。
3. 了解数字经济时代企业运营管理的机遇与挑战。
4. 掌握数字经济时代企业运营管理的基本框架；熟悉数字经济下企业运营创新。

引导案例

太阳洲：数字化赋能企业运营

太阳洲2021年的发展可以用思考、变革和收获加以体现。太阳洲利用信息化和自动化的新技术来为企业数字化业务赋能，以应对流行病、汇率和地缘政治等不确定因素，使得企业在生产效率和产品质量方面取得了重大进展，全年销售额同比实现两位数增长。与此同时，公司始终将创新材料和方法纳入其输送机产品中，在国内外市场发展中取得了成功。

2010年太阳洲开始实施ERP（enterprise resource planning，企业资源计划），以加强公司生产管理和业务流程规划。经过多年发展，该系统现已实现人力资源、金融、生产、销售和采购流程全覆盖，且已经实现所有数据全部进入系统，减少了人工的统计与录入。太阳洲于2005年开始进行自动化革命。最初在制造丝输送机零部件方面实施了自动化，随后扩展到货物的制造，最终目标是通过整合自动化和信息技术，创建一个完全自动化的生产线，涵盖整个过程。自动化技术显著提高了效率，降低了劳动力成本。2010年，注塑生产线有46名工人，在引入并完善自动生产线后，劳动力减少到6人。

随着AR（augmented reality，增强现实）、VR（virtual reality，虚拟现实）、AI（artificial intelligence，人工智能）以及数字孪生（digital twin）等技术的不断革新，第四次技术革命即将到来。太阳洲通过战略规划，加强企业管理，不断研发顺应市场趋势的新产品，与全球技术趋势保持一致。将重点放在以新质生产力为领导的新型数字和智能技术上，旨在实现高效能、高质量和低成本的业务流程，以支持纺织业的数字化转型和升级。

资料来源：墨影.2022. 太阳洲：数字化赋能企业运营. 纺织机械，（2）：51.（有改动）

1.1 现代企业运营管理概述

关于运营管理的概念有多种不同的解释，但多数都结合了管理的概念，与管理有很多重复之处，只是侧重点和范围不同而已。比较有代表性的是，运营管理是计划、组织与控制职能对组织资源进行设计、计划、控制和维护改善，产出满足客户需求的产品和服务的过程。结合企业管理的实际，企业运营管理是对企业生产运作系统及其过程进行设计、计划、组织、控制，按照质量、数量、成本、进度要求提供市场所需产品或服务的管理活动。运营管理是实施“实现目标的业务运作”管理，内容包括经营目标、业务流程、运营制度和运营过程。运营管理的最终目标是整合内部资源、建立运营秩序、控制运营成本、防控运营风险、提高运作效率、提升经营效益。

运营管理的新特征和发展趋势主要有三方面。一是现代企业运营管理涵盖的范围越来越广。从单纯的生产运作管理扩展到企业经营管理的方方面面，成为现代企业管理的核心。二是多品种小批量混合生产方式成为主流。随着需求的多样化和特性化，大批量少品种的生产模式逐渐让位于小批量多品种的生产模式，柔性运营模式成为主流。三是信息技术成为生产运营系统控制与管理的重要手段。工业 4.0 和数字化革命促使运营业务向信息化和数字化方面转型，商业智能、仓储管理、供应关系管理、客户关系管理、制造执行管理等业务系统极大地提高了运营效率。

我们主要讨论数字经济视角下的现代企业运营管理的相关变革与创新。

当前，我国正面临新一轮科技革命产业变革与经济结构转型升级的双重机遇与挑战，在百年未有之大变局的背景下，党和国家高度重视数字经济，早在 2016 年的二十国集团领导人第十一次峰会（又称 G20 杭州峰会）通过的《二十国集团数字经济发展与合作倡议》就首次将“数字经济”列为 G20 创新增长蓝图中的重要议题。2017 年《政府工作报告》首次将“数字经济”写入政府工作报告，明确了促进数字经济加快成长的要求。党的二十大工作报告中指出：“加快发展数字经济，促进数字经济和实体经济深度融合，打造具有国际竞争力的数字产业集群。”[①]

数字经济的本质是将大数据、人工智能、区块链、云计算等新一代信息通信技术与传统商业模式进行融合，是经济增长的重要引擎和动力，具有数据支撑、融合创新、开放共享三大特征。数据支撑是指数据资本取代实体资本成为支撑价值创造和经济发展的关键生产要素，是数字经济最本质的特征。利用数据资本挖掘消费者潜在需求是开拓新商业模式、创新产品服务的关键。随着数字技术的发展，数据资本的虚拟存储提高了搜索效率，减少了使用数据进行价值创造的成本。融合创新是指新一代信息技术发展使创

① 《习近平：高举中国特色社会主义伟大旗帜 为全面建设社会主义现代化国家而团结奋斗——在中国共产党第二十次全国代表大会上的报告》，https://www.gov.cn/xinwen/2022-10/25/content_5721685.htm。

新过程脱离了从知识积累、研究到应用的线性链条规律，创新阶段边界逐渐模糊，创新过程逐渐融为一体。数字技术形成了产品与组织的松耦合系统，使产品和服务创新更加灵活，组织的协调沟通成本降低，并且突破了时空界限。数字经济的另一关键特征是开放共享，逐渐网络化、平台化。作为开放、共享、共生的生态体系，网络平台的出现为传统经济注入新活力。平台的强连接能力可以加速产业的跨界融合和协同生产进程，同时形成产业数字化集聚。

数字经济通过技术和商业模式创新，不断推动技术赋能，丰富经济新内涵。大数据、人工智能、物联网、5G、区块链等数字技术的快速发展，推动了数字经济爆发式增长。数据要素作为数字经济的原动力，成为全球数字竞争的角力前沿。中央首次公开提出数据作为生产要素参与分配，标志着我国正式进入“数字经济”红利大规模释放时代。数字经济引发经济社会生产、生活方式深刻变革。数字经济催生了线上新模式、产业新业态、就业新形态，创新了生产要素供给关系。

从发展理念看，绿色共享贯穿主线。绿色低碳和可持续发展的数字生活新模式，可以有效降低生产过程中的资源浪费，提高存量资源利用效率。从参与主体看，跨界融合主体多样。企业间通过跨界协作实现价值链重塑。从要素投入看，数据驱动创新发展。数据要素的可复制性强、迭代速度快、复用价值高、无限供给等的特点可以快速发现知识、创造新价值、提升新能力。因此，数字经济为国民经济发展和企业服务营运提供了全新动能。在纷繁复杂的世界政治与经济格局中，数字经济时代企业运营与服务管理也面临诸多的挑战，亟须通过数字经济全面赋能企业运营与服务创新。数字经济对企业运营服务与管理的各个领域产生了革命性的影响。

一是供应链运营与服务体系将被重塑。企业供应链管理的业务范围将会逐步延伸，日常运营的决策颗粒度和时效性日益多样，外部环境的不确定性和风险与日俱增，传统的供应链运营与服务体系将难以适用于未来的市场需求，智慧供应链将会成为企业的核心竞争力。

二是物流管理的储、运、融、生等环节需要得到全面的提升。数字技术给物流在仓储管理、配送管理、物流金融以及物流企业协同运作等方面带来了革命性改变，智慧物流将成为数字经济时代提高企业运作效率、降低运营成本等的重要手段。

三是现有零售的全生态将会被重新构造与全新赋能。数字经济时代会对商品的生产、流通与销售过程进行升级改造，进而重塑生态结构与生态圈，并对线上服务、线下体验进行深度融合。

四是共享经济成为提升闲置资源利用效率和供需匹配能力的经济新范式。在共享经济运行机制中，实现闲置资源共享的前提是交易成本足够低，即闲置资源的利用成本总是比购置或生产新的资源更加便宜。

五是环境服务型企业成为我国壮大绿色环保产业、培育新经济增长点的必然选择。在生态文明建设的关键时期，环境治理由过去的以政府推动为主转变为政府推动与市场驱动相结合，培育环境治理和生态保护市场主体。环境服务型企业的智慧运营与服务模式创新势在必行且影响深远。

随着技术不断创新，现代企业运营管理的内涵不断得到扩展，运营管理数字化转型，并不只是表面上的数字技术应用，而是一场深层次、长久性的变革。现代企业务必要做好长期奋斗的准备，逐一调整自身的经营方向、生产模式、组织管理以及战略目标，顺应新时代的发展要求，持续落实数字化转型任务，以此来为我国社会经济的稳定发展增效赋能。

在数字经济背景下，企业运营管理是一项复杂的系统工程，需要从各个方面进行创新和发展。当前，我国的数字经济还处于初步发展阶段，企业要不断地完善市场体系、提高客户满意度以及服务水平等，从而促进企业健康、快速、稳定地向前发展。同时，也应该加强工作人员对新技术的应用，提升工作人员的素质，只有这样，才能使其更好地为客户提供更优质和更高效、快捷的服务，满足客户个性化的需求。

1.2 数字经济时代企业运营管理的机遇与挑战

1.2.1 数字经济时代企业运营管理的机遇

1. 数字经济推动企业生产方式变革

在数字经济蓬勃发展的时代背景下，市场需求正逐渐成为技术革新的驱动力。通过精细地封装和供给企业流程化信息与知识，我们能够实现更加高效的集成化管理和系统优化升级，从而显著提升资源的利用效率。数据赋能，作为一种新兴的力量，正在有效地推动单个企业生产模式的转型与协调。借助先进的信息化技术，企业可以从多个维度深入挖掘消费者的真实需求，进而精准地改进产品和服务。这一变革不仅促进了智能化生产方式的升级，更在宏观层面推动了整个经济系统的结构优化。

2. 数字经济推动企业内部管理变革

智能设备性能的扩展和产生的多维度数据重新定义了用户价值、竞争模式和竞争边界，采集到的海量数据为企业业务流程的优化以及标准化提供了条件，但也增加了维持竞争优势的难度和成本。人工智能、区块链、云计算、大数据等数字技术正逐步应用到企业运营中，为实现柔性制造和运营风险管控能力提升提供了技术支撑，但这也意味着企业内部组织管理结构必须做出适应性调整。在颠覆式创新与替代式竞争的数字规则下，企业内部组织结构趋于扁平化、网络化，对工厂的数字化改造使得企业生产管理趋于柔性化（图 1-1）。

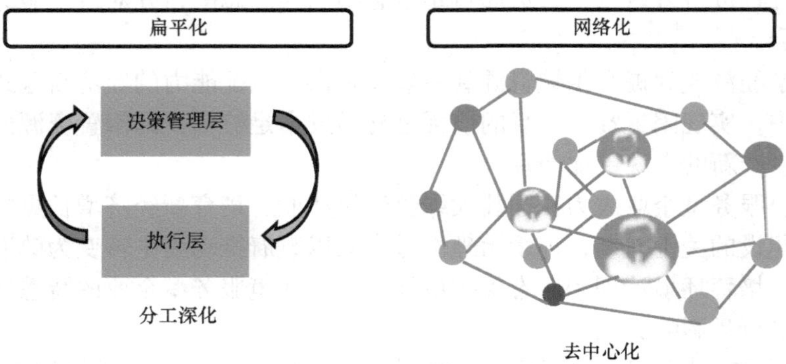

图 1-1 数字经济下的组织结构

3. 数字经济推动商业模式变革

在数字经济背景下，企业能够更高效地捕捉客户需求，通过互联网、数据挖掘等技术实现数据赋能，如通过多渠道采集用户需求实现精准营销、产品迭代更新，对生产流程进行精细化管理达到制造资源配置优化的效果。企业借助数字化新技术对供应链管理、生产设计、销售推广等关键环节进行柔性化改造，推动其商业模式创新，逐渐形成网络化产业集群。“移动+平台+智能” 趋势凸显，产业深度融合。随着信息基础设施建设的统筹推进和移动智能数字终端的普及应用，面向细分领域的信息共享、交易等平台促进产业协同发展，智能移动办公、智慧出行、线上购物等平台的发展给消费者带来便利，传统制造商逐渐从对内容或智能场景的服务体验的重视中走向现代化。

1.2.2 数字经济时代企业运营管理的挑战

1. 创新流程迭代加快，对企业运营管理提出新的要求

企业需要将创意、信息、知识和资源的“外部流入”和“内部流出”结合起来，才能有效推动创新。企业需要通过不断创新来挖掘价值链中各环节的利益空间，但产品的生命周期缩短带来了资金和人才短缺两大主要挑战。创新的加快必然带来技术发展和行业时尚的变化，而对于我国中小企业和劳动密集型企业来说，引进先进的智能生产线，满足定制化需求的投入成本较高，回报周期长，部分企业转型意愿不高。另外，企业没有足够的核心技术和创新管理人才的积累。目前，熟悉信息化与生产制造的综合型人才较少，而普通高校的培养方案又与企业的用工需求不匹配，存在创新能力弱等问题。

2. 信息环境复杂化，给企业运营管理带来新的压力

在数字经济时代，市场信息可以帮助企业进行风险管控，把握发展机遇。开发专业性信息化平台的成本较高，制造行业需求差异较大，共享信息平台的数据具有多点、多角度、多维度联结的特点，可靠性难以保障，这给企业战略制定增添了不确定性，如何在海量的信息中，剔除无用、虚假信息，对企业进行数据筛选、处理、分析的能力提出了高要求，需要企业决策管理人员有较强的信息甄别能力，同时树立信息安全意识。

3. 环境要求趋严，给企业运营管理带来新的挑战

我们国家越来越重视生态文明建设和环境保护。当前我国正处于生态文明建设与经济转型升级的关键时期，企业的数字化运营管理极大地推动了信息和压力的传导速度，势必影响企业绿色运营和绿色服务管理领域的相关决策和实践。如何应用互联网、信息化、数字化等新技术，在节能减排的同时降本创收，是企业提高竞争力、实现绿色运营和高质量发展的关键。

1.3 数字经济时代企业运营管理的基本框架

1.3.1 数字经济赋能对企业运营管理的影响

数字技术的快速发展促成了数字经济以数据为支撑、用创新来融合、以开放共享为新模式的时代特征，进而给传统企业服务运营管理的数字化、创新化、平台化等方面带来诸多挑战。数据成为新的经济增长要素，改变了传统意义上的规模经济和范围经济，企业间的数字化竞争是速度和效率的竞争。数字经济快速向传统企业渗透，新业态、新模式不断涌现，企业如何形成数据化思维、适应新的商业模式并实现跨界发展显得尤为重要。此外，数字化过程中如何保护数据隐私安全、强化知识产权意识也是需要考虑的问题。随着云计算、人工智能等新兴技术的快速发展和使用，网络空间和物理空间的融合进一步促进了创新资源配置范围的拓展和资源配置效率的提高，创新范式也从工程化、机械式的创新体系向有机式的创新生态系统演变。融合创新使创新阶段模糊，创新过程和结果相互影响，主体更加多元化和复杂化。企业创新不仅要适应自身定位，更要联动政府、科研院所等主体，适用于社会化生产、开发和创新的过程。在数字经济条件下，互联网平台企业的出现及商业生态系统的拓展推动网络化快速发展。从数字技术应用出发，企业服务运营要强化产业间的网络效应、打破传统产业内涵的边界；同时，平台经济改变产业格局，企业应注重内、外平台兼顾发展，重塑产业网络化形态。

1.3.2 数字经济下企业运营管理机制

企业运营管理创新的核心目标在于为顾客提供有竞争力的产品。要实现这一目标，企业必须了解客户及其需求，根据客户需求设计有针对性的产品，然后合理定价产品并做出适当的库存管理决策。数字经济时代企业运营管理创新理论框架，如图 1-2 所示。根据上述数字经济特征以及相关影响机制，从企业运营管理的产品开发、计划、采购、制造、仓储配送、市场营销等核心环节进行相关的理论与方法创新阐述。

1. 产品开发

数字技术可以实现更适合用户需求的产品设计、更好的性能和更高的效率。首先，大量的消费者使用数据和社交媒体数据为公司准确设计符合市场趋势的产品提供了可能。其次，数字仿真、虚拟现实、增强现实等技术的发展，促进了数字技术作为设计工具的使用，对产品的各种物理参数进行精确的模拟和仿真，并以可视化的方式进行展示。最后，为了更好地满足数字时代消费者需求日益个性化的趋势，最大限度地实现个性化设计，很多公司已经开始利用云计算技术将越来越多的功能转移到云服务器上，增强与用户的关系。

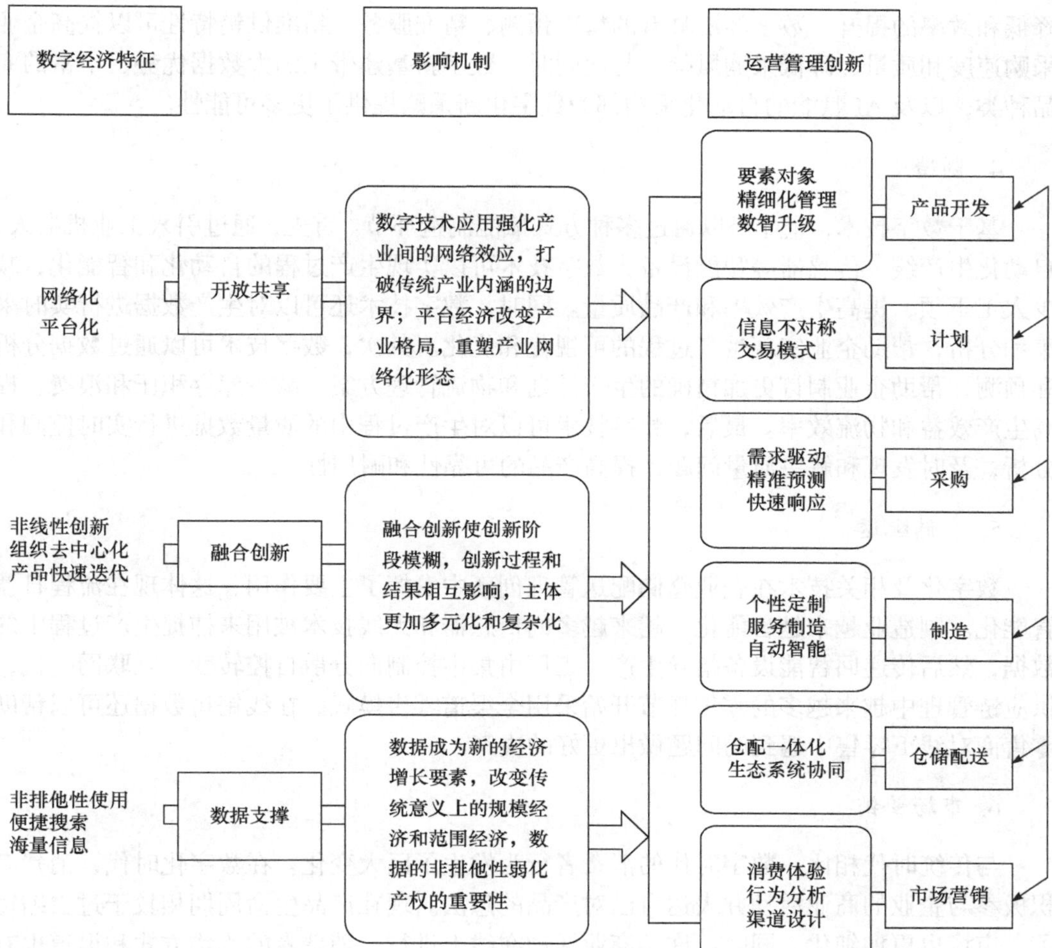

图 1-2　数字经济时代企业运营管理创新理论框架

2. 计划

计划是企业经营管理的基础。数字技术可以收集并分析大量的数据，包括市场趋势、消费者行为、竞争对手战略，基于此做出合理规划。数字技术可以通过数据分析和模拟预测等手段，对计划进行更加精确和全面的评估，从而确保计划的可行性和有效性。利用数据分析技术，管理者可以更准确地了解当前情况，预测未来趋势，从而做出更明智的决策。通过创建物理系统的数字副本，企业管理层可以在虚拟环境中模拟和优化业务流程。这有助于他们在不影响实际运营的情况下测试新策略或调整计划。同时，数字技术还可以根据实际情况对计划进行调整和优化，以适应外部环境的变化和内部需求的变化。

3. 采购

数字技术能够记录消费者的各种行为，并通过对相关行为数据的分析，对市场需求和行动进行精准预测，进而实现全周期精准供销服务的快速响应，同时实现采购成本的降低和效率的提升。数字经济具有的精准预测、精准服务、精准供销特性可以提高企业采购速度和质量、降低采购风险。与此同时，数字新基建带来的大数据优势、丰富的商品种类，以及AI赋能的自动化采购都为数字化新采购提供了更多可能性。

4. 制造

基于数字技术，企业可以通过多种方式赋能制造环节。首先，通过引入工业机器人、自动化生产线、传感器等智能设备，数字技术可以实现生产过程的自动化和智能化，减少人工干预，提高生产效率和产品质量。同时，数字技术还可以对生产数据进行实时采集和分析，帮助企业实现生产过程的可视化和优化。其次，数字技术可以通过数据分析和预测，帮助企业制订更加精确的生产计划和物流管理方案，减少库存积压和浪费，提高生产效益和物流效率。最后，数字技术可以对生产过程中的质量数据进行实时监测和分析，及时发现和解决质量问题，提高产品的可靠性和耐用性。

5. 仓储配送

数字化及相关技术在企业仓储配送管理创新中发挥了主要作用，这体现在流程日益智能化。制造业越来越智能化，越来越多的传感器和无线技术被用来捕捉生产过程中的数据，然后传递回智能设备指导生产，工厂由集中控制向分散自控转变。互联网时代，供应链管理中越来越多的零售环节开始采用全渠道零售模式。在线销售数据还可以帮助零售商对线下零售中遇到的问题做出更好的决策。

6. 市场营销

与传统时代相比，数字时代的消费者行为发生了巨大变化。在数字化时代，消费者积极参与企业的商业活动并表达自己对产品的想法。现在产品生命周期相较于过去缩短了，市场也更加细化。同时，许多商业活动在线上进行，消费者的购物方式和渠道也有很多选择，所以消费者在购买商品时更加注重个人的消费体验。

1.4 数字经济下企业运营创新

1.4.1 企业数字化竞争与战略

数字化竞争是企业转型速度与效果竞争的表现，体现为应用数字化技术促进企业业务转型或扩张形成多样化竞争形式。在传统企业发展中，新一代原生数字企业冲击着传统企业的发展，如数字媒体打破了传统媒体形态，今日头条等新闻聚合器、微信及微博等社交网络快速发展，新闻传播方式发生了变化，用户对新闻生产过程与品牌认知也发生了变化。而且，新兴数字企业出现跨界竞争，如企业从传统数据服务转入通信设备制造与互联网接入市场。当前，数字化转型有很好的效果，促使企业更好地顺应数字时代发展，增强人才、资本及品牌等方面的竞争优势。

现阶段，客户或企业员工，在日常工作生活中对数字技术有了更强的依赖性。数字技术有利于促进企业有效融合线下实体与线上虚拟空间，实现协同进化发展，促进企业应用数字化技术调整并更新内外部互动方式。日常工作中，企业从真理层面理解数字技术的变化，合理制定决策驱动数字化技术发展，自上而下培养员工养成良好的数字意识与良好的工作习惯，主动学习并应用数字技术，创新传统工作流程并支持新数字业务发展，全面提高工作效率创新商业模式，在变革进行中有效抓住机遇创造更多的经济效益。

1.4.2 数字化管理及商业模式

企业数字化管理可利用新方式创造经济利润，提高客户与员工价值理念。在战略层面，企业要先明确数字化战略目标，明确主要负责人并制订详细计划，保障内部上通下达并更加认同企业组织，向组织外明确传递数字化转型预期。另外，为了更好地应用数字化技术、满足数字化转型要求，企业要对传统组织结构进行合理的调整，加强数字化业务与职能工作整合。随着时代的进步，商业活动数字化水平不断提高暴露出了一些问题，如数据分析师专业人才不足等。此种情况下，企业可通过内培外聘方式，构建良好的工作环境吸引数字化人才，结合数字化战略更新企业内部文化建设。数字化平台利用线上技术构建了一个双边或多边化的创新商业模式，打破了传统行业发展边界，还形成全新的社群市场。原有互相竞争的企业或不同需求的用户都可参与平台建设。数字技术的应用，有效降低了平台运营过程中对基础设施与有形资产产生的需求。同时，零成本传递并复制数字化信息、经验与数字系统等，使智力扩展成本不断减少。平台有很多获益方式，如交易佣金的收取、服务费单方面的收入等。此外，平台还基于其丰富的数据资源服务于市场营销、数据交易及投资咨询等。数字平台不断扩大的参与用户规模及增长的互动数量，有效地提高了平台价值指数，为网络平台效应的形成奠定了基础。

1.4.3 数字化创新市场与营销

传统市场中，用户大多是被动接受产品，而在数字经济时代，用户可参与企业日常经营活动，并表达自己对产品的意见。因产品生产周期变短、市场发展呈现精细化趋势，用户忠诚度变弱、线上商业活动趋势及用户消费渠道多元化等，用户更加注重个人消费体验。所以，企业要积极搜集、汇总并分析用户消费数据，整理分析线上与线下用户，结合用户实际需求进一步完善服务创新内容，保障用户实际消费体验效果，以此增强用户购买欲望。在数字化转型时代，数字营销是企业发展的主要驱动力，因而企业应采用数字媒体技术构建优质化数字品牌，完善虚拟与实体空间用户体验效果，积极与用户互动。为了塑造良好的口碑与品牌形象，企业加强网络社交营销是十分必要的，因此，企业要充分发挥数字媒体技术优势，更好地满足客户感知需求，实现用户消费与售后保障等无缝衔接，借助分享想法、完善设计、众筹、成立产品讨论组及粉丝社区等模式积极参与相关商业活动。

1.4.4 数字化创新产品与生产

企业借助数字化技术对产品功能与形态进行调整，实现数字化功能。例如，运动服中安装数字化传感器获得消费者信息，企业根据这些数据结合数字化技术对产品进行优化创新，以此保障产品使用效果从而增强竞争力。此外，在企业传统产品生产中，服务提供面临数字化转型，如借助 3D 打印技术进行产品加工。在实际生产中，根据传统制造工艺及数字化技术，能够提高产品生产质量与效率，促进企业快速转型服务。生产制造只有实现数字化才能实现精益化生产目标，因而企业要在虚拟环境中应用数字技术建立模型、进行验证与仿真，在数据平台中统一所有前后端生产环节，增强生产过程的柔性、灵活及智能化特点。

1.4.5 创新商品与服务贸易

现阶段，数字化贸易范围不断扩大，企业利用互联网或数字交换等先进技术，改变了生产及服务模式，缩短了交易时间与成本投入，快速形成共享经济模式。而且，融合线上或线下模式，企业借助数字平台打破了时空有限性，促使其快速简化贸易流程。客户输出数字贸易服务知识比较密集，因此要重视企业与用户间的交流互动性。另外，数字贸易具有创新性，因而企业在对外输出产品或服务过程中，应积极学习并应用各类新知识与技术，加大创新力度，确保知识应用模式与新技术、生产要求保持一致。而且，企业还要进一步完善数字资源及知识产权保护体制，规范应用数字金融管理工作，充分发挥信息技术作用提高企业管理效率。数字经济时代的企业数字贸易活动受云计算或互联网等技术影响有了更广泛的服务范围与产品种类，为用户提供了更多选择机会。基于现有资源优势，应用数字技术便于企业在全球范围内找到人才、供应商及合作伙伴，对生产与创新进行重新组织以构建丰富的产品线，更好地满足用户个性化需求。

1.5 现代企业运营仿真实验

现代信息技术给经管类实验项目的发展带来新的机遇。大数据、机器学习、模式识别、物联网、人工智能、云计算等技术的出现为经管类实验项目的设计提供了有力的工具。随着虚拟仿真技术的快速发展及其在教学中的广泛应用，我们得以充分利用这一技术的优势，有效解决学生实践经验不足的问题。

虚拟现实技术主要包括桌面式虚拟现实（Desktop VR）系统、完全沉浸式虚拟现实（Fully-immersive VR）系统、分布式虚拟现实（Distributed VR）系统三种类型。其中 Desktop VR 具有高仿真性且成本相对较低，应用广泛。虚拟现实技术的教育教学被称为“V-Learning”。已有的研究初步证实：虚拟仿真实验实训教学通过提供高仿真、可视化的教学内容，创设具有临场感、沉浸感和交互性的实训教学情境，能够提升受教育者的学习行为意愿，进而提高学习效果。

线上利用虚拟仿真技术，以实际社会经济系统结构及运行规律为基础，结合教学需求，构建虚拟仿真系统运行模型，实现“将企业搬进校园”的高度仿真。通过模拟训练，让学生身临其境体验企业的实际运营与管理过程，弥补经管类课程尤其是实验课程中学生参与性不足的问题。利用虚拟仿真技术进行企业模拟运营，对于提高学生的认知能力和企业运营管理能力具有积极作用。

线下利用配有相应的虚拟仿真教学硬件设备，老师结合真实企业案例，对学生模拟运营数据进行分析和点评，学生在真实案例中检验决策优劣，让学生将所学理论知识应用于模拟运营决策仿真实验。同时线下真实的团队组建和分工，让学生通过角色扮演，学会合作共赢，真实体验职场的艰辛与喜悦。

企业运营仿真系统（实训软件）的模拟性质显著，它基于对企业经营环境和内部职能的精准模拟，利用计算机和网络技术重现商业实战场景。学生在这种环境中扮演各种企业管理角色，根据系统条件进行决策，并通过决策效果来不断调整和优化决策策略。

此类实训旨在培养学生在复杂环境下的决策能力，包括竞争意识、战略经营观念、经济观念、信息观念、人际交往与技术分析能力以及团队合作精神等。学生通过分析市场环境、制定企业战略、产品开发与特性设计、营销网络建设等一系列活动，独立做出运营决策，并通过多个经营周期的管理来比较经营绩效。在教学组织上，结合传统讲授与角色扮演，让学生分组成立虚拟企业，并围绕实训内容完成各种演示报告，从而实现教学方式的革新和学生综合能力的提升。

企业运营仿真实验的教学目的是让学生在虚拟商业环境中体验企业间的竞争与合作，掌握经营管理的理论知识，培养创新思维和创业意识，锻炼实践能力、创新能力和应变能力。通过实验，学生能深入理解企业内部各部门的职能、特性及其相互影响；认识到战略计划的重要性；掌握财务管理的目标和内容，学会分析财务报表；理解产、供、销平衡及各部门间的沟通协调的重要性；将所学管理知识融会贯通并应用于实践；掌握经营基本要求，发掘并有效运用经营经验。

我们打造的企业运营仿真系统以企业供应链业务流程为主线，覆盖现代制造企业及其外部关联方，形成全景商业生态圈。该平台设计灵活，能够按需组合虚拟仿真场景，实现多专业知识的协同应用，全面训练学生的职业素养和专业能力。系统采用 B/S（browser/server，浏览器/服务器）架构和云平台模式，支持多种网络环境，具有良好的可扩展性和数据交换能力，便于教师进行教学管理和学生自主学习。该平台的组织架构如图 1-3 所示。

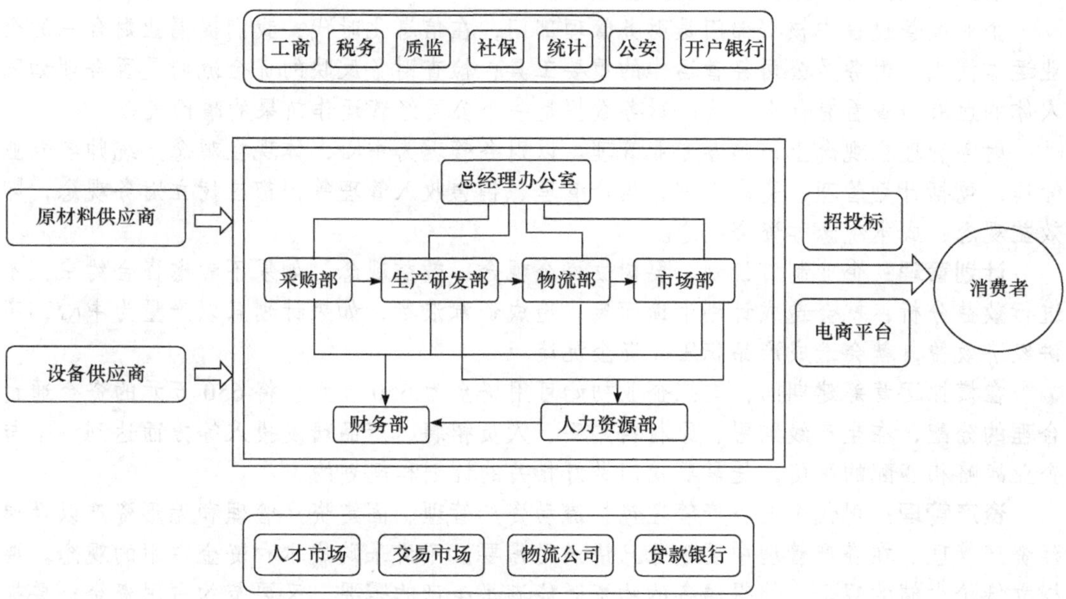

图 1-3　企业运营仿真竞赛云平台架构示意图

网络共享资源

现代企业商务运营课程虚拟教研室：http://jys.qyyyfz.com/。

中国大学生工程实践与创新能力大赛虚拟仿真赛道企业运营仿真赛项：http://sx.qyyyfz.com/。

实验空间——国家一流课程“企业模拟运营决策仿真实验”：https://www.ilab-x.com/details/page?id=4920&isView=true。

智慧树课程：https://coursehome.zhihuishu.com/courseHome/1000008804#teachTeam。

国家高等教育智慧教育平台：https://higher.smartedu.cn/course/6260b153f29a9e60d0f25c24。

阅读材料

企业经营的本质

企业经营的本质是什么？如何做到？或者我们模拟经营的本质又是什么？其实二者答案是一样的，就是前面我们设定的企业目标。追求利益最大化，这就是企业经营的本质，也是最终目的。

至于如何做到，那就需要资金、人力、物力投入，通过产品的销售、劳务的提供等方式获得利益，如果回报大于投入，那就是获利，如果回报小于投入，那就是亏损。

开源与节流：

开源：开拓市场，尽量提高销售收入和毛利。

节流：减少费用支出，尽量降低成本。

企业经营过程中核心部门是财务管理部门，在信息化时代，我们提倡业财合一的企业运作模式。财务是公司经营运作的重要工具；检查财务反映的资金流向是否合理如同人体的血液检查看有什么症状；财务数据是一个公司经营运作效果的晴雨表。

财务管理在观念上统帅各专业管理。以财务管理为中心，体现在观念上统帅各专业管理，包括计划管理、资产管理、生产管理、销售收入管理等，都应树立财务观念，即效益观念、成本观念和资金观念。

计划管理：企业制订计划，要树立资金观念、效益观念。如果不考虑资金约束，不进行效益分析，就会造成计划半途而废，造成资源浪费，如果计划只以产量为中心，不讲经济效益，就会造成产品积压，资金沉淀。

在模拟运营筹建期间，虚拟企业初始可用资金为650万元，将650万元的资金通过合理的分配，在生产线购置、原材料购买、人员招聘、产品研发投入等方面达到一个与企业战略相匹配的平衡，是需要我们做好相关的计划和规划的。

资产管理：现代企业资产管理包括流动资产管理、固定资产管理和无形资产以及递延资产管理。在资产管理中要破除只讲满足需要，不讲采购成本和资金占用的观念。要树立低价少储的观念，使得储备的物资既能满足生产的需要，又要节约占用资金；要抓好固定资产的管理，避免资产的闲置与流失，同时盘活闲置资产，使其保值增值，给企业带来效益；要重视企业的无形资产，企业的形象与信誉，是给企业带来效益的重要保障；要树立极强的经济意识，让企业的资产活起来，流动起来。

在模拟运营中，我们主要将资产抽象提炼成固定资产（生产线）、流动资产（现金、原材料存货、产成品存货）等形式，无形资产以及递延资产在模拟系统中没有做相应的设计。

生产管理：包括产品开发、生产组织、质量管理和设备管理等。这些部门容易出现重技术、轻效益的现象，更应树立财务观念：产品开发要适销对路，工艺安排和原料配比上不能只讲质量不讲成本；工序配合不能只讲速度，不讲半成品资金占用；质量管理上要谋求质量收入大于质量成本。

在模拟运营中，我们要在筹备期将生产和研发做好规划和设计。生产线的购买，直接影响生产能力的大小，生产能力的大小是决定生产量的一个重要因素。产品质量的好坏，当然由研发经费投入的多少直接决定，所以说，产品的生产管理在系统中具有重要的作用和地位，合理使用资金进行生产预算和研发投入，是决定成败的先决条件。

销售管理：在计划经济条件下，产品是“皇帝的女儿不愁嫁”，步入市场经济后，产品的销售工作遇到了难题，于是，市场的定位和开拓成为企业的头等大事。再好的产品，没有合适的渠道，没有市场和消费者的认可，就没有销路，也就没有收入。没有销售收入的企业，在开源节流中，也就断了资金周转的活水，切断了企业的命脉。

我们在模拟竞争中，要做好市场销售情况的分析，选择好主要市场和次要市场，通过营销投入和价格策略，获得较好的市场占有率。在模拟运营中，市场占有率的稳步提升，是企业利润获得和市场地位确认的关键因素。而且，在模拟系统中，当期的销售收入有一半的资金可以用于当期购买原材料、生产线等事项，对当期的现金流也是一个很好的补充，从而使财务杠杆更加趋于合理。

思考与练习

1. 数字经济的本质特征是什么？
2. 数字经济如何影响企业运营管理？
3. 数字经济背景下，企业的创新表现在哪些方面？
4. 为了应对数字经济的机遇和挑战，管理者如何实现企业运营创新？

第2章

企业战略管理

学习目标

1. 学习企业内外部环境分析的内容，掌握战略态势分析的思路和方法。
2. 理解企业战略承诺的内涵及表现形式。
3. 掌握战略目标的内容，了解制定有效战略目标的基本要求，并学会制定战略目标的方法与技巧。
4. 理解战略实施的性质、作用以及基本过程。
5. 探讨动态和复杂环境下战略实施的特点，分析战略实施过程中的难点。
6. 学习战略实施保障体系的关键构成要素及其作用。

引导案例

新宝电器的战略演进过程

广东新宝电器股份有限公司（以下简称新宝电器）成立于1995年，是一家主要从事小家电出口加工的制造企业。经过不断发展，新宝电器于2014年成功上市，2022年营业收入超过137亿元人民币。在坚守主业发展的前提下，新宝电器历经多次战略调整，现已成长为面向全球的、具有技术创新实力的小家电上市企业，被媒体誉为“小家电出口隐形冠军”。

2014年之前，新宝电器一直将自己界定为专门从事西式厨房小家电产品出口代工的企业，即原始设备制造商（original equipment manufacturer，OEM）。身处于劳动密集型、低附加价值的小家电制造行业，新宝电器一直面临着巨大的转型升级压力与跨越行业边界的诱惑。在此期间，即使有许多发展潜力、盈利水平更高的行业可以进入，新宝电器战略管理者一致认为盲目进行不相关多元化难以为企业建立、保持和发挥核心专长带来帮助。因此，新宝电器在清晰的战略选择下，既没有偏离战略定位，也没有因为外部环境恶化（如2008年金融危机）而放弃自己的战略承诺。借助中国低成本生产优势及全球中低端小家电产业转移，新宝电器先后在高效制造、产品应用开发、产业链整合等环节构建了关键竞争优势，实现了从原始设备制造商到原始设计制造商（original design manufacturer，ODM）再到原始品牌制造商（original brand manufacturer，OBM）的发展轨迹。

2017 年，新宝电器销售规模不断扩大，随之而来的各种成本的上升使企业面临盈利下降的风险。此外，企业外部环境也发生了变化，"一带一路"倡议的刺激和互联网经济的影响，为新宝电器的发展带来了各种新的机会与威胁。经过评估和分析企业外部环境的变化及其影响，新宝电器战略管理者一致认为上述变化并非根本性的，企业战略承诺和基本战略选择无须改变，但战略实施保障体系有待完善。因此，新宝电器主动调整规模和效益增长的要求，加大股权多元化和管理模式创新，为国内营销发展提供了强有力的支撑。

2020 年，全球暴发疫情，中美关系处于低谷，新宝电器在国际和国内市场的销售额却呈现逆势增长，利润总额和利润率创历史新高。尽管成绩令人振奋，但新宝电器战略管理者更关心疫情带来的"宅经济"的可持续性以及小家电市场高增长对长期中国小家电市场发展的影响。因此，新宝电器战略管理者也总结了疫情期间的高增长所暴露出来的战略问题，并思考如何将其转变为企业构建和强化核心专长的战略机遇。

当前，新宝电器正在加速国际化进程，积极开拓国外市场。2023 年成功收购印尼和声东菱有限公司，标志着新宝电器已成为拥有海外生产基地的国际化企业。面对未知变化，新宝电器秉持"拼搏、奉献、团结、协作"的理念，拥抱变化，在机遇和挑战中砥砺前行。

资料来源：根据新宝电器官网、年报、《企业战略管理（第 3 版）》（蓝海林等编著，中国人民大学出版社，2021 年）及其他相关资料整理。

2.1 战略管理导论

商场如战场，若不能运筹帷幄，又怎能决胜千里？引导案例表明，新宝电器战略演进的过程，实则是在特定经营环境下，运用战略管理手段不断建立、保持和发挥其核心专长的过程。因此，本章主要介绍企业战略管理的相关理论知识，旨在引导学习者从战略的高度把握企业经营决策的关键走向，做到承诺坚定、决策科学、行动迅速且富于创新。

本节内容主要分为四个部分：第一部分，我们从企业所处的经营环境出发，探讨企业经营决策中的核心问题；第二部分，介绍企业战略管理的定义与活动，让大家了解战略管理的一般内容及其内在联系；第三部分，阐述企业战略管理体系，旨在提高企业战略实施的有效性；第四部分，补充说明企业战略管理理论在企业运营仿真中的适用性。

2.1.1 企业经营决策中的核心问题

当今时代，科技进步和经济全球化步伐加速，新技术、新行业、新商业模式不断涌现。竞争日益激烈，使得企业所面临的经营环境正在步入“乌卡时代”（VUCA），即易变性（volatility）、不确定性（uncertainty）、复杂性（complexity）和模糊性（ambiguity），进而给企业经营决策者带来了诸多挑战。

“乌卡时代”的企业经营环境使得管理者难以根据当前环境进行理性分析和预测。无论是制度环境、技术环境、产业环境还是竞争环境，都存在极大的不确定性。市场变化难以预期，许多影响企业战略的机会和威胁在战略实施过程中逐步显现。因此，“计划赶不上变化”的常态化要求企业经营决策者思考怎样在动荡的环境中，建立、保持和发挥核心专长，并在战略行动上展现出更高的速度和创新水平，以应对在企业经营过程中的各种机会和威胁。

随着社会的发展，企业除股东以外的其他利益相关者对企业生存与发展的影响日益加大，企业边界也逐渐模糊。客户、供应商、员工、股东、当地社区，以及政府等利益相关者对企业的期望不断提高，企业的经营目的不再是简单地追求股东财富最大化。因此，这要求企业经营决策者具备足够的战略思维和策略手段，关注整个社会的发展趋势，把握制度环境的特点，以更强的社会责任感和正确的价值理念制定企业的经营管理决策。

为了确保企业的正常运营与发展，经营决策者需要关注一系列密切相关的经营决策，大到关乎企业生存与未来发展的长期性决策，小到企业当下的一般经营决策。为了保证企业的持续经营，经营决策者往往需要兼顾长期性、中期性与短期性决策，并制定出各目标协调一致的经营决策。然而，随着企业规模与业务范围的扩大，管理的复杂性和困难度也将提升，对企业管理者的经营能力和决策速度提出更高要求。因此，企业经营决策者需要有效管理决策时间与注意力分配，在有限的信息获取和响应时间内，从战略高度把握长期、根本、重大的经营决策。

综上所述，企业经营决策中的核心问题概括如下。

（1）在经营环境动态性和不确定性加剧的情况下，如何使企业在动荡环境中有效应对各种潜在机会和威胁，保持并加强自身竞争优势？

（2）随着企业经营目的趋向多元化，如何有效协调各种利益相关者之间的关系，同时实现社会效益和经济效益的共同发展？

（3）面对环境不确定性的提升，企业经营决策的复杂性随之增加，企业管理者如何将有限的时间和注意力集中在最关键的决策上？

为此，企业经营决策者需要借鉴企业战略管理思想，从战略高度审视经营决策的制定与实施过程，以建立、保持和发挥企业的核心专长。

2.1.2 企业战略管理的定义与活动

1. 企业战略管理的定义

在国内主流战略管理教材中，蓝海林等将企业战略管理定义为：企业在动态适应和利用环境变化过程中，为建立、保持和发挥核心专长而采取的一系列长期、重大和根本性的决策或者行动，这些决策或者行动之间具有连续性和一致性。

在相对静态的经营环境下，企业战略可视为一种计划，一种事前、主动的决策，以及在时间和信息充分条件下的理性决策。然而，在相对动态的经营环境下，企业战略则呈现为一系列动态的决策，包括事中和反应性决策，以及在时间和信息不充分条件下的非理性决策。

因此，企业战略是一种计划，但其形式、制定流程以及实施方式取决于企业所处经营环境的性质和特点。例如，我们不能否认战略制定出来后，事前制定的战略有可能在事中进行调整；不能否认我们主动做出的决策，有可能因为经营环境的变化被动地做出调整；也不能否认我们的理性决策，有可能在进行事中调整时更多地基于价值的选择。

2. 企业战略管理的活动

企业战略管理活动跟其他管理活动并无本质差异。任何重要的活动都需要专业化的管理，包括计划、组织、指挥、协调和控制，这样才能够提高活动的有效性和效率。一般而言，企业战略管理活动可以划分为战略制定、战略实施以及战略评价与控制三个部分。然而，在不同的经营环境下，这三个活动的相互关联及时间顺序有所差异。

在相对静态的经营环境下，企业战略管理的各项活动具有较为明显的时间先后顺序，各部分活动界定相对清晰。此时，企业战略制定、实施、评价与控制可视为按照时间先后划分和排列的几个阶段。具体地说，首先是企业战略制定，其次是实施战略，并在实施过程中根据战略计划评估进度、调整偏差，最后是根据实施效果对战略制定进行反馈并修正方案，形成循环。

然而，在相对动态的经营环境下，战略管理者需要根据实施过程中出现的机会和威胁进行实时调整。如图 2-1 所示，企业战略管理的各个活动密切相关，并且各个活动的时间先后顺序以及各个活动之间的界定也相对模糊。例如，战略管理者在战略实施过程中可能需要对企业战略进行调整。由于经营环境可能较为动荡，及时、恰当的战略调整能使企业化被动为主动，从而有效适应和利用外部环境变化。

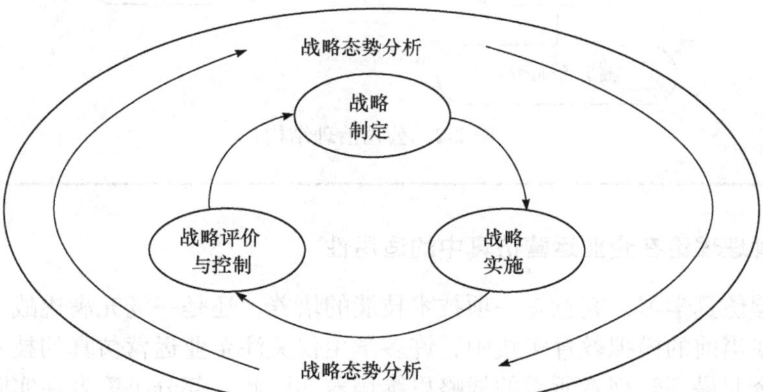

图 2-1　企业战略管理的活动模型

2.1.3　企业战略管理体系

企业战略管理体系分为战略态势分析、战略制定与战略实施三个方面。

第一，战略态势分析涵盖外部环境分析和内部环境分析。外部环境分析旨在识别企业经营环境中所孕育的机会与威胁，内部环境分析则着眼于发掘企业在资源和能力等方面的优势和劣势。

第二，战略制定主要包括战略承诺与战略选择。为了建立、保持与发挥核心专长，企业需要基于核心价值观和企业社会责任，在战略选择上做出明确取舍和坚定承诺，从而保证企业能够动态适应并有效利用经营环境的变化。

第三，战略实施涉及战略实施的基本过程及保障体系。战略实施是一个持续调整、不断适应的过程，企业战略管理者需要根据环境、市场和竞争对手的变化，对事先制定的企业战略进行必要的调整。保障体系则是包括但不限于领导、组织结构、资源配置等相关要素之间的相互作用，为战略实施过程提供有力支持。

专栏　公司的基本治理结构

健全的公司治理结构包括四个主体：股东大会、董事会、监事会以及高层管理团队（图 2-2）。高层管理团队是由董事会聘请和委托组建的，专门负责企业经营决策的职业管理团队，通常包括总经理、副总经理及其他被明确规定为企业高层的管理者。需要注意的是，企业战略决策的制定主要由高层管理团队承担，他们通常以理性为判断依据，并将决策方案提交董事会审批。董事会则以追求企业价值为核心，坚守企业的战略承诺。

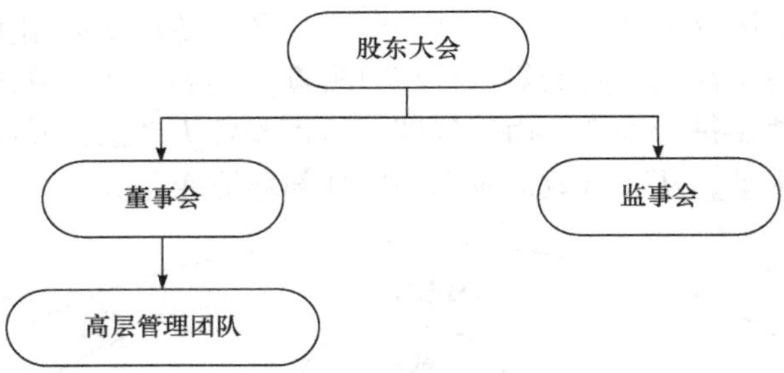

图 2-2　公司治理结构

2.1.4　战略管理理论在企业运营仿真中的适用性

企业运营仿真学习，究竟是一项技术技能的培养，还是一场充满挑战和激情的商业经营游戏？在当前的模拟教育实践中，许多学生仅关注企业运营仿真的技术性训练，却忽视了作为企业最高管理者所需的战略思维培养。因此，部分决策者在实际操作中往往依赖于过去的经验或他人的建议进行决策，却难以阐述自身决策的依据。实际上，对企业战略管理的学习与战略思维的培养，有助于提升自主决策的勇气，并为经营决策提供有力的判断依据。企业战略可以是理性的，也可以是非理性的，只要符合个人价值判断，均可以成为决策的依据。

在企业运营仿真中，企业战略管理的思维显得尤为适用。一方面，战略管理者作为企业最高层次的管理者，他们的决策影响着企业整体的发展。在企业运营仿真中，学习者扮演着企业最高层负责人的角色，所做出的决策也是在全局层面上进行整合性的规划。因此，学习者需要思考如何协调企业各职能部门，以达成全局最优或满意决策。另一方面，战略管理具有长期性的特点，战略决策是对企业未来较长时期内生存和发展的统筹规划。在企业运营仿真中，学习者在接手一家企业后，同样以虚拟企业经历一段特定时期（通常为八个回合）后的盈利能力、偿债能力、发展潜力以及团队表现为评判标准，来衡量比赛胜负。

2.2　战略态势分析

本节内容主要分为三个部分。第一部分，从市场基础观和资源基础观两种不同角度探讨战略态势分析的方法，并阐述两者之间的区别与联系；第二部分，阐述外部环境分析的必要性及其主要分析内容，明确为何以及如何进行外部环境分析；第三部分，讨论内部环境分析的必要性及其主要分析内容，阐明为何以及如何进行企业内部环境分析。

2.2.1　市场基础观和资源基础观

1. 相关观点概述

在战略态势分析领域，存在两种看似矛盾的观点：市场基础观与资源基础观。

（1）市场基础观主张战略态势分析应从外部环境出发，聚焦于发掘潜在机遇和规避风险。企业战略选择应紧跟外部环境的需要。例如，在战略实施过程中，宏观经济走势、行业竞争格局和生产要素采购成本等外部因素对企业经营与发展产生了重要影响。因此，企业战略管理者在制定战略时，要揭示可能影响企业未来发展的各种机遇和挑战，充分考虑外部环境因素，并主动适应外部环境需要。

（2）资源基础观强调企业异质性，主张从内部环境出发进行战略态势分析。通过剖析企业自身资源、能力优势和劣势，发挥企业的核心专长。例如，企业战略管理者需要充分了解企业现有的生产资源、融资能力、营销能力以及产品创新能力等。因此，在制定战略的过程中，企业战略管理者应该揭示可能影响企业未来发展的各种优势和劣势，充分考虑自身资源与能力现状，并主动强化自身的核心专长。

上述两种观点在战略态势分析时的起点和分析角度都是不同的。市场基础观强调外部的各种机会与威胁，资源基础观则聚焦于企业内部资源与能力的优势和劣势。那么，在进行战略态势分析时，我们究竟应该采纳哪一种观点呢？

2. 两种观点的相互关系

事实上，无论是市场基础观还是资源基础观，对企业未来发展的洞察都具有重要的指导意义。分析企业外部环境，可以帮助战略管理者更加清晰地了解企业所面临的潜在机会与挑战，而对企业内部环境的剖析则有助于揭示企业核心专长的不足。这两种观点各自抓住了战略态势分析的一个重要方面，共同为企业提供了一张全面的风险与机遇图谱。

企业外部环境为战略抉择提供了丰富的选项，内部环境则为企业做出的适宜选择提供了依据。只有将外部环境和内部环境分析相结合，企业才能做出明智的战略决策。无论战略态势分析的顺序如何，确认企业所面临的机会、威胁、优势和劣势都需要将外部和内部环境分析结果进行比对和融合，因为这些因素都具有相对性。

为便于理解，我们接下来将分别介绍外部环境分析和内部环境分析的相关知识。但需要强调的是，在实际分析过程中，并不需要严格遵循外部环境分析或者内部环境分析的先后顺序。

2.2.2 外部环境分析

1. 概念定义与必要性

企业外部环境是指那些存在于企业外部而又对企业未来经营和发展产生战略性影响的各种因素或者变量的总和。

企业外部环境具有多变性，所有企业都面临着一个不断变化的外部环境。其中，部分变化可以被视为机会，另一些则被视为威胁，还有一些变化介于机会与威胁之间，加剧了环境的复杂性。在企业战略制定过程中，战略管理者需要关注行业竞争环境对企业发展的影响，同时也要认识到企业也是形成行业竞争环境的一个重要参与者。作为企业战略管理者，首要职责是洞察、预测和分析环境变化的趋势，以制定应对策略，适应并利用外部环境的变化。企业战略是为了应对外部环境的重大、长期和根本性变化而采取的一系列以建立、保持和发挥核心专长为目的的决策或行为。企业所采取的每一项决策或行为都与如何更好地把握外部机会和应对外部威胁相关。因此，开展外部环境分析是有效进行战略决策和实施战略管理的重要基础。

2. 外部环境分析的内容

企业外部环境主要包括宏观环境、市场环境、行业环境和竞合环境四个方面（图 2-3）。下面我们将分别对这四个方面进行简要阐述。

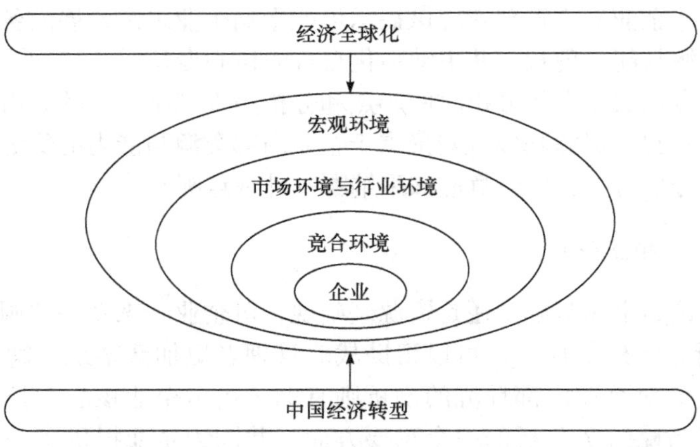

图 2-3　外部环境的基本构成要素

1）宏观环境分析

宏观环境是指能够广泛影响特定区域内所有市场、行业及企业战略行为的各种外部因素，包括经济、政治、技术、法律、文化等。需要注意的是，同一特定因素对不同组织产生的影响在范围、程度、作用上均有所不同。因此，在进行宏观环境分析时，需要识别并分析这些关键因素。宏观环境分析有两种常用的分析框架：一是PEST分析框架，该框架通过政治（political）、经济（economic）、社会（social）和技术（technological）四个维度来审视宏观环境；二是PESTEL分析框架，它在PEST的基础上进行了扩展，纳入了环境（environmental）和法律（legal）两个维度。

企业宏观环境分析涉及多个学科知识，对于所有企业战略管理者来说都是一项具有挑战性的任务。一方面，企业战略管理者需要在众多因素中寻找可能影响企业未来战略行为的宏观环境因素。另一方面，结合自身经验和外部参考意见，对这些因素进行深入分析，从中筛选出关键因素。经过上述步骤后，企业战略管理者可以聚焦于影响企业未来战略选择的关键因素，运用科学方法预测这些因素的变化趋势，并对未来变化方向做出定性判断，从而发现外部潜在机会和风险。

2）市场环境分析

市场环境是外部环境的第二个层次。宏观环境的变化会引发顾客需求和消费方式的变化，因此，企业需要分析市场环境以预测这些变化对企业未来发展的影响。市场环境分析主要包括市场结构、消费者需求和商业模式。

首先，分析市场结构。市场结构反映了市场中企业数量与规模的分布情况。根据市场结构的不同，可分为完全竞争市场、垄断竞争市场、寡头垄断市场和完全垄断市场四种类型（表2-1）。这四种类型的市场具有不同的特征，企业管理者可以通过分析市场结构来制定符合市场特点的战略。其次，分析消费者需求。消费者是企业的重要利益相关者，满足消费者需求是企业生存和发展的基础。随着社会的发展，消费者关注点从产品价格和质量转向产品的多样化和个性化。因此，企业需要分析消费者需求，以了解市场和行业的基本状况，并根据顾客需求和消费方式差异确定目标顾客和目标市场。最后，考虑与目标市场相匹配的商业模式。企业战略管理者在制定企业战略时，需依据价值发现、价值匹配和价值获取的逻辑分析和研判商业模式在动荡外部环境下的变化及其可能产生的影响。

表2-1　四种市场结构与价格竞争强度的关系

市场结构	赫芬达尔指数范围	价格竞争强度的描述
完全竞争	＜0.2	激烈，价格竞争成为常态
垄断竞争	＜0.2	可能激烈或者较低，取决于产品差异化程度
寡头垄断	0.2～0.6	可能激烈或者较低，取决于企业间竞争状况
完全垄断	≥0.6	通常较低，除非存在进入威胁

中国市场规模庞大且增长迅速，但长期以来，这种增长基本属于粗放式。近年来，随着发展速度逐渐放缓，中国市场步入了中高速发展的新常态。在这一背景下，企业面临转型压力，生产从供不应求转向供过于求。为了在竞争中保持乃至扩大市场份额，吸

引更多消费者，企业必须实现产品从趋同向差异化的转变，从而加大产品研发投入。在此过程中，企业应该深入分析供求关系及其变化趋势，重点关注市场结构、消费者需求、消费方式和商业模式等多个方面。例如，在企业经营初期，产品种类单一且同质化严重，市场供不应求。然而，随着产能扩张，各企业纷纷涌入市场，容易产生供过于求的现象。在这种情况下，重视差异化战略的企业（如注重产品研发）往往能在竞争激烈的市场中脱颖而出。

3）行业环境分析

在深入探讨宏观环境和市场环境之后，我们需要进一步关注企业所处的直接环境——行业环境，因为它对企业未来战略选择产生直接影响。行业环境分析有助于我们理解行业内外部因素对企业行为和绩效的影响。

在此主要采用迈克尔·波特提出的五力模型（图 2-4）对行业环境进行分析。五力模型是在 20 世纪 80 年代初提出的，它认为决定行业竞争规模和程度的五种力量共同影响着产业的吸引力和企业竞争战略决策。这五种力量分别包括：行业内竞争者现在的竞争能力、潜在竞争者进入的能力、替代品的替代能力、供应商的讨价还价能力、购买者的讨价还价能力。

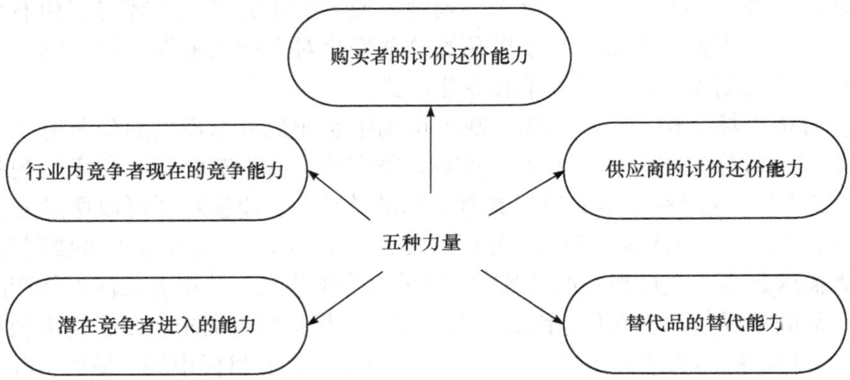

图 2-4　五力模型

这五种竞争力量决定了企业所面临的竞争激烈程度和盈利潜力。波特指出，任何一种力量越强，现有企业的盈利能力就越弱。同时，五种竞争力量随着时间和产业的发展不断变化，相互影响。因此，企业战略管理者需要全面考虑这些因素，洞察五种竞争力量的变化以及随之而来的新机会和威胁，并迅速做出相应的战略调整。

4）竞合环境分析

外部环境分析的最后一个层次是竞合环境，涵盖竞争环境和合作环境两个方面。竞争环境分析是指对与企业形成竞争关系的主体以及竞争利益和强度的分析。在企业发展中，竞争优势和核心专长日益重要，市场规则也逐渐转向追求“双赢”或“多赢”，因此，合作成为企业应对竞争、提升优势的必然选择。

在剖析竞合环境时，企业需要解决的首要问题是如何识别竞争者和合作者。在行业和市场边界日益模糊的背景下，企业战略管理者可以从企业的意图、宗旨、目标、战略和资源配置重点等角度进行分析，以判断竞争对手和合作伙伴。值得关注的是，当期的竞争对手未来可能因企业意图、宗旨和目标的不同而转变为合作伙伴，而当期非竞争对手的企业随着不断发展可能成为潜在的竞争对手。因此，了解潜在竞争对手或合作伙伴的未来意图、宗旨和目标，有助于战略管理者预测其战略行为，不仅可以避免恶性竞争，还能据此建立自身的竞争优势。

此外，战略管理者还应关注竞争者和合作者的优势与劣势。了解竞争者的优劣势有助于企业扬长避短，而了解合作者的优劣势则有助于企业之间实现优势互补。因此，企业战略管理者要分析宏观环境、市场环境和行业环境对整个行业竞争合作格局和变化的影响，通过识别并分析竞争对手和合作伙伴的优势和劣势，企业能更好地把握竞争或合作的关键成功因素，做到知己知彼，百战不殆。

在对宏观环境、市场环境、行业环境以及竞争环境进行全面分析后，企业战略管理者将对外部环境中的机会、威胁以及主要竞争对手有较为清晰的认识。接下来，对行业和战略的关键因素进行分析和归纳，总结企业可能面临的各种战略选择，最终制定出具有前瞻性和创新性的战略决策。

3. 外部环境分析工具

1）外部因素评价矩阵

外部因素评价矩阵（external factor evaluation matrix，EFE 矩阵）是企业分析和评估外部环境常用的工具，旨在衡量企业在应对外部因素方面的整体表现，包括最大限度地利用机会和减少威胁。

建立 EFE 矩阵的五个步骤如下：第一步，制定一个具体且完整的关键外部因素清单，并将其分成机会和威胁两个部分；第二步，为关键外部因素分配权重，体现其相对重要性；第三步，对关键外部因素进行评分，评估企业战略对机会和威胁的应对效果；第四步，将各因素的权重乘以其评分，得出加权分数；第五步，将所有因素的加权分数求和，得出企业的加权总分。当企业加权总分小于平均加权总分，表明组织对外部因素反应较慢，可能需要采取新的策略；当企业加权总分大于平均加权总分，表明当前的策略是明智的，但需要持续改进。需要注意的是，EFE 矩阵的主观性较强，不同专家可能会得出不同结论。表 2-2 为 EFE 矩阵示例。

表 2-2　一个 EFE 矩阵的示例

关键外部因素		权重	评分	加权分数
机会	关键外部因素 1			
	关键外部因素 2			
	关键外部因素 3			
威胁	关键外部因素 1			
	关键外部因素 2			
	关键外部因素 3			
总计				

2）竞争态势矩阵

竞争态势矩阵（competitive profile matrix，CPM 矩阵）是分析外部竞争者的常用工具，有助于确认企业在行业中的战略地位，以及分析竞争对手的优势与劣势。

建立 CPM 矩阵的五个步骤如下：第一步，内部高层管理人员和专家通过讨论确定行业关键成功因素；第二步，根据管理者对行业的了解和经验，为关键成功因素分配权重，反映其在行业中获得成功的相对重要性；第三步，管理者通过评分评估企业与主要竞争者在每个关键成功因素上的表现；第四步，将竞争者在各关键成功因素上的表现得分与其权数相乘，以反映竞争者在该因素上的相对强弱；第五步，将各关键成功因素的加权分数求和，得出总分，从而反映企业与其他竞争者之间的整体相对实力。与 EFE 矩阵相比，CPM 矩阵涉及多家企业，关键成功因素更为宏观和抽象，包括内部因素和外部因素两个方面。表 2-3 为一个 CPM 矩阵的示例。

表 2-3　一个 CPM 矩阵的示例

关键成功因素	权重	企业 1		企业 2		企业 3	
		评分	权重得分	评分	权重得分	评分	权重得分
广告							
财务状况							
⋮							
总计							

2.2.3　内部环境分析

1. 概念定义与必要性

企业内部环境涵盖企业内部所有要素，包括各类资源和能力。企业战略管理者通过外部环境分析预测未来机遇与挑战之后，进一步开展内部环境分析至关重要。这将有助于企业深入了解自身优劣势，为制定正确战略决策提供可靠依据。

如果说外部环境分析是企业战略管理的逻辑起点，那么企业内部环境分析则是企业战略管理的重点。只有深入了解企业内部特质，管理者才能依据企业自身特点审视和辨明外部环境中的机遇与威胁，进而通过对现有资源和能力的合理配置与整合，发挥核心专长，增强竞争优势，做出最有利的战略选择。此外，高效的内部环境分析有助于明确企业优势和核心能力，认识自身劣势及战略实施过程中可能遇到的困难，对提升战略实施效率具有重要意义。

2. 内部环境分析的内容

企业管理者需要根据企业内部资源和能力，评估内部环境变化对企业发展前景的影响，并制定能够充分发挥自身优势的战略决策。内部环境分析主要围绕企业资源、企业能力、企业知识和数据资源，以及企业核心专长四个方面展开。

1）企业资源分析

企业资源包括有形、无形和人力资源（表 2-4）。有形资源指可见、易识别的资源，如实物资源、财务资源和组织资源；无形资源是指难以评估和量化，无法体现在财务报表上的资源，如技术资源和声誉资源；人力资源则涉及员工的专业和文化、参与决策的能力等，是推动企业发展的关键力量。企业资源分析旨在把握和整合实际内部资源状况，结合外部环境分析提供的战略选择，做出最有利的决策。

表 2-4　企业资源的分类

企业资源		主要内容
人力资源		企业员工的数量、年龄、知识、专业和文化、技能、参与决策的能力
有形资源	实物资源	企业经营所需要的场所、设备的数量、分布和水平
	财务资源	企业内部和外部整合的各种财务资源
	组织资源	企业正式的组织结构和计划、控制、协调系统
无形资源	技术资源	专利、版权、质量标准、商业秘密、与科研机构的关系
	声誉资源	商标、品牌、商誉、关系（包括与客户、供应商以及利益相关者的关系）

在企业资源分析中，关注资源数量和质量至关重要。资源数量和质量越高，市场竞争力越强。然而，有效的资源分析更取决于资源的稀缺性、可获得性和不可替代性。

首先，在其他条件相同时，资源越稀缺，企业拥有的竞争优势就越大。即使资源有价值，若多数公司均拥有，也无法为企业带来可持续的竞争优势。其次，在其他条件相同时，资源越难以获取（如商誉、品牌等），企业拥有的竞争优势越大。资源难以获取意味着竞争对手需要付出更高成本才能获得相同资源。因此，企业竞争优势的大小与资源获取难度密切相关。最后，在其他条件相同时，资源的不可替代性越强，竞争对手难以找到相同功能的其他资源，企业所拥有的竞争优势越大。

企业资源各有差异，这在一定程度上决定了企业竞争力。因此，高效的企业资源分析有助于战略管理者充分利用企业资源优势，为制定战略决策提供依据。

2）企业能力分析

企业能力是指企业为实现经营目标所具备的知识和技能，包括管理能力、经营能力、整合能力以及动态能力（表 2-5）。

表 2-5　企业能力的构成

企业能力	主要内容
管理能力	计划、组织、领导和控制等
经营能力	研发、生产制造、人力资源管理、采购、物流、市场营销和服务等
整合能力	内部整合能力和外部整合能力
动态能力	应变能力、创新能力和重组能力

管理能力涉及企业管理者必备的技能，如计划、组织、领导和控制等；经营能力涉

及企业各项专业经营技能，如市场营销、人力资源管理、研发、生产制造等；整合能力强调企业将内部和外部资源进行动态整合，通过优化配置发挥资源的组合优势；动态能力则关注企业在应对环境变化和竞争互动中展现出的应变、创新和重组能力。

在分析企业能力时，应关注以下三个方面：价值、稀缺性和可获取性。首先，当企业能力数量和质量相差不大时，价值取决于能力分布领域和可转移性。相较于资源，能力可转移性更强。若战略管理者对能力可转移性有清晰认知，企业能力优势越明显。其次，在其他条件相同的情况下，企业能力越稀缺，优势越大。独特的能力优势有助于企业在市场中占据优势，并围绕此制定独特的竞争战略。最后，企业能力优势大小取决于可获取性。若企业拥有其他企业难以学习或模仿的能力，其能力优势越明显。

需要注意的是，企业战略管理者对能力大小的判断是基于当前实施的战略的。若现有能力大于战略实施所需，企业可以考虑扩张；反之，则不然。因此，战略管理者需要客观、准确评估企业能力，避免盲目自信或妄自菲薄，以实现正确的战略决策。

3）企业知识和数据资源分析

随着科技的飞速发展，我们逐渐步入了知识经济和数字经济时代，知识和数据作为生产要素的重要性空前提升。历史上，许多学者都对知识在社会经济发展中的推动作用给予了高度评价，如培根的“知识就是力量”和马克思的“科学技术就是生产力”等。知识是指人们对某一事物的了解程度，包括事实、信息、描述以及在教育和实践中获得的技能。从认知角度看，知识可以分为显性知识和隐性知识。显性知识可以通过文件、形象或其他精确的沟通方式进行传授；而隐性知识则依赖于个人的体验和感悟，依靠直觉和洞察力。

知识经济中的知识是一个广义的概念，涵盖人类创造的所有知识。知识具有七个特点，即不可替代性、不可相加性、不可逆性、非磨损性、不可分性、可共享性和无限增值性。在知识经济时代，知识的倍增和价值化过程从根本上改变了经济增长方式，使得企业长期高速增长成为可能。因此，知识是经济增长的内在核心因素。

数据作为（广义）知识的一部分，在近年来数字技术发展迅猛的背景下，已成为社会生产经营活动中不可或缺的生产要素。在数字经济时代，数据被视为最重要的战略资源。需要明确的是，数据本身并不创造价值，而是需要与算法、模型相结合，通过数据驱动的决策替代经验决策，实现价值倍增、投入替代和资源优化。随着数字技术的持续发展，数据将大规模渗透到生产、分配、交换和消费的各个环节，提升全要素生产率，助力管理者更好地规划生产经营活动，推动经济稳步增长。

此外，知识和数据作为企业的重要资源，在以下几个方面与一般物质形态的资源有显著区别（表 2-6）。

表 2-6　知识和数据资源与物质资源的区别

物质资源	知识和数据资源
稀缺	丰富
有限性	无限性
排他性	共享性

续表

物质资源	知识和数据资源
价值转移	价值增值
投入产出关系清晰、柯布-道格拉斯生产函数	投入产出关系模糊
复制成本高	复制成本低
损耗速度快、一般不可再生、衰亡	不会损耗、可以多次和重复交易、永生
效用递减	效用递增
破坏自然环境	不破坏自然环境
功能、效用	品位、情趣

在全社会知识化、数字化和智能化发展趋势下，知识和数据资源已成为企业核心竞争力。企业拥有的知识和数据资源各具特色，相关差异在一定程度上决定了企业竞争力。因此，企业战略管理者在进行内部环境分析时，需客观评估企业自身的知识水平和数据生产能力，并与其他竞争对手进行比较，明确企业的知识和数据领域的相对优势，为战略选择提供有力依据。

4）企业核心专长分析

资源基础观认为，企业长期盈利水平的高低不仅受外部环境的影响，更受企业自身资源和能力，尤其是核心专长的影响。首先，我们需要明确核心专长的概念，它是指与企业所在行业、市场、定位和经营方式选择相匹配的多种关键竞争优势的整合。核心专长具有四个标准：价值性、稀缺性、难以模仿性和难以替代性。其中，价值性和稀缺性是核心专长关键性的体现，而难以模仿性和难以替代性则体现了核心专长的可持续性。

（1）价值性：企业的竞争优势体现在价值链中创造力最大的环节，这样在市场机遇来临时，企业能够发挥独特的竞争优势，扩大市场份额。同样，在外部环境动荡带来威胁时，企业也能凭借独特的竞争优势减轻冲击。

（2）稀缺性：竞争优势的稀缺性意味着只有少数企业拥有该优势。因此，分析竞争优势的稀缺性需要建立在与其他竞争对手的全面比较的基础上。企业拥有的竞争优势稀缺性越高，盈利水平也越高。

（3）难以模仿性：在其他条件相同的情况下，某种独特的竞争优势被学习和模仿的成本越高，该优势的可持续性就越强。因此，只有具备不易被学习和模仿的能力才能成为可持续的竞争优势。但随着科技不断进步，竞争对手的模仿和学习变得相对容易，企业只能在一段时间内具有竞争优势。企业战略管理者需要在资源和能力分析的基础上，通过竞争优势和劣势分析，客观评估企业核心专长的关键性和可持续性，为企业未来的战略选择提供关键依据。

（4）难以替代性：当企业的独特优势难以被学习和模仿时，可能会受到替代品的威胁。具体来说，当企业拥有某种独特优势时，竞争者会寻找与其价值相当、功能相似的替代品。若相关的竞争优势容易被其他资源和能力替代，其可持续性就会降低。因此，只有当企业所拥有的资源或能力难以被竞争对手轻易找到替代品时，才能形成可持续的竞争优势。

需要注意的是，企业建立、保持和发挥核心专长需要耗费一定的资源和能力。尤其在实施战略转型时，原有核心专长可能因无法适应已经发生变化的外部环境，成为企业战略转型的障碍。例如，某企业选择高研发投入的差异化战略，充分利用现有融资资源获得较大生产能力，以抢占市场份额获取高额利润。然而，由于对市场环境的判断失误和竞争对手的挤压，经营环境可能已进入相对饱和的状态。此时，企业面对外部环境剧烈变化，可能会出现产品滞销、资金链断裂等问题。虽然环境剧变导致企业经营战略与环境的匹配度下降，但由于惯性作用，企业难以立即调整。因此，企业在权衡变革与否时，需要谨慎管理重大战略改变。

3. 内部环境分析的工具

内部因素评价矩阵（internal factor evaluation matrix，IFE 矩阵）是一种广泛应用于企业内部环境分析的工具。它通过对企业职能领域的主要优势与劣势分配权重和评分，最终根据总加权得分衡量企业内部的整体实力。

建立 IFE 矩阵的过程可分为五个步骤：第一步，确定一套完整且具体的关键内部因素清单，将其分为优势和劣势两个部分；第二步，为内部因素分配权重，以体现该因素相较于其他因素对企业成功的重要性；第三步，对各个内部因素进行评分，衡量企业战略对优势或劣势应对的有效性；第四步，将每个因素的权重乘以其评分，得到该因素的加权分数；第五步，将所有因素的加权分数求和，得到加权总分。若加权总分低于平均加权分数，说明企业内部地位较弱，需要制定新的战略；若加权总分高于平均加权分数，则表明企业具有强大的内部地位，可维持现有战略。表 2-7 展示了一个 IFE 矩阵的示例。

表 2-7　一个 IFE 矩阵的示例

关键内部因素		权重	评分	加权分数
优势	关键内部因素 1			
	关键内部因素 2			
	关键内部因素 3			
劣势	关键内部因素 1			
	关键内部因素 2			
	关键内部因素 3			
	总计			

2.3　战略承诺与战略选择

本节的内容主要分为两个部分。第一部分，详细阐述战略承诺的内涵，包括战略承诺的定义与必要性、战略承诺的制定以及战略承诺的主要内容。第二部分，深入探讨战略方向的选择与战略目标的制定过程。

2.3.1 战略承诺的内涵

1. 战略承诺的定义与必要性

在深入探讨战略承诺之前，我们先简要回顾一下有关企业战略管理的定义。在国内主流战略管理教材中，蓝海林等将企业战略管理定义为：企业在动态适应和利用环境变化过程中，为建立、保持和发挥核心专长而采取的一系列长期、重大和根本性的决策或者行动，这些决策或者行动之间具有连续性和一致性。哈佛大学战略管理教授潘卡·盖莫沃特（Pankaj Ghemawat）认为，战略的本质是一种坚定不移的承诺和投入，是一种义无反顾的献身精神。因此，承诺成为战略本身固有的性质，战略和承诺之间存在着天然的联系。

战略承诺指的是企业针对核心价值观、经营目标和社会责任等根本要求，向消费者、员工等利益相关者做出的长期承诺，体现为企业在构建竞争优势过程中所实施的一系列具有承诺特征的战略决策。

在制定战略的时候，企业为什么要做出战略承诺呢？首先，企业身处一个充满利益相关者的社会环境，如股东、债权人、劳动力市场、顾客、供应商、社区、竞争者和政府等。企业通过对战略建立承诺，可争取到各利益团体对战略的认同和支持。其次，企业内部通过建立战略承诺，可促进各部门间的沟通，寻求内部对战略的理解和支持，以便对企业战略承诺的执行情况进行监督。作为资源转换器和资源放大器，企业需依赖外部利益团体的资源输入以及内部员工和团队的支持与认同。然而，在实际经营管理过程中，企业面临诸多变化、诱惑和威胁，一般企业很难坚守承诺。因此，企业必须做出长期的、重大的、根本性的承诺，以获得内部和外部利益相关者的理解、认同、支持和监督。

2. 战略承诺的制定

战略承诺是企业战略体系中时间跨度最长、影响最广泛的战略。在制定战略承诺时，企业不仅要考虑外部环境变化和自身资源能力，还要考虑企业的核心价值观、经营目的等方面。由于企业资源和能力的限制，企业无法在所有方面都进行承诺，因此有效的战略承诺需要在核心价值观、经营目的、业务范围、关键成功因素、利益相关者等方面取舍清晰，有重点地做出承诺。此外，战略承诺一经做出就必须坚定，尤其是与企业经营目的、核心价值观等相关的承诺不得随意改动。企业战略的取舍清晰可以帮助战略管理者对关键价值创造环节的把握，企业战略的坚定承诺可以帮助战略管理者在战略实施过程中排除环境变动带来的干扰，有利于企业不断构建与发挥核心专长。

同时，战略承诺的制定需要注意“度”的把握，既不能过于具体，导致长期发展过程中错失机会和缺乏创新；也不能过于宽泛，使得企业缺乏约束，在制定战略时过于冒险。

3. 战略承诺的主要内容

尽管战略承诺的制定需要根据企业所处行业和自身发展状况进行，但是其核心内容却是相似的。下面将从经营目的、经营范围、经营方式、核心价值观和关键成功因素五个方面介绍战略承诺的主要内容。

一是企业的经营目的。除了股东财富最大化这一传统经营目的外，越来越多的企业开始意识到，经营目的还应该突出企业的个性和境界，体现出企业独特的价值追求。在制定经营目的时，还需要充分考虑利益相关者的需求，使其能够被广泛接受。因此，从最大限度满足市场需求的角度制定经营目的，既可以获得利益相关者的认可，也能反映企业的价值追求。

二是企业的经营范围。在激烈的市场竞争中，只有那些能够持续构建和发挥核心专长的企业，才能不断发现并满足利益相关者的需求，为其带来收益。然而，由于企业资源有限，需要将更多资源集中于一个或者多个相关行业，并高度专注于特定的区域市场，以建立、保持和发挥核心专长，实现经营目的。在确定经营目的后，还需要进一步明确企业的行业范围与市场经营范围，以平衡资源优势与市场机会。在制定经营范围时，应充分考虑企业现状和未来发展潜力，从市场需求出发，适度界定经营范围。

三是企业的经营方式。经营方式指企业在经营活动中所采取的方式和方法，如制造、批发、零售、咨询、租赁、代理等，是所有者和经营者相互关系的表现形式。在明确经营范围的基础上，进一步明确经营方式，可以凸显企业的专业化水平和战略的独特性。

四是企业的核心价值观。核心价值观是指导企业行为的最根本准则，是形成企业文化的基础。它是在企业不断经营和发展过程中逐渐形成的，并在很长一段时间内保持稳定。

五是企业的关键成功因素，也是战略承诺的重要内容。企业管理者需要将关键资源投放在关键成功因素上，以在关键的领域建立保持竞争优势和核心专长。例如，在产能不足时，加大生产要素的投入；在产品创新能力不足时，持续加大研发费用投入等。

2.3.2 战略方向选择与战略目标制定

在明确战略承诺之后，企业战略管理者需要根据战略承诺，选择特定发展阶段的公司层战略方向和业务层战略方向。公司层战略和业务层战略分别对应不同性质和特点，准确判断和选择战略类型是有效制定企业战略的基本前提。

1. 公司层战略

公司层战略的主体为多元化企业的总部，其主要内容是建立和发挥行业组合优势，采取一系列战略行动。公司层战略的定义是在应对和利用外部环境变化过程中，从事行业多元化经营的企业总部为了建立和发挥行业组合或者哺育优势而采取的一系列战略行动。公司层战略的目的在于通过不断优化组合战略和组合管理模式，达到持续、稳定地获得高于社会平均水平的收益率。

公司层战略可以分为增长战略、稳定战略、收缩战略和组合战略四种。其中，增长战略意味着提高组织经营层次，通常采用直接扩张、合并同类企业或多元化经营等方式；稳定战略特征是很少发生重大变化，主要包括持续地向同类型的顾客提供同样的产品和服务，维持市场份额，并保持组织一贯的投资报酬率等；收缩战略旨在减小经营规模或多元化经营范围；组合战略则是同时实行两种或多种前述战略。

基于内外部环境分析，增长战略是企业战略管理者常用的战略之一。任何成功的企业都应经历长短不一的增长型战略实施期，因为只有增长型战略才能不断扩大企业规模，使企业从小企业发展成为实力雄厚的大企业。

2. 业务层战略

业务层战略针对特定行业和市场中的企业，为了发挥其现有优势和建立未来优势所采取的一系列重大竞争性行动，从而使企业能够通过利润与市场占有率的最大化而持续获得高于平均水平的收益。业务层战略的核心在于“企业需要在哪些领域建立优势、如何保持竞争优势、如何发挥竞争优势”。

业务层战略可以分为通用定位战略（基本定位）、独特性战略（聚焦战略）、动态竞争战略和横向整合战略四种类型。

通用定位战略是基本的定位策略，关注目标市场的选择及产品定位。此战略一般适用于大型企业，需要确保战略管理者对企业基本定位有明确的认识和承诺。独特性战略，又称聚焦战略，适用于中小型企业和初创企业。由于它们难以在广阔市场上采用通用定位战略，故需聚焦某一特定市场。战略管理者在实施独特性战略时，需要考虑选择哪些产品或哪些市场与竞争对手展开竞争，并针对特定细分市场制定基本定位战略。动态竞争战略涉及多个竞争对手选择相同定位时的互动与博弈。此时，战略管理者需要面对多个对手展开直面竞争，形成动态互动博弈过程。横向整合战略指企业成功占领特定市场后，进一步拓展至其他区域的市场开拓和整合战略。

3. 制定战略目标

战略目标是指企业通过经营活动所期望实现的阶段性目标，具有一定的可预测性。企业战略目标涵盖多个层次和领域，反映了一定时期内企业经营活动的方向和水平。只有明确战略目标，企业才能构建内部紧密合作的团队，并以其为导向努力实现目标。因此，制定和提出企业目标是战略制定的起点。

企业战略目标的内容包括但不限于盈利能力、市场、客户、生产、研发、社会责任等方面。在制定目标时，企业并不需要涵盖所有领域，而是根据自身战略承诺和战略选择特点，选择重点关注的领域设定相应目标，构建适合自身发展的战略目标体系。企业通常会在规模、财务、创新和社会责任等方面建立相互平衡和匹配的目标。若企业过于侧重或忽视某一类型目标，可能导致战略行为不合理，进而阻碍长期稳定、持续和健康发展。此外，企业需要根据自身规模大小，建立不同层次的目标体系，如总目标、各职能部门目标等，确保战略管理高效实施。企业目标还应包括长期、中期和短期目标，管理者需要根据短期目标完成情况及时调整中长期目标。

面对经营环境变化，企业战略管理者构建目标体系时需注意以下几点。首先，在构建目标体系过程中，不宜过于强调结果导向，应增加约束行为的目标，以免在战略实施过程中出现为达目的而不择手段的情况，损害企业长期、稳定和健康发展。其次，制定目标时要定性与定量相结合。随着环境动态化程度提高，定量目标的准确性和指导意义逐渐降低，企业战略管理者需要关注定性目标。再次，制定目标时要把握好度，有挑战性的目标能激发管理者积极性，但若目标过高，可能导致极端做法，损害企业长远利益。最后，企业在制定目标时要平衡刚性和弹性。经营环境动态化要求企业战略管理者及时调整目标，但随意更改已确立的目标会降低目标的权威性。因此，在制定目标时需要兼顾刚性和弹性，如设定长期的刚性目标、短期的弹性目标。

2.4 战略实施与保障体系

本节的内容主要分为两个部分。第一部分重点阐述战略实施的定义、过程、类型，以及在实施过程中应该把握的重点和可能遇到的难点。第二部分则深入剖析战略保障体系的关键构成要素，并探讨其在战略实施进程中的作用。

2.4.1 战略实施

1. 战略实施的定义

在环境日益动态化和复杂化的背景下，战略实施过程的重要性越发凸显。有效的战略实施是一种综合能力，为企业应对环境变化提供坚实保障，更是竞争优势稳定且直接的来源。具体而言，战略实施是指企业将战略规划付诸实践，并通过一系列行动最终实现战略目标的过程。这一过程涵盖战略执行、评价及控制等核心环节。其中，决策者对当前战略的清晰且坚定的承诺是战略执行得以保障的关键，而战略实施的评价与控制则需要根据企业所处的静态或动态条件进行调整。

2. 战略实施的基本过程

战略实施涉及目标分解、资源配置、政策支持和战略评价与控制四个核心环节（图 2-5）。

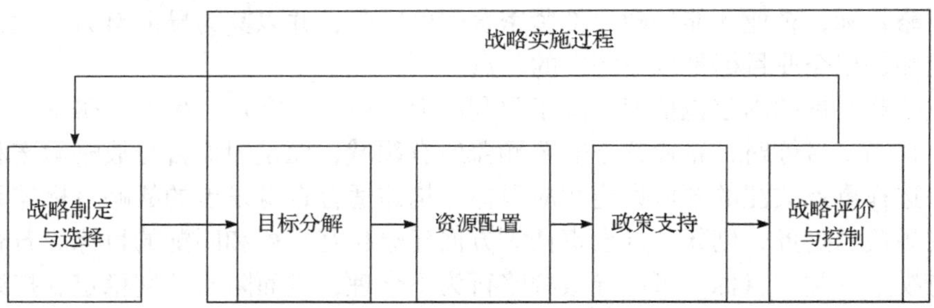

图 2-5　战略实施基本过程示意图

目标分解是指在战略制定完成后，企业战略管理者将企业战略目标进行系统化、层次化的细化和分解，使其具有可操作性和可控性。主要包括以下三个方面。首先，将中长期目标分解为年度或阶段性经营目标。其次，将企业级的战略目标分解至各个业务或区域层面。最后，尝试将定性化的战略目标转化为定量目标，以便测量和控制。

资源配置是指企业依据预设的目标体系，将有限的资源分配到关键领域，涵盖资源和人力资源配置。在进行资源配置时，需要注意以下几点：一是优先满足关键成功要素和必须完成的关键任务；二是合理安排任务时序，明确优先级，平衡时间和任务重要性；三是保留适当的冗余资源，以应对环境变化带来的不确定性，增加战略目标实现的可能性。

政策支持是指企业战略管理者为了保证战略实施的有效性，制定的一系列基本方针、规章制度、行为规范等，统称企业政策。企业政策包括支持公司总体战略的政策和适用于具体职能部门的政策。

战略评价与控制是指根据内外环境的变化，及时、客观地评价战略实施效果，发现战略预测与现实之间的差异和战略执行过程中的偏离，并采取相应调整。在战略实施过程中，诸多因素可能导致战略偏差，包括人为和不可抗力等因素。因此，战略评价与控制是战略实施的关键环节，需要在各阶段予以重视。

战略评价与控制主要包括三项基本活动，考察企业战略内在基础、战略绩效度量与偏差分析、采取纠正措施。首先，考察企业战略内在基础，动态检查企业对关键战略因素的判断是否准确，关注关键战略因素变化，并评估其对战略实施的影响。其次，度量战略绩效，比较战略规划目标与实际结果，分析偏差程度及原因。在分析偏差的过程中，要区分问题来源是战略本身还是战略实施过程，前者导致的偏差需要考虑是否需要重新调整战略。最后，针对偏差原因，采取纠正措施。例如，当环境发生重大变化或原有战略的可靠性降低时，应及时根据实际情况调整目标或制定新的战略。战略评价与控制的三项基本活动至关重要，审视企业战略内在基础、战略绩效度量以及偏差分析是战略评价的关键内容，而采取纠正措施则是实现战略控制的有效手段。

3. 战略实施的类型

在国内主流战略管理教材中，蓝海林等根据企业内部资源和外部环境动态性两个维度，将战略实施分为三种类型，分别为执行型、学习型和探索型（表 2-8）。随着企业的不断成长，在各个发展阶段，企业会采取不同类型的战略实施。

表 2-8 战略实施的类型

		外部环境	
		动态性低	动态性高
内部资源	充足	执行型战略实施	探索型战略实施
	匮乏	学习型战略实施	

（1）执行型战略实施发生在企业外部环境动态性较低（意味着外部环境的可预测性较高），且内部资源充足以支持新战略实施的情况下。此时，企业会严格遵循事前制定的、主动和理性的战略。

（2）学习型战略实施则发生在企业外部环境动态性较低（意味着外部环境的可预测性较高），但内部资源匮乏或能力不足的情况下。企业通过获取所需资源或学习相应能力，以实现既定目标的战略。

（3）探索型战略实施侧重于企业在外部环境动态性较高（意味着外部环境的可预测

性较低）的情况下，战略管理者需要根据环境变化调整战略，并匹配新战略所需要的资源和能力。此时，战略实施的核心在于识别和应对外部环境变化。

4. 战略实施的重点

在相对静态的环境下，战略表现为一种事前、主动、理性的规划，它设定了企业未来需要达成的一系列量化指标，以及为了实现这些目标所需要采取的具体行动。在这种情况下，企业战略管理者可以通过相对精准的市场预测来降低不确定性。

然而，在相对动态的环境下，即使企业战略管理者制定了明确的战略承诺，也会由于经营环境和市场竞争对手的不断变化，使得战略实施面临挑战。在这种背景下，战略规划并非一成不变的，企业战略管理者既需要进行事前的主动决策，也需要在事中进行灵活的反应性决策。在时间紧迫、信息不完全的情况下，企业战略管理者需要运用非理性思维来弥补特殊条件下理性的不足。此外，战略实施不仅要求严谨，更需要企业战略管理者在战略实施过程中对外部环境和竞争对手的变化做出迅速且创新的回应。

5. 战略实施的难点

在企业战略实施过程中，两大主要难点是组织内部部门间的冲突以及组织成员的有限理性。

组织内部部门冲突的根本原因在于资源有限性。在企业资源有限的前提下，战略管理者在制定目标时需要进行权衡和取舍，将资源集中于一个或几个关键的价值创造环节。由此，企业内部各部门对资源的竞争往往会引发资源分配冲突。此外，管理者之间的观念差异、期望不一，甚至个性特点也可能导致冲突。然而，适度的冲突并不一定带来负面影响。在一定程度上，冲突能够激发各部门的积极性，有助于发现潜在问题。管理者之间观念的碰撞能够突破思维局限，从而做出更全面、具有大局观的决策。

有限理性是指人的行为是有意识地理性的，但这种理性是有限的。战略管理者在战略实施的过程中追求理性，但这种理性是有限的。企业战略管理者无法掌握全部信息，也无法获得相关领域的全部知识，只能在自己能力范围内尽可能地做出理性的选择。这种有限理性极有可能会导致在战略实施过程中出现偏差。

2.4.2 战略实施保障体系

1. 战略实施保障体系的定义

在经营环境日益复杂且不确定的背景下，企业战略实施过程显得尤为重要。为了顺利推进战略实施并实现既定目标，必须克服组织内部部门间的冲突以及个体有限理性的约束等难题。战略保障体系为突破这些困境提供了关键基础。通常，战略实施保障体系包括以下几个方面：战略实施治理机制和战略实施过程的领导，围绕着战略实施展开的组织结构、资源配置和激励机制，以及战略实施过程相关的程序与政策，信息系统和企业文化（图 2-6）。只有当这些战略保障体系的相关要素协同运作，企业战略才能得以顺利实施。

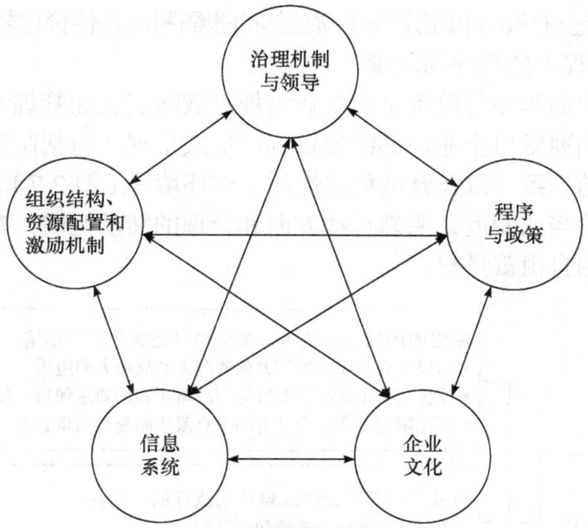

图 2-6 战略实施保障体系的关键构成要素

2. 战略实施保障体系的关键构成要素

1）战略实施治理机制与领导

战略实施过程中的治理机制，本质上是为了确定在不同问题性质下，哪一层级的决策群体应该遵循何种原则进行决策。尽管战略制定阶段已充分考虑了内外部环境的变动趋势，并具备可操作性，但在具体实施过程中，企业仍然可能遇到种种意外，如外部环境突发剧烈变化或利益相关者对企业期望的重大调整等，这些都可能引发一系列问题。在此背景下，战略管理者需要在把握相关变化的基础上，审视原定战略是否适应当前状况，并做出相应调整。然而，个人精力有限，管理者无法应对所有问题，因此需要构建治理机制，针对战略审视、问题分析、战略调整以及针对性问题进行决策等具体工作，制定相应的制度安排。

战略实施过程的领导则涉及全局把控、激励员工、监督战略实施等环节。领导需要敏锐地发现问题，准确辨别战略实施过程中的有利因素和不利因素，及时采取纠正措施进行战略调整或激活有利因素，以实现更佳效果。此外，领导通过个人魅力或独特的领导方法，可构建有凝聚力的协作团队。同时，注意适度施压与鼓舞员工士气相结合，使战略推进过程更具效率，以创造更好的绩效。

2）组织结构、资源配置和激励机制

组织结构是组织内部的构成方式，是指为实现组织目标，在组织理论的指导下，经过组织设计形成的组织内部各个部门、各个层次之间固定的排列方式。企业应该结合当前发展阶段和组织结构的特点，选择与战略相匹配的组织结构。

资源配置是指企业将资源分配到各种经营活动和管理活动中。在动态的经营环境中，企业需要围绕战略目标和战略实施的不同阶段，适时地将相应资源配置到适当的经营活动或管理活动中，以保证战略实施的进程顺利推进。

激励机制是指在战略实施过程中，企业战略管理者需要通过设计和使用有效的激励机制来激发员工的积极性，保障战略顺利实施。通常，升职和加薪是许多企业采取的激励措施。

此外，激励员工参与企业战略和制定与业绩挂钩的薪酬制度是性价比较高的激励措施。

3）战略实施过程中的程序与政策

战略实施过程中的程序与政策是指企业为规范战略实施和管理经营活动而制定的相应程序与政策。它们通常以企业内部的规章制度形式呈现，包括制定行动指南、确保关键性战略活动执行的一致性以及营造创造性的工作环境等（图 2-7）。简而言之，这些程序与政策就是设定恰当的制度，明确行动方向和合理的活动范围，在此范围内授权，并允许员工具有一定的自由裁量权。

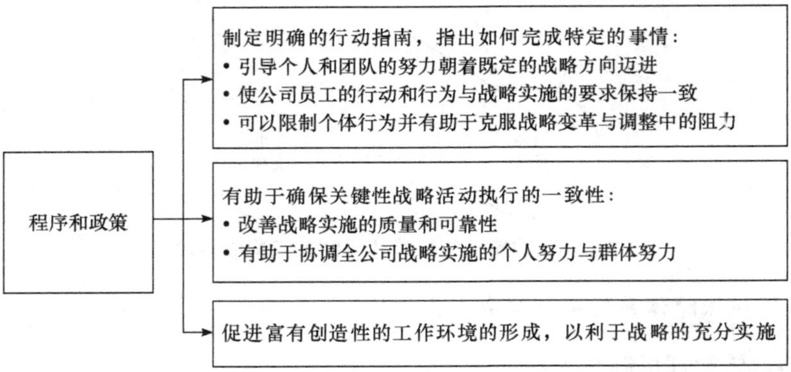

图 2-7 战略实施过程中的程序和政策

4）信息系统

信息系统是指企业内部的一个管理系统，它能够收集、统计和分析与企业相关的各类信息，进而为企业运营提供所需的管理与决策数据。有效运行的信息系统能够帮助企业战略管理者更好地把握战略决策的实施动态，全面了解企业运营状况，并在战略实施偏离目标时及时发现并采取干预与控制措施。此外，信息系统还可以协助管理者监督员工的工作进度，对员工决策和行为的重大失误及时纠正，对表现优异的员工给予肯定和奖励，以激发员工积极性，为企业创造更大价值。

5）企业文化

企业文化是指企业在成长过程中，根据所处环境和路径的不同，形成的独特的精神财富，包括企业价值观、企业道德规范和企业行为规范等。企业文化不仅是战略制定的重要资源基础和约束条件，而且在塑造组织和员工的思维方法和行为方式上起到重要作用，对战略实施具有重大影响。因此，企业战略管理者应重视培育有利于战略实施的健康文化，消除阻碍战略实施的不良文化。当发现不健康的企业文化与成功实施战略所需行为不匹配时，必须迅速整改，并有效灌输与战略实施相匹配的企业文化，以提高企业文化与战略实施的契合度，促进战略的有效实施。然而，由于员工已经适应原有企业文化，新的企业文化对于员工而言往往意味着不确定性。因此，企业文化变革通常是一项最困难的管理任务。

3. 战略实施保障体系的作用

首先，战略保障体系有助于凝聚战略共识，为战略实施奠定认知基础。在实施过程中，不同利益相关者之间的冲突在所难免，这可能会阻碍战略共识的形成。通过协调各方的利益立场，规范认知差异，强化组织内部各部门及员工对战略的理解，有助于凝聚战略共识，为战略实施提供认知基础和思想准备。

其次，战略保障体系有助于确立资源配置原则，为战略实施提供必要的资源支持。在战略实施过程中，企业需要围绕战略目标和实施进程合理配置资源，将适当的资源及时分配到相关的经营活动和管理活动中。然而，部门间的资源配置和流动是资源配置过程中的难点。在达成战略共识的前提下，确立资源配置原则，明确资源配置的优先级和重点领域，确保战略实施所需的资源得到合理配置，为战略实施提供资源能力基础。

再次，战略保障体系有助于优化战略实施组织架构，为战略实施提供组织保障。在实施过程中，企业需要针对相关活动，结合经营管理活动构建相应的组织架构，组织一系列相关活动以推进战略实施进程，为战略实施提供组织支撑。

最后，战略保障体系有助于规范战略实施制度流程，为战略实施提供必要的制度基础。为确保企业战略在实施过程中不偏离目标，并在应对环境变化时具备创新性，企业必须制定恰当的战略实施制度流程，为相关活动提供一个行动框架。规范战略实施制度流程，有助于战略管理者做到取舍清晰、决策科学、行动迅速而富于创新，兼顾严格性与灵活性、控制与授权的平衡，使得企业战略实施活动既有规范又有章法，有助于构成企业战略实施的制度保障。

2.5 企业战略管理与筹建仿真实践

企业运营仿真系统为决策者提供了便捷的公司战略制定和筹建方案实施工具。在该平台上，总经理负责组织团队开展讨论，协调各部门之间的关系，引导各部门制定相应决策，并具有最终决策提交权。总经理的角色至关重要，他需要负责带领企业团队高效、稳健地开展经营，规避经营风险与陷阱，对企业绩效总体负责。在各部门决策确定并保存后，总经理负责提交最终的经营决策。

系统为战略制定提供了丰富的选项（表2-9），包括团队口号、经营战略、市场定位、产品定位、价格定位以及销售定位等内容。

表2-9 制定公司战略的选项内容

选项					
团队口号					
经营战略					
市场定位	市场	季度			
		第1季度	第2季度	…	第8季度
	东部市场	□	□	□	□
	西部市场	□	□	□	□
	南部市场	□	□	□	□
	北部市场	□	□	□	□

续表

选项					
产品定位	市场	季度			
		第 1 季度	第 2 季度	…	第 8 季度
	高端产品	☐	☐	☐	☐
	中端产品	☐	☐	☐	☐
	低端产品	☐	☐	☐	☐
价格定位	市场	季度			
		第 1 季度	第 2 季度	…	第 8 季度
	东部市场	☐	☐	☐	☐
	西部市场	☐	☐	☐	☐
	南部市场	☐	☐	☐	☐
	北部市场	☐	☐	☐	☐
销售定位	市场	季度			
		第 1 季度	第 2 季度	…	第 8 季度
	市场销售计划/个				

公司筹建阶段主要为企业正式投产和销售前的准备工作，包括以下四个方面：生产线采购、原材料采购、产品研发和员工招聘。在此阶段，费用支出涉及以下八个方面：购买生产线、设备成本、购买原材料、订购原材料成本、招聘费用、培训费用、员工工资以及研发投入。需要注意的是，企业筹建阶段（第 0 季度）的所有费用支出不能超过初始创业资金 650 万元。企业应结合自身实际情况，召集股东共同制定筹建决策。表 2-10 展示了公司筹建界面的决策内容。

表 2-10　公司筹建界面的决策内容

项目名称		数值	单位
生产线采购计划	生产线采购	6	条
原材料采购计划	正常采购	1 215 000	个
产品研发计划	研发投入	809 000	元
员工招聘计划	技术工人	18	人
	东部市场人员	3	人
	西部市场人员	3	人
	南部市场人员	3	人
	北部市场人员	0	人

注：决策数值仅供参考

为了确保公司发展战略制定与公司筹建工作的顺利展开，我们需要理解系统的运行机制，也就是理解企业运营仿真系统的运营规则（附录1）。通过“总经办须知”，我们可以了解到有关公司筹建、公司破产与经营净现值的规则。事实上，公司筹建的规则就是企业战略制定的核心，公司破产的规则就是企业把控经营风险的关键，而经营净现值的规则就是企业持续经营与提高长期绩效目标的方向性指引。通过“市场部”“采购部”“生产研发部”“物流部”“人力资源部”“财务部”等职能部门的规则介绍，我们理解了企业在多个维度上所面临的外部环境，也了解了企业内部的资源与能力。通过对外部环境与企业内部条件的分析，我们能够更清晰地制定企业战略并保障战略目标的成功实施。下面我们基于战略态势、战略制定与战略实施三个方面展开论述，并且基于决策布局分析模型分析筹建期的各种决策方案。

在战略态势分析方面，我们可以在系统中查找“宏观环境”，从而了解企业当前所在环境的总体经济状况[包括经济成长指数、CPI（consumer price index，居民消费价格）指数以及季节指数]、产品生命周期设定（包括东部市场、西部市场、南部市场以及北部市场）以及税率设置（包括增值税、附加税、企业所得税、贷款年利率以及折现率）的情况。此外，在“市场信息”界面，我们可以看到各市场的规模预测。

在战略制定方面，我们需要基于启动资金（通常设置为650万元）创造性地进行公司筹建活动。在企业运营仿真系统中，没有哪一种公司筹建方案是最优的，只有考虑特定竞争环境下的以“满意”为原则的筹建方案。基于战略态势分析，我们可以判断出每一种筹建方案（筹建方案搜集过程见下文）的优点和潜在风险，从而帮助我们快速制定能够动态适应和利用环境变化的公司筹建方案。

在战略实施方面，我们需要协调各职能部门之间的资源与能力，从而保障战略目标能够有效地实现。企业所追求的是持续经营与长期绩效目标，这离不开各职能部门之间的默契配合。例如，财务部门高效开展融资业务有助于企业获取资金，从而帮助企业扩大产能。

对于筹建方案的搜寻，可以利用决策布局分析模型的构建加以实现。根据“企业运营规则”的介绍，筹建阶段公司拥有650万元的启动资金，可用于生产线、原材料、员工工资、招聘费、培训费、研发投入等方面的投资。基于此，我们构建了企业运营仿真筹建期决策布局分析模型。如表2-11所示，基于系统参数，企业实施不同的布局策略将会形成不同的产品生产能力，最终体现在不同的财务报表上（如现金流量表、资产负债表）。

表2-11　企业运营仿真筹建期决策布局分析模型

项目名称		数值	单位
系统参数	筹备期原材料的初始价格	1.5	元
	原材料订购费用（订购数量1～500 000个）	40 000	元
	原材料订购费用（订购数量500 001～1 000 000个）	80 000	元
	原材料订购费用（订购数量1 000 001～1 500 000个）	120 000	元
	原材料订购费用（订购数量1 500 001～2 000 000个）	160 000	元
	原材料订购费用（订购数量2 000 001个及以上）	200 000	元

续表

项目名称		数值	单位
系统参数	每条新生产线购买费用	500 000	元
	单条生产线订购费用	100 000	元
	每条生产线每天按照一个班次的产能	50 000	个
	单位产品耗费原材料数量	1.35	个
	人员招聘费用	500	元
	人员培训费用	1 000	元
	市场人员（正式员工）季度工资	9 000	元
	技术工人（正式员工）季度工资	7 500	元
布局策略（即公司筹建方案）	生产线采购	6	条
	原材料正常采购	1 215 000	个
	研发投入	809 000	元
	技术工人招聘计划	18	人
	市场人员招聘计划	9	人
产品生产能力	生产线（机器）生产能力（三班）	900 000	个
	耗费原材料数量	1 215 000	个
现金流量表	启动资金	6 500 000	元
	生产线购买费用	3 000 000	元
	生产线订购费用	600 000	元
	原材料购买费用	1 822 500	元
	原材料订购费用	120 000	元
	员工季度工资	108 000	元
	员工招聘费用	13 500	元
	员工培训费用	27 000	元
	研发投入	809 000	元
	期末现金	0	元
资产负债表	原材料价值	1 822 500	元
	生产线价值	3 000 000	元
	资产合计	4 822 500	元
	负债合计	0	元
	所有者权益	4 822 500	元
	第 1 季度可购买生产线	3.215	条

注：布局策略（即公司筹建方案）仅供参考

通常来说，我们可以采用“A+B”的方式概括筹建期的决策布局策略。其中，A 表示企业在筹建期购买的生产线数量；B 表示企业在第 1 季度购买的生产线数量。此外，企业布局的市场数量也是筹建期需要考虑的关键决策。为了保持简洁性，我们暂不考虑企业布局的市场数量。通过筹建期决策布局分析模型（表 2-11），我们可以得到筹建期决策布局方案归纳表（表 2-12）。

表 2-12 筹建期决策布局方案归纳表

布局方案	第 1 季度产能/个	原材料采购/个	研发投入/元	所有者权益/元	第 1 季度购买生产线/条
5 + 2	75 万	1 333 333	1 253 250	450 万	3
6 + 3	90 万	1 215 000	809 000	约 482 万	3.215（3）
7 + 2	105 万	0	2 123 750	350 万	2.333（2）
7 + 3	105 万	666 667	1 043 749	450 万	3
8 + 2	120 万	0	1 502 000	400 万	2.667（2）
8 + 3	120 万	333 333	961 999	450 万	3
9 + 3	135 万	0	874 250	450 万	3

注：布局方案“A+B”未考虑企业布局的市场数量

以“6 + 3”的布局方案为例，企业在筹建期购买 6 条生产线，并且还能够在第 1 季度购买 3 条生产线（因为资产负债表中的所有者权益不低于 450 万元）。此时，企业在第 1 季度拥有 90 万元的产品生产能力，在筹建期可以为这些产品生产购置相应的原材料（1 215 000 个），并且还有 809 000 元的资金可用于研发投入。总的来说，每一种布局策略都可能具有竞争优势，可能是产能方面的优势，也可能是产品创新方面的优势。在练习与竞争中，我们需要考虑宏观环境、产业环境以及竞争环境（如竞争对手状况），选择与之相匹配的战略目标与布局方案，并且协调各个部门的资源与能力，保证企业战略的顺利实施，进而实现企业持续经营与长期绩效目标。

阅读材料

万向集团的国际化历程

万向集团始创于 1969 年，致力于汽车零部件的生产与制造，目前正在逐步发展现代新型工业。截至 2023 年，万向集团拥有员工 20 000 余人，拥有万向节、轴承、制动器等八大系列上万个产品品种，主导产品市场占有率 56%以上，是通用、大众、福特等国际知名汽车制造商的主要合作伙伴。万向集团公司的全球生产经营网络构建主要经历了以下三个阶段。

第一阶段，摆脱对网络领导企业的依附，掌握发展主动权。1984 年万向集团与舍勒的合作代表着万向国际化的开端。在与舍勒合作期间，万向产品先后出口到澳大利亚、泰国、菲律宾、中国香港等国家和地区，虽然积累了一些国际贸易代理的信息和知识，但是主要出口还是依赖舍勒这家代理商。1987年，舍勒公司提出一个要求：凡是杭州万向节厂的产品，都要经过舍勒公司包销才能出口。若同意，将增加订货量，并提供技术、资金等支持；若不同意，则寻求其他公司合作。面对这一诱惑，万向集团创始人鲁冠球坚决地表示："宁可暂时受点损失，也不能把外销权统统包给他们一家经营。"在鲁冠球的领导下，万向集团顶着库存积压、资金周转不畅等压力，以研发新产品为突破口，积极开拓日本、意大利和德国等十几个国家的市场，取得了显著的成功。通过主动寻求新的网络合作伙伴，万向集团成功摆脱了对舍勒的依赖，掌握了自身发展的主动权。

第二阶段，积极利用技术寻求对外投资，增强自身实力。为保证与国际先进技术接轨，万向集团在海外设立了研发机构，组建了万向北美技术中心，随后又以万向北美技术中心为海外技术创新体系的核心，在万向英国公司、万向欧洲公司等18家海外公司设立了二级研发机构，技术人员实行国内外轮岗工作制，做到技术开发与国际同步，确保先进性，体现了技术与市场的紧密结合。此外，为了进一步拓展新产品的国际市场，抢占技术高地，万向集团在美国收购了世界上万向节专利最多的舍勒公司。之后，万向集团将舍勒公司的所有产品全部拿到国内工厂生产，在美国仍以舍勒的品牌销售，实现了国内低成本生产，国外高价格销售。随着万向美国公司当地化经营的成熟，自2003年起，万向集团进行了20多宗收购。值得关注的是，万向集团在收购美国A123系统公司的过程中，遭到了来自美国政界、商界等知名人士的质疑和反对，美国行业专家也纷纷公开指责万向集团"窃取"美国的新能源技术，甚至有人认为万向集团并购A123的举动会泄露军事机密，威胁美国的国家安全。面对美国各界的质疑，万向集团主动保证并购后不会关停美国工厂，不会裁员，并为A123量身制订了收购后的复兴方案。同时，谨慎地采用了"避免问题政治化"的策略，主动剥离军工业务，得到了美国主流媒体和阶层的肯定。最终在A123破产资产拍卖中，战胜强大的竞争对手江森自控，成功收购A123。类似地，2003年万向美国公司并购了洛克福特公司，2005年完成了对美国方向连杆企业的收购，2007年收购了美国AI公司等。一次次成功的海外并购使万向集团在汽车零部件领域进一步得到了先进的技术支撑，打开了产品市场的世界渠道。万向集团通过并购和联盟获取了关键技术、品牌资源、销售渠道和研发资源等战略性资产，极大地增强了网络控制能力。

第三阶段，整合全球资源，构建全球市场网络。万向集团将国外的技术、市场、售后服务与国内成本优势、制造能力和大规模投资相对接，通过优势互补创造出更高的附加价值。如果从单一资源优势的角度看，万向集团在研发能力、技术、渠道上都无法与国外优秀同行相比，在成本和价格上与国内同行相比也不占优势，但是它将跨区域的资源通过转移、互换进行有效组合和配置，形成了其他公司无法匹敌的优势。此外，万向集团在全球网络拓展中积极实施本土化战略，加强对东道国经济与社会的适应与融入。如万向美国公司的"美国化"经营准则体现在用人"美国化"和合作伙伴"美国化"，深度融入美国文化，成为万向集团全球生产经营网络的重要布局节点。

目前，万向集团正在集中力量建设"万向创新聚能城"，将按照"开放共享、创新聚能”的理念，以区块链为底层架构，建设一座创造、创业、创新“三创联动”，生产、生活、生态“三生融合”，集聚全世界科学家、创业者、创新者的科技创新平台，抢占工业制高点，为地区高质量发展建设共同富裕示范区，做出更多贡献。

资料来源：根据万向集团官网、年报、《中外跨国公司发展史：上卷》（卢进勇等编著，对外经济贸易大学出版社，2016年）及其他相关资料整理。

拓展阅读

1. 相关理论扩展：资源基础观、制度基础观或者产业基础观。

2. 推荐阅读期刊：《管理世界》《南开管理评论》《管理学报》《外国经济与管理》《哈佛商业评论》《清华管理评论》。

3. 推荐阅读书籍：

（1）明茨伯格 H，阿尔斯特兰德 B，兰佩尔 J，等. 2012. 战略历程：穿越战略管理旷野的指南. 魏江译. 北京：机械工业出版社.

（2）波特 M. 2014. 竞争战略. 陈丽芳译. 北京：中信出版社.

（3）陈明哲. 2021. 动态竞争：后波特时代的竞争优势. 北京：机械工业出版社.

（4）陈威如，余卓轩. 2013. 平台战略：正在席卷全球的商业模式革命. 北京：中信出版社.

思考与练习

1. 企业进行内部环境分析和外部环境分析的内容和目的是什么？
2. 企业的核心专长是如何建立、保持和发挥的？
3. 有效战略承诺的要求是什么？应该包含哪些内容？
4. 战略实施的保障体系有哪些关键构成要素？
5. 简述战略实施保障体系的作用。

第3章

生产能力与生产计划

学习目标

1. 了解生产能力的概念和计算方式。
2. 了解生产计划的内容与主要指标。
3. 了解应对不稳定需求的基本策略。
4. 掌握综合生产计划的编制过程。
5. 掌握常见的独立需求库存模型。

引导案例

综合生产计划为菲多利公司塑造了显著的竞争优势

菲多利公司通过一套高效的综合计划,成功地使其在北美的36家工厂的产能和规模与市场需求保持同步,即使市场需求波动达到数十亿美元。这一综合计划不仅包括紧凑的作业安排和精细的设备维护,还涵盖了高效的人员和设备运转策略,这些因素共同提升了工厂设施的利用率,也是这家资金密集型企业的重要特征。

菲多利公司拥有超过30种休闲食品和薯制品,其中15种年销售额超过1亿美元,6种年销售额甚至超过10亿美元。其广受欢迎的产品包括Fritos、Lay's、Doritos、Sun Chips、Cheetos、Tostitos、Flat Earth和Ruffles等。这些产品的生产依赖于特定的流程和专用设备,这带来了高额的固定成本,因此公司采用大规模生产方式。以产品为中心的生产模式得益于其较低的变动成本。在这样的背景下,确保产能与市场需求相匹配,避免设备闲置造成巨大浪费,便成为盈利的关键。

在位于美国达拉斯附近的菲多利公司总部,计划员首先会计算总需求。他们会依据产品的历史销售数据、新产品和创新产品的预测数据、促销数据以及大客户经理对当地需求波动的预测,精准地预测市场需求。其次,他们会把现有产能、产能扩充计划以及成本与总需求进行匹配,形成一份综合生产计划。这份计划覆盖了分布在17个地区的36

家工厂。每个季度，总部都会与各工厂紧密合作，根据市场情况和工厂生产实际，对各个工厂的计划进行微调。工厂则根据季度计划进一步细化，制定出为期4周的生产计划，确保特定产品在特定生产线上实现批量生产。最后，原材料和劳动力都会按周精确地分配到相应的生产流程中。这份综合生产计划在提高设备利用率、降低成本方面起到了至关重要的作用。菲多利公司高达60%的市场占有率充分证明，其卓越的综合生产计划为公司带来了显著的竞争优势。

3.1 生产能力概念与计算

3.1.1 生产能力的概念

生产能力（产能）对于所有企业以及企业所有层级来说，都是一个重要的问题。生产能力是生产运作系统在一定时间内可以实现的最大产出量。编制生产计划的一个主要任务就是要使任务和能力协调。对制造企业来讲，生产能力是指在一定时期内，在先进合理的技术组织条件下所能生产一定种类产品的最大数量。对服务业来讲，生产能力可以表现为一定时间内得到服务的顾客人数。

实际上，生产能力与具体的产出有关。对于流程式生产，生产能力可以是一个准确而清晰的概念。例如，某化肥厂年产48万吨尿素，这是由设备的能力和实际运行时间决定的。对于加工装配式生产，生产能力则是一个模糊的概念。不同的产品组合，表现出的生产能力是不一样的。如果是大量生产，且品种单一，则可以用具体产品的数量表示生产能力；如果是大批生产，品种数少，则可以用代表产品的数量表示生产能力；如果是多品种、中小批量生产，则只能以假定产品（pseudo-product）的产量来表示生产能力。对于服务业，由于顾客的参与，运作能力更难以确定。

生产能力有设计能力、查定能力和现实能力之分。设计能力是建厂或扩建后应该达到的最大年产量；查定能力是原设计能力已不能反映实际情况，重新调查核实的生产能力；现实能力为计划年度实际可达到的生产能力，是编制生产计划的依据。国外有人将生产能力分成固定能力（fixed capacity）和可调整能力（adjustable capacity）两种，前者指以固定资产所表示的能力，是生产能力的上限；后者是指以劳动力数量与每天工作时间和班次所表示的能力，可以在一定范围调整。

3.1.2 生产能力的计算

生产能力是指一个作业单元满负荷生产所能处理的最大限度。这里的作业单元可以是一个工厂、部门、机器或单个工人。在计算生产能力时要把握以下内容。

1. 确定生产能力的计算单位

由于企业种类的广泛性，不同企业的产品和生产过程差别很大，在计算生产能力之前，必须确定本企业的生产能力计量单位。

1）投入和产出量

生产能力同投入量和产出量密切相关，不同的企业可以根据自身的性质和其他情况选择投入量或产出量作为生产能力的计量单位。

当企业以产出量作为计量单位时，则需考虑企业生产的产品种类有多少，如果只有一种主要产品，则可以以该产品作为计量单位；如果生产多种产品，则很难以其中某一种产品的产出量作为整体的计量单位，这时可采用代表产品计量法。选择出代表企业专业方向、产量与工时定额乘积最大的产品作为代表产品，其他的产品可利用换算系数换算到代表产品。换算系数 K_i 的计算公式为

$$K_i = t_i / t_o \tag{3-1}$$

式中，K_i 为 i 产品的换算系数；t_i 为 i 产品的时间定额；t_o 为代表产品的时间定额。

有时企业用产出量计算生产能力，准确度不高，不能很好地反映生产能力，则可以用投入量作为计量单位，如总设备数、装机容量等。

2）以原材料处理量为计量单位

有的企业使用单一固定的原材料生产多种产品，这时以年处理原材料的数量作为生产能力的计量单位是比较适量的。这类企业的生产特征往往是分解型的，即使用一种主要原料，分解制造出多种产品。

2. 确定影响生产能力的因素

1）产品因素

产品设计对生产能力有巨大的影响。如果生产相似产品，作业系统生产这类产品的能力要比生产不同的后续产品生产能力大。一般来说，产出越相近，其生产方式和材料就越有可能实现标准化，从而能达到更大的生产能力。此外设计的特定产品组合也必须加以考虑，因为不同产品有不同的产量。

2）人员因素

组成一项工作的任务、涉及活动的各类人员以及履行一项任务需要的培训、技能和经验对潜在产出和实际产出有重要的影响。另外，相关人员的动机、出勤和流动与生产能力也有着直接的联系。

3）设施因素

生产设施的设计，包括厂房大小以及为扩大规模留有的空间都是关键的影响因素。厂址因素，包括运输成本、与市场的距离、劳动供应、能源和扩张空间也是很重要的因素。同样，工作区的布局也决定着生产作业是否能够平稳执行。

4）工艺因素

产品工艺设计是决定生产能力的一个明显因素，工艺设计是否合理影响产品质量。如果产品质量不能达到标准，就会增加产品检验和返工工作，从而导致产量下降。

5）运作因素

一个组织由于存在不同设备生产能力的矛盾或工作要求的矛盾而产生的排程问题、存货储备的决策、发货的推迟、所采购的原材料部件的合意性，以及质量检验与制程控制，都对有效生产能力具有影响。

6）其他因素

产品标准，特别是产品最低质量标准，能够限制管理人员增加和使用生产能力的选择余地，比如，企业为了达到产品和设备的污染标准，经常会减少有效生产能力。

3. 计算成批加工企业的生产能力

这种类型的企业，生产部门的组织采用工艺专业化原则，产品的投料与产出有较长的间隔期及明显的周期性。它们的生产能力计算与工艺专业化原则划分车间和班组有密切关系。

1）计算单台设备生产能力

由于加工的零件可能成百上千种且所有零件的形状大小不同，加工的工艺步骤也不同，而且加工的时间长短不一，这时不能用产出量计算，而只能采用设备能提供的有效加工时间来计算，称为机时。计算公式如下：

$$H_e = H_o \times \eta = H_o(1-\theta) = H_o - S \tag{3-2}$$

式中，H_o 为年制度工作时间；η 为设备制度工作时间计划利用率；θ 为设备计划修理停工率；S 为设备计划修理停工时间。

2）计算班组生产能力

车间班组是最小生产单位，每个班组配备一定数量的加工工艺相同的设备，但它们的性能与能力不一定相同。所以计算班组生产能力是从单台设备开始的，再将这些设备的生产能力整合计算。

如果班组内全部设备的加工技术参数差异不大，则全部设备的时间之和就是班组的生产能力。如果技术参数相差很大，这时要分别统计不同参数设备的机时，着重查看某些大工件的设备加工能力能否满足生产要求。

3）确定车间生产能力

由于班组的加工对象是零件，它们的能力应该以机时计量，而对于车间，它的生产对象往往是产品或零部件配套数，所以它的生产能力应该以产量计量。工时与产量之间的换算比较简单。

4）确定工厂生产能力

工厂生产能力可以根据主要生产车间的能力来确定，能力不足的车间，可以调整措施解决。

4. 计算流水线企业的生产能力

1）计算流水线生产能力

流水线的生产能力取决于每道工序设备的生产能力，所以从单台设备开始计算。计算公式如下：

$$M_{单}=H_e/t_i \tag{3-3}$$

式中，$M_{单}$为单台设备生产能力；H_e为单台设备计划期（年）有效工作时间（小时）；t_i为单件产品在该设备上加工的时间定额（小时/件）。

如果工序由一台设备承担时，单台设备的生产能力即为该工序能力。当工序由 N 台设备承担时，工序生产能力为 $M_{单} \times N$。

2）确定车间的生产能力

如果是制造车间，它既有零件加工流水线，又有部件装配流水线，这时它的生产能力应该由装配流水线的能力决定。即使个别的零件加工能力低于装配流水线能力，也应该按照这个原则确定。

如果是零件加工车间，每个零件有一条专用生产线，而所有零件又都是为本企业的产品配套，那么该车间的生产能力应该取决于生产能力最小的那条生产线的能力。

3）确定企业的生产能力

由于各车间之间加工对象和加工工艺差别较大，选用的设备性能差别很大，生产能力不一致，因此，基本生产车间的生产能力通常按主导生产环节来确定。而当基本生产车间和辅助生产部门的生产能力不一致时，企业应由基本生产车间的生产能力决定。

计算生产能力是做好生产能力规划工作所必需的步骤，也是企业必须重视的问题。企业通过计算生产能力，不仅可以认识自己的实际能力，做到心中有数，还可以发现生产过程的瓶颈部分和过剩环节，为科学、合理地规划生产能力提供基础资料。

3.2 生产能力与市场需求匹配发展

编制生产计划需要解决的一个基本问题是如何处理非均匀需求。市场需求的起伏和波动是绝对的，而企业的生产能力又是相对稳定的，要解决这个矛盾，就要研究处理非均匀需求的策略。处理非均匀需求可以从需求和产能两方面努力。如果总的产能和需求是平衡的，就要减少需求波动并改变产能使之适应需求波动；如果总的产能和需求是不平衡的，就要限制需求或者刺激需求，并增加产能或者将多余产能出售。

3.2.1 调节需求的方法

1. 通过调节价格转移需求

通过价格差别使高峰时期的需求转移到低峰时期。例如，白天飞行票价高，晚间飞行票价低；影剧院周末票价高，平时票价低；晚上打保龄球费率高，上午打保龄球费率低；等等。这些都是通过调节价格转移需求的例子。这种方法在服务业用得多，且对需求价格弹性大的产品和服务最有效。

2. 推迟交货

由于服务能力有限，无论采用什么策略，都会有一些顾客的要求得不到及时满足，这就出现推迟交货的情况。比如，家用电器突然出现故障需要修理，若维修站无任务排队，则可及时修理；若有很多任务排队，则需按一定的优先顺序修理，某些修理任务就要推迟。能否成功应用这种策略取决于顾客的态度，推迟交货存在损失销售额和失去顾客的风险。

3. 按需求来源不同转移需求

顾客来源不同，需求也有差异。航空公司有商务乘客和旅游乘客，酒店客人与医院病人有预约和随机到达。商务乘客对出行时间要求高，对票价不太计较，应该尽量保证他们的航班要求；旅游乘客要求尽可能低的票价，但出行时间较为灵活，应该尽可能利用有余力的航班，并提供较低的票价。为了转移需求高峰，应将有预约的客人和病人尽量安排在一周（或一个月）的需求低谷期。

4. 刺激低谷需求

低谷需求导致能力浪费，如冬季的避暑胜地，淡季的宾馆、酒店，可以通过低价格刺激需求。

5. 供不应求时适当限制需求

当资源短缺、供不应求时，要限制需求总量。城市交通拥堵、电力供应紧张以及水资源短缺，是当前和今后一段时间面临的大问题，可以根据用量制定阶梯收费标准。例如，某市实行党政机关封存30%的公务用车，公务用车按车牌尾号每周停驶一天的规定，拥堵程度降低了三成；电力供应部门按用量和用电时间实行不同电价；对城市用水实行定额管理，超额用水实行累进加价；等等。

6. 开发预订（约）系统

预订（约）系统在航空公司和医院中得到普遍应用，它对顾客和公司来说都是有利的。随机需求不可避免地产生排队现象，预订（约）系统将随机需求转化为计划需求，可以减少甚至消除排队现象，对顾客来说是有利的。同时，预订（约）系统可以将需求转移到低谷期或者转移到其他服务设施上，对公司充分利用其产能来说也是有利的。但是，当顾客未按预订（约）时间履行，又不承担经济责任时就会造成损失。为了控制“未出现者”，航空公司可发售不许退钱的机票。另外，航空公司还可以采取超售策略，即通过接受超过座位总数的预订（约），以防范出现大量未履行的预订（约）的风险。然而，过多的超售又会产生旅客坐不上飞机的风险。为此，航空公司要给未坐上飞机的旅客赔偿并安排下一班航班或住宿的酒店。

7. 调整上下班时间

对于大城市的市内交通，在上下班时间出现拥堵是普遍现象。北京市从2010年4月12日起，市属各级党政机关、社会团体、事业单位、国有企业和城镇集体企业，开始实行错峰上下班。上班时间从早8点30分调整为9点，下班时间由17点30分调整为18点。但学校、医院、大型商场和在京中央国家机关及所属社会团体与企事业单位上下班时间不变。适宜网上办公的企事业单位可实行网上办公，适宜弹性工作制的企事业单位可实行弹性工作制。

8. 固定时间表

如果完全按照顾客的需求安排服务，会造成巨大的浪费。例如，随时都有顾客要出门旅行，若满足顾客随时旅行的要求，则需要无数次航班、汽车和火车。采用固定时间表满足顾客的需求，使顾客按固定时间表行动，既可以满足绝大多数顾客的需求，又可以减少服务能力的浪费。例如，火车、轮船和飞机按固定时间表运行。采用固定时间表策略就像采用产品系列化策略一样，可以兼顾顾客的需求和企业的生产能力。

3.2.2 调节产能的方法

1. 改变劳动力数量

任务重的时候多雇工，任务轻的时候少雇工。这种方法在服务业用得较多。一些旅游点具有明显的季节性，夏天或节假日游客多，服务能力不能满足需求；冬天和工作日游客少，人员闲置。在一天的工作时间内，有时工作负荷很重，有时又很清闲。对这种企业来说，可以少用固定员工，在接待任务重时招募临时工。使用这种方法要求工作是非专业性的，一般人经简单训练或观摩就可以胜任。对于制造业，由于需要专门技术，难以随时招募技术员工，或者需要经过系统培训才能上岗，这种办法不可行。而且，解雇员工会受到法律的限制和工会的反对，还会影响员工劳动情绪。

2. 合理的人员班次安排

许多服务组织，如医院、保安部和警察局，需要每周 7 天，每天 24 小时工作。但是，需求每天不同，一天 24 小时的波动也很大。如何将班次和人员数量安排得合理，使每时每刻有足够的人员值班，又不造成人员空闲，还要保证每个人法定的休息时间，这就是人员班次安排问题。人员班次安排是使产能适应需求波动的科学方法。

3. 忙时加班加点，闲时培训

加班加点是员工比较容易接受的策略，也容易实行，有利于企业维持稳定的员工队伍和增加员工收入。但这种方法也不是永远可行的，过多的超时工作会使人厌倦、工作效率和质量降低，甚至引起安全事故。在工作任务少时，抽调部分员工进行培训，可以提高他们的技能。

4. 利用库存调节

制造业多采取利用库存调节生产的办法。市场需求是波动的，而生产能力在一定时期是稳定的。如果总量上生产能力与负荷是平衡的，为了使生产能力在一定时间内满足任务的需要，就可以利用库存来调节生产，即维持稳定的生产率。当需求较低时，库存增加；当需求较高时，库存减少。

通过改变库存水平来适应市场波动，会产生持有库存成本。在市场需求急剧变化的今天，成品库存会带来极大的风险，并且库存也破坏了生产的准时性，掩盖了管理问题。另外，纯服务不能采用这种策略。

5. 转包

转包就是把一部分生产任务转给其他企业去做，利用其他企业的产能加工本企业的产品，相当于扩大了本企业的产能。当然，转包可能会带来交货不及时和质量问题，本企业会丧失部分控制权和收益。但是，处在激烈变化环境中的企业，不可能完全通过本企业的产能生产多变的产品或提供多样化的服务。与其花费巨大的投资扩充产能，不如借用其他企业的资源来满足特定的需要。

6. 改变“自制还是外购”的决策

如果能力不够，可以变某些自制产品或零部件为外购；如果能力有富余，可以变某些外购产品或零部件为自制。前提是市场可以提供所需的产品或零部件，而且本企业也有能力制造原先确定为外购的产品或零部件。

7. 通过顾客参与调节产能

顾客参与是服务运作的一个特点。有些服务可以通过顾客自我服务来增加服务能力，如自助餐。顾客自我服务使产能随时与需求同步，不需要额外增加产能。同时，顾客自我服务使顾客得到体验，增加了顾客的满意度。然而，不是所有顾客可参与的服务都可以实行顾客自我服务，例如，牙医、理发等服务是不能自我服务的。当然，顾客也可以做一些辅助性的操作，如操作过程中自己漱口，自己洗头、擦干等，以配合主要的服务。制造企业的生产过程一般不允许顾客参与，以免影响效率和出现安全事故。但是，由于顾客个性化要求的突出，顾客参与生产过程的现象也越来越多。房屋装修过程是顾客参与的一个典型例子，顾客在装修过程中也能完成一些辅助性工作。

8. 将固定产能变成可调节产能

以前北京—武昌之间的Z37/38次直达快车全部是软卧车厢，空卧率很高。后来该车次既有软卧车厢，也有硬卧车厢，车厢的利用率提高了。又如客机的头等舱与经济舱也应该有适当比例，以充分满足顾客需要。由于工厂里的生产单元是按最高产量来配备机器数量的，所以可以通过调节当班人数而不改变机器数量来调节产能。

9. 分享产能

当人员不足时可以将服务设施出租，如餐馆白天自己经营，晚上租给他人经营。

10. 培训多技能员工

员工若具备多种技能，则一个人可以做多个岗位的工作，使负荷不足的岗位不致浪费人力资源。例如，超市里收银不忙时，收银员可以去整理货架等。

3.2.3 需求和生产能力选择

综合计划策略是关于需求、能力或者二者关系的策略。需求策略是计划改变需求以与能力相匹配；能力策略涉及改变能力以与需求相匹配；混合策略包含了这两种方法。

1. 需求选项

需求选项包括定价、促销、延迟交货、开发新需求。

1）定价

在产品需求从高峰期滑向非高峰期时，差别定价极为常见。例如，有的航空公司向夜间旅行的乘客提供低价服务，电影院的日场票价通常也较低。有些餐馆实行“早来的鸟吃独食”措施，把就餐高峰期的需求稍稍提前一点儿，这样一来，最高峰时间的客流压力就会减小。还有些餐馆提供低于全价的半份饭，大部分餐馆都为儿童准备了较少的分量和较低的价格。虽然机会成本的形成代表特定期间内的生产能力不足以满足需求带来的利润损失，但在某种程度上定价选项是有效的，需求被转移了，使得它与生产能力更加接近。

在此需要注意的一个重要因素是产品或服务的价格弹性大小。弹性越大，定价策略对需求状况的影响越有效。

2）促销

广告和其他形式的促销，如展览和直销等，有时可能会对需求的改变产生非常有效的影响，因此也会使需求和生产能力更为一致。显然，为了达到预期效果，需要对这些方法的时机选择以及对回应率和回应形态等方面的知识有所了解。与定价策略不同，这种方法对实时需求的控制能力较弱，同时，还要承担促销可能恶化原本打算改善的市场条件的风险。如果在错误的时间增加需求，将会进一步带来生产能力的压力。

3）延迟交货

通过待发货订单，企业可以把需求转移到其他时期。也就是说，订单在某一时期取得，并许诺将在以后的某个时期交货。这种方法能否成功依赖于顾客对等待产品的意愿程度。另外，与待发货订单相关的成本难以计量，因为它可能包括销售损失、烦躁或失望的顾客，也许还有额外的文书工作。

4）开发新需求

在一些需求分布极其不均匀的时期，许多企业都面临必须为高峰需求提供产品或服务的问题。例如，在每天清晨和下午晚些时候的高峰期，公共交通需求都比平时高，而在其他时间，此类需求却相对较少。在其他时间为公共交通创造新需求（如学校、俱乐部、老年人团体的短途线路），将可以较为充分地利用在这段时间里闲置的生产能力。同样，许多快餐厅经营早餐也能够更为充分地利用它们的生产能力，有些北方的景观美化公司则利用其设备在冬季除雪。而需求季节性变化、生产某些特定产品（如吹雪机）的制造业企业，可以利用同样的生产过程，适时开发互补性产品（如割草机、花园专用设备等）的需求。这样，就能更加平稳地利用其人力、设备和设施等。另一种选择是可以将生产能力“出租”给其他企业。

2. 供应选项

供应选项包括聘用和解聘工人、加班/松弛时间、兼职工人、库存以及分包合同，在

“3.2.2 调节产能的方法”中已有部分讲解。

1）聘用和解聘工人

如果企业运营的类型是劳动密集型，需要确定员工规模的改变对运营能力的影响程度。每名工人的资源需求也是一个重要的因素。比如，如果一家超级市场有 14 个收款台，通常只运行 10 个，可能还需要另外增加 4 名收银员。因此，在有些情况下，能否增加工人可能受到所增加工人是否需要其他资源支持的限制。相反，为维持变动的作业的要求，可能需要保持一个最低规模的工人人数（如骨干队伍）。

工会协议会对公司聘用和解聘的员工数量有所限制。由于解雇给工人带来的问题可能非常严重，有的企业明文规定禁止或限制向下调整劳动力规模。需注意的是，聘用的假定前提是劳动力供应充足。因此，随着时间的推移，情况会有所不同。在供给不足时，采用这种方法的企业生产能力会受到冲击。

另一个要考虑的因素是工人的技术水平。与低技能工人相比，高技能工人更难找到，而且雇用他们也需要更高的成本。因此，这一点的有效性受到对高技能工人需求的限制。

聘用和解聘都会带来一定的成本。聘用成本包括招聘、筛选和培训，如此方能把新工人“带上道”，同时弥补由于质量问题所造成的损失。如果新近被解雇的工人重新上岗，可以节约一定的成本。解雇成本包括违约费、重整其余员工的费用、公司中遭遇过解雇的那部分工人的潜在的恶劣情绪，以及留下的工人的士气损失（比如，尽管公司做了保证，有的工人还是担心总有一天他们也会被解聘）。

越来越多的企业把工人看作资产而不是可变成本，不再考虑使用这种方法了，而是开始出于其他方面的考虑使用松弛时间法。

2）加班/松弛时间

与聘用和解聘工人相比，利用加班/松弛时间法改变生产能力显得没有那么苛刻，而且它既可以运用于公司全体成员也可以根据需要有选择地运用于部分员工。此外，这种方法的执行也比聘用和解聘快得多，它允许公司维持一个稳定的员工数量。在应对季节性高峰期需求时，使用加班方法具有特殊的吸引力，因为这样一来既不必聘用和培训新员工，也不必在淡季到来时解雇他们。加班工作不仅为公司维持熟练工人，还为员工增加收入。而且，在通常情况下，从全体工作人员的角度来看，使用一套完整的工作人员班子比聘用一两个额外工作人员更为必要。因此，让整个工作班子加班比聘用额外工作人员更为可取。

值得注意的是，有的工会协议允许工人拒绝加班。在这种情况下，就很难号召全体工作人员超时工作，或者让整条生产线在正常工作时间之外继续运行。尽管工人一般都喜欢获得加班工作带来的额外收入，但他们也许不会对不得不临时加班或由此带来的收入波动心存感激。还有一点需要考虑，就是超时工作往往会导致低下的劳动生产率、低劣的质量、更多的意外事故以及增长的应付工资成本等，而空闲时间往往会导致机器和其他固定资产的使用效率降低。

当需求小于生产能力时，松弛时间法的使用将是一项重要的考虑事由。有些企业利用这段时间对工人进行培训，使得工人有时间组织解决问题小组活动和流程改进，在这个过程中使得技术工人得到再培训。

3）兼职工人

在一些特定的场合，聘用兼职工人是一项可行的选择方案——主要取决于工作性质、培训和技术要求，以及工会协定等。需要中等以下工作技能的季节性工作可以聘用兼职工人，在计时工资和额外福利方面他们一般都比正式职工成本低廉。百货公司、餐馆和超级市场都可以使用兼职工人，公园和娱乐场所、度假胜地、旅行社、旅馆和其他具有季节性需求的服务型企业也可以使用他们。为了赢得市场并获取成功，这些企业必须在需要的时候雇用兼职员工。

一些公司使用签约工人（也称为独立签约人）来满足特定的需求。尽管不是正式员工，但是他们常常和正式员工一起工作。除了不同的工资水平和没有福利外，同正式员工相比，签约工人可以更容易加入雇员中或从中去除，这也给公司在调整雇员规模方面带来更大的灵活性。

4）库存

产成品库存能够使工厂在某一时期生产，而在另一个时期售出或运出产品，这样会使工厂把产品当作库存持有和运输，直到市场有需要。这种方法的成本不仅包括持有成本和占用资金的投资成本，还包括保险费、过时、变质、磨损、损坏成本等。事实上，当产品的生产能力超过需求时，库存增加，需求超过生产能力时库存减少。

这种方法在制造业比在服务业更为有用，因为制造业产出的产品能够被储存而服务业通常不行。然而，服务业有一种类似方法，那就是努力形成流水线式服务（如标准化形式），或者在松弛时间提供部分服务内容（如企业工作场所）。尽管有这些可能性存在，但服务业还是不可能过多地运用库存改变生产能力需求。

5）分包合同

分包合同能使计划人员获得临时性的生产能力，尽管它使本企业对产出的控制能力变小，并有可能引发高昂的成本和质量问题。解决自制还是外购（如制造业企业）、自己提供服务还是雇用他人来提供服务等问题，主要依赖于诸如可使用生产能力、相关专门技术、质量、成本、需求数量和稳定性等因素。

相反，在生产能力过剩时期，一个企业可能会接受另一个企业的分包工作。作为分包合同的一种选择，一个企业可能考虑外包：与另一个企业在正常情况下签订合同来提供部分产品或服务。

3.2.4 应对不稳定需求的基本策略

管理者在为达成供需平衡而制订综合计划的过程中，有着广阔的决策空间。由于最能影响需求状况的决策选项更应归于营销职能（订单除外），这里重点关注归属于运营职能范围内的、与生产能力有关的决策选项，除此之外，延迟交货也在研究范围之中。

综合计划制订者可以采用多种策略，其中较为重要的有：维持稳定的员工总人数；维持稳定的产出率；逐期地匹配市场需求；采用决策变量组合。

与所讨论的其他策略一起，这些策略将会给人一种充分的感性认识，使人们了解在无数企业中，综合计划是怎样运作的。前三个策略是“纯粹的”策略，因为其中每一个都有一个独立的聚焦点；而决策变量组合则是“混合型”的策略，因为它没有单一的侧重点，其中经常使用的有平稳生产能力策略和追逐需求策略。平稳生产能力策略运用某种由库存、加班、兼职工人、转包合同和延迟发货等构成的组合应对市场需求的变动。追逐需求策略能够为市场需求匹配相应的生产能力，在这种策略下，每一期计划的产出都应该与当期的预期需求相匹配。

许多企业都认为保持稳定的员工人数颇具吸引力。由于通过聘用和解聘改变劳动力水平对员工的生活和士气影响极大，还会在管理层产生分歧，企业通常都更愿意以其他方式应对不稳定的市场需求。而且，企业改变员工总数的成本极其昂贵，通常还要承担在需要的时候没有足够的具有相应技能工人储备的风险。除了这些考虑因素之外，这种改变还将涉及数量巨大的文书工作。

为了在满足市场需求的同时保持稳定的产出水平，企业必须综合运用分包合同、延迟交货和使用库存的策略，来平抑需求波动。分包合同需要在供应来源和可能增加成本的估价上做出投资，而且企业对产出以及质量的控制也会有所减弱。延迟交货的后果可能是丧失一定的销售额，记录工作量的增加，顾客服务水平的降低。运用库存平抑需求波动带来的影响，会使资金占用在库存上直接形成持有成本，持有相关大型存储设施和库存引发的其他相关费用也会构成成本。此外，对于服务导向型企业来说，库存通常不是一种可行的选择。然而，它确实可以为企业带来一些好处，如招聘和培训的成本最小、加班和空闲时间的成本降低、士气问题较少、设备设施的使用相对稳定等。

追逐需求策略预示着管理者有很大的能力和意愿对生产能力进行灵活调整以适应需求。这种方法的一个主要优点是库存水平相对较低，确实为企业节约了成本。主要缺点则是缺乏运营的稳定性——整个气氛就是根据需求的曲调决定跳什么舞。还有，当预测和实际不一致时，士气会受到损害，因为工人和管理者很快都会意识到努力白费了。这两种策略的比较如图 3-1 所示，通过比较变化的需求形态来突出两种方法的不同。每种方法所使用的需求方式都是相同的。注意，主要是分成三种情况：①需求等于正常生产能力；②需求低于正常生产能力；③需求超过正常生产能力。

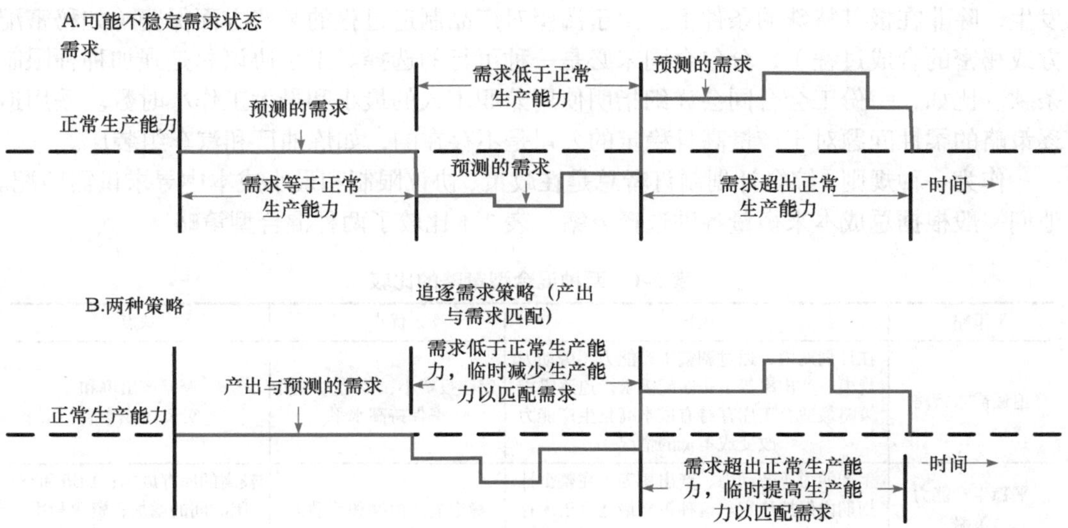

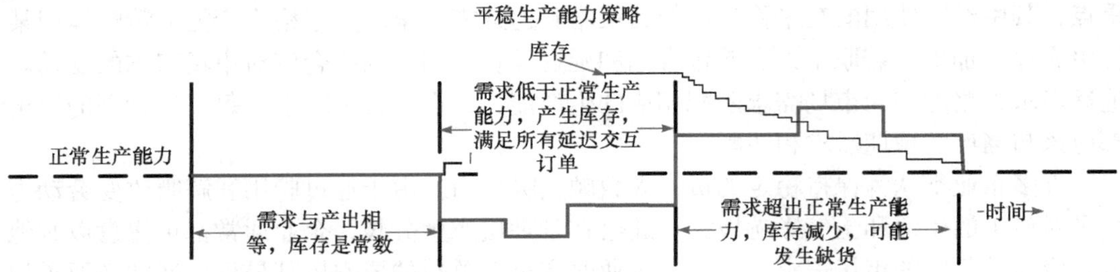

图 3-1　变动的需求模式及追逐需求策略与平稳生产能力策略的比较

图 3-1 的上部展示了可能不稳定的需求状态，即需求有时候等于正常能力，有时候会低于正常能力，有时候会超出正常生产能力。

图 3-1 的中部说明了使用追逐需求策略后所发生的情况。当需求低于正常的生产能力时，追逐需求策略会暂时减少；当需求超出正常的生产能力时，追逐需求策略会暂时提高生产能力来匹配需求。

图 3-1 的下部说明了使用平稳生产能力策略后发生的情况。当需求低于正常生产能力时，产出继续以正常生产能力进行，过多的产成品变成库存以供需求超过生产能力时使用。当需求超出正常生产能力时，库存就被用来弥补产出短缺的部分，此时库存减少，可能发生缺货。

组织可以选择由纯粹策略构成的某种组合策略，这样可使管理者更灵活地应对不稳定需求，也许还会创造出更加多种多样的策略组合。然而，缺乏明确的侧重点可能产生反复无常的方法，会在部分员工中引起混乱。

3.2.5　策略选择

无论组织选择哪一种策略，要考虑的三个重要因素是公司政策、柔性和成本。公司政策有可能对可供选择的选项或其适用范围产生约束，比如，公司政策阻止临时解聘的发生，除非在极其特殊的条件下。由于渴望对产品制造过程的某些方面保密（如秘密配方或秘密的合成过程），分包合同未必是一种可行的选择。工会协议总是强加种种限制条款。比如，一份工会合同会详细指明使用兼职工人的最小和最大工作小时数。采用追逐策略的柔性问题对于产量高且稳定的公司是不存在的，如炼油厂和汽车组装厂。

作为一种规则，综合计划制订者总是在政策、协议限制和最小成本中寻求供需匹配。他们一般根据总成本来衡量各种选择方案。表 3-1 比较了两种混合型策略。

表 3-1　两种混合型策略的比较

策略	描述	优点	缺点
追逐需求策略	在计划期内，通过调整生产能力（劳动力规模、产出率等）来匹配需求。追逐需求策略最适合于库存持有成本高且生产能力改变成本低的情况	库存投资小；劳动力利用率保持高水平	调整产出率和劳动力成本高
平稳生产能力策略	生产能力（劳动力、产出率等）在整个计划期内保持稳定。这种策略最适合于库存持有成本和延迟交货成本相对较低的情况	稳定的产出率和劳动力	较高的库存成本；加班和空闲时间的增加；资源利用水平不均衡

3.3 生产计划编制

生产计划与作业计划是指按照事先计划来管理企业的生产经营活动。生产计划与作业计划管理包括计划的编制、执行、检查和改进等四个阶段。生产计划与作业计划管理包括企业生产经营活动的各个方面，如生产、技术、劳动力、供应、销售、设备、财务和成本等，绝不仅仅是计划部门的工作。所有其他部门和车间都要通过以上四个阶段来实行计划管理。

生产计划与作业计划工作是指生产计划的具体编制过程，它将通过一系列综合平衡工作，完成生产计划与作业计划的任务。企业设计生产计划与作业计划系统目的就是要通过不断提高生产计划与作业计划工作水平，提供产品和服务，同时还要降低成本、节约时间和提高质量等。一个科学合理的生产计划与作业计划必须具备以下三个特征。

（1）充分利用企业产能，满足市场需求。

（2）科学合理地组合各项企业资源，实现生产成本最低化。

（3）有效调度分配各种生产资源，最大限度地减少生产资源的浪费和闲置。

生产计划与作业计划的最大区别在于两者研究的计划在时间和内容上不同，前者时间跨度长，计划内容较为宏观，后者时间跨度短，较为具体。

3.3.1 生产计划的内容与主要指标

为了生产出符合市场需要或顾客要求的产品和服务，生产计划需要确定什么时候生产、在何处生产以及如何生产。企业的生产计划是根据销售计划制订的，它又是企业制订物资供应计划、设备管理计划和生产作业计划的主要依据。

生产计划工作的主要内容包括：调查和预测社会对产品的需求，核定企业的生产能力、确定目标、制定策略、选择计划方法，正确制订生产计划、库存计划、生产进度计划和计划工作程序，以及计划的实施与控制工作。生产计划的主要指标有：品种指标、质量指标、产量指标、产值指标和出产期。

（1）品种指标。这是指企业在品种方面满足社会需要的程度，也反映企业专业化协作水平、技术水平和管理水平。

（2）质量指标。产品质量指标通常指企业在计划期内，各种产品应达到的质量标准。

（3）产量指标。产品产量指标通常指企业在计划期内应当生产的合格产品的实物数量。产量指标反映企业在一定时期内向社会提供的使用价值的数量，以及企业生产发展水平。

（4）产值指标。产值指标就是用货币表示的产量指标。产值指标可分为总产值、商品产值、工业增加值等三种形式。

（5）出产期。这是指为了保证按期交货而确定的产品出产期限。

上述各项计划指标的关系十分密切。既定的产品品种、质量和产量指标，是计算以货币表现的各项产值指标的基础，而各项产值指标又是企业生产成果的综合反映。企业在编制生产计划时，应当先安排落实产品的品种、质量与产量指标，而后据以计算产值指标。

3.3.2 生产计划的编制步骤和方法

1. 编制生产计划的主要步骤

1）调查研究，收集资料

制订生产计划之前，要对企业经营环境进行调查研究，充分收集各方面的信息资料，其主要内容包括：根据市场信息进行预测、上期产品销售量、上期合同执行情况及成品库存量、上期计划的完成情况、企业的生产能力、原材料及能源供应情况、品种定额资料、成本与售价。

2）确定生产计划指标，进行综合平衡

确定生产计划指标是制订生产计划的中心内容。其中包括：产值指标的选优和确定；产品出产进度的合理安排；各个产品的合理搭配生产；将企业的生产指标分解为各个分厂、车间的生产指标等。这些工作是同时进行且相互联系的。

综合平衡是制订生产计划的重要工作环节，其内容包括两个方面：一是以利润计划指标进行平衡；二是以生产计划指标为中心，依据生产计划与生产能力及其他投入资源进行平衡。

3）安排产品出产进度

生产计划指标确定后，需进一步将全年的总产量指标按品种、规格和数量安排到各季、月中去，制订出产品出产进度计划，以便合理分配并指导企业的生产活动。

产品出产进度应做到保证交货时期，均衡出产，合理配置和充分利用企业资源。

2. 编制生产计划的主要方法

滚动式计划（rolling plan）是一种编制生产计划的主要方法，在编制过程中，整个计划期被分为几个时间段，第一个时间段的计划为执行计划，后几个时间段的计划为预计计划。执行计划比较具体，预计计划比较粗略。每经过一个时间段，根据执行计划的实施情况以及企业内外部条件的变化，对原来的预计计划做出调整与修改，原预计计划中的第一个时间段的计划变成了执行计划。

滚动式计划方法的优点表现在保证计划的严肃性和应变性。因执行计划与编制计划的时间接近，内外部条件变化不大，可以基本保证完成，体现了计划的严肃性；预计计划允许修改，体现了应变性。滚动式计划能够在计划实施出现偏差时及时做出调整，保证计划工作更贴近实际。

3.3.3 综合生产计划

以制造业为例，综合生产计划（aggregate production plan）也称运营生产计划、总生产计划或年度生产大纲，该计划在未来一年时间内对企业资源和产品需求之间的平衡做出设想。它根据企业拥有的生产能力和需求预测较粗略地计划企业生产产品的种类和数量、生产时间及每一部门或人员的任务，内容涵盖产出内容、出产量、劳动力水平和库存投资等决策问题。综合生产计划是企业生产活动的前期工作，制订综合生产计划需要平衡市场需求和企业所掌握的资源，使生产资源得到有效利用，从而获得最佳收益。表 3-2 表明了某汽车制造企业某年第一季度的综合生产计划。

表 3-2　某汽车制造企业某年第一季度综合生产计划　　单位：辆

产量	1月	2月	3月
A 型车产量	10 000	15 000	20 000
B 型车产量	30 000	30 000	30 000
合计产量	40 000	45 000	50 000

制订综合生产计划需要事先明确下列信息，包括现有原材料、现有成品库存、市场需求量、产品研发能力、本企业产能、分承包商产能、劳动力需求量等内容。综合生产计划确定后，还要将其逐步细化，利用 MRP（material requirement planning，物资需求计划）和 ERP 等技术分解为 MPS（master production schedule，主生产计划），即明确每一具体的最终产品在某一具体时间段的生产数量，包括进行产品出产进度安排等。主生产计划以具体产品为计划对象；某企业 C、D、E 三种产品在某年第一季度的主生产计划见表 3-3。

表 3-3　某企业 C、D、E 三种产品在某年第一季度的主生产计划　　单位：辆

产量	1月				2月				3月			
	第 1 周	第 2 周	第 3 周	第 4 周	第 1 周	第 2 周	第 3 周	第 4 周	第 1 周	第 2 周	第 3 周	第 4 周
C 型产量		1 600		1 600		2 400		2 400		3 200		3 200
D 型产量	1 500	1 500	1 500	1 500	2 250	2 250	2 250	2 250	3 000	3 000	3 000	3 000
E 型产量	400		400		600		600		800		800	
合计产量	10 000				15 000				20 000			

在确定了主生产计划之后，还要将其继续细化为工作任务指派和生产作业计划，这是较为细致具体的工作方案。制订综合生产计划所需的各种信息见图 3-2。

综合生产计划涉及以下成本内容。

1）基本生产成本

基本生产成本是计划期内生产某一产品的固定成本与变动成本，包括直接与间接劳动力成本。

2）与生产率相关的成本

包括雇佣、培训与解雇人员的成本。

3）库存成本

主要组成部分是库存占用资金的成本。

4）延期交货成本

包括由延期交货引起的赶工生产成本，以及失去企业信誉和销售收入的损失。

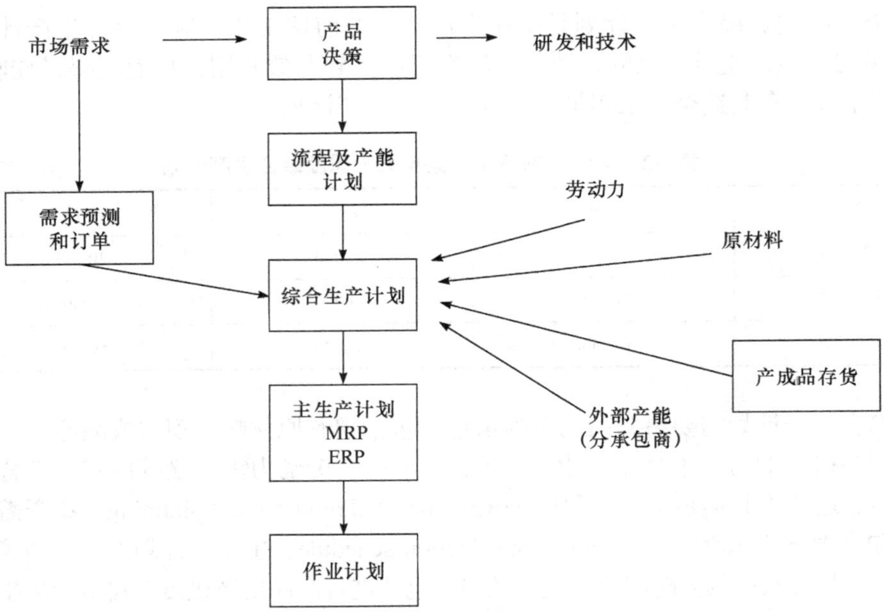

图 3-2　制订综合生产计划所需的各种信息

3.3.4　制订综合生产计划常用的策略

制订综合生产计划常采用以下三种策略。

1. 追逐策略

追逐策略（chase strategy）通过改变工人人数的方法使得当前产能与产品需求的产出相适应，即在产品需求量大时应多雇用工人，在需求小时可以裁减工人。该策略的适用条件是当订货量处于上升期间，可以雇用到一批工人，且培训较为简单；当订货量处于下降期间，可以低成本地解雇一批工人，遣散费较低。追逐策略虽然库存投资较少，无订单积压，但每一期调整人员要花费成本，容易造成劳资关系疏远和生产率及产品质量下降。

2. 平准策略

平准策略（level strategy）保持工人人数不变，日产量维持在一个固定的水平。通过柔性工作计划和加班等方式改变工作时间，进而改变产量，使产量和订货量相匹配。这种策略使工人数量稳定，避免了追逐策略中雇用和解雇工人所付出的代价。

3. 外包策略

外包策略（outsourcing strategy）在正常的工作时间内用固定人数的工人进行生产，以满足最小的生产需求量。或者说，通过库存来调节生产，而维持生产率和工人数量不变。当需求不足时，由于生产率不变，库存就会积累起来。当需求过大时，利用库存来满足需求，库存就会减少。

可以看出制订综合生产计划是单位时间生产产量、劳动力持有数量、存货水平、加班和采用分承包商的不同组合。综合生产计划可以有多种选择方案，成本低的方案是企业通常选择的方案。

3.3.5 短期生产计划

短期生产计划包括的内容较多，因篇幅所限，只选择派工、排序和人员循环排班等几项内容讨论。

1. 派工

派工（assignment）是把多个工作分派给多个机器或工人的安排，派工应该达到降低成本或缩短时间的目的。派工在制造业和服务业都有广泛的应用空间。如某支篮球队的管理者经常需要做出如下安排：今天需要选派 3 个球员到城市 A 打球，过两天又要选派 4 个球员到城市 B 打球，不同的球员球技存在差异，球员的人力成本也不同，应该合理组合搭配不同球技的球员，达到既满足球员输入方的要求，还要降低球员的人工成本，这需要球队的管理者做出科学的安排。

2. 排序

排序（sequencing）是将一组待处理的工作按照合理的顺序排列，以期达到缩短作业时间和提高系统利用率的目的。很多作业问题面临排序选择，本书只选择以下两种排序问题讨论，包括 2 台机器排序问题的最优算法、常见排序的优先调度法则（priority rules）。

1）2 台机器排序问题的最优算法

对于 N 个零件先后经过两道加工工序处理，达到加工周期最短的问题，约翰逊（Johnson）于 1954 年提出了一个最优算法，即约翰逊算法，约翰逊算法的原则如下：①列出两道工序的所有零件（任务）和相应的加工时间；②找出一个最小的时间，若其处于第一道工序则安排在第一位，否则安排在最后一位；③排好一个零件（任务）后就将其从待排序任务名单中剔除，若最短加工时间有多个，则任选一个；④重复②、③两个步骤，直至所有零件（任务）都完成排序。

2）常见排序的优先调度法则

在企业运营管理中，管理者经常要面对一组任务经过一道工序加工的排序选择。虽然有超过 100 个优先调度法则可供选择，但常见的优先调度法则以下面四个居多：①先到先服务规则（first come，first served，FCFS）；②最短加工时间规则（shortest processing time，SPT）；③最早完工期限规则（earliest due date，EDD）；④最长加工时间法则（longest processing time，LPT）。

不管哪种优先调度法则，都有以下相似的假定前提条件：①任务的集合是确定的，在加工开始后无新加入的任务，也没有被取消的任务；②设备调整时间与加工顺序相互独立；③设备调整时间是确定的；④任务加工时间也是确定的，无波动；⑤在任务加工的过程中不会出现机器设备停工、事故或工人缺勤。

3. 人员循环排班

人员循环排班是运营计划的组成部分，在制造业和服务业都有广泛的使用。很多服务行业在双休日和节假日都有从业人员在岗上班，诸如医生、护士、餐饮服务人员、银行职员、卖场销售人员等都需要制订人员排班计划，因此人员循环排班是运营计划中的重要工作。

人员循环排班的操作方法还可以解决员工每周休息一天或两天等不同前提条件下的排班问题，也可以解决每天 2 班倒班、3 班倒班甚至 4 班倒班的人员排班问题。

3.4 库 存 管 理

库存（inventory）也称存货，是指企业生产经营活动所需的备用物品，库存无论是对制造业还是服务业都十分重要。库存的主要功能是在供给和需求之间建立缓冲，减缓供需矛盾；在生产或销售的两次进货期间便于周转，避免物资短缺；为适应预期或不可预测的市场变化而保持库存。在生产过程中的不同生产阶段，库存以不同的物料形态呈现，正是因为有了库存，企业的生产过程才能平稳进行，库存从最初的原材料被加工成半成品，再被生产成产成品交付到消费者的手中。生产企业库存流动示意图见图 3-3，三角形图标表示原材料、在制品和产成品的库存。

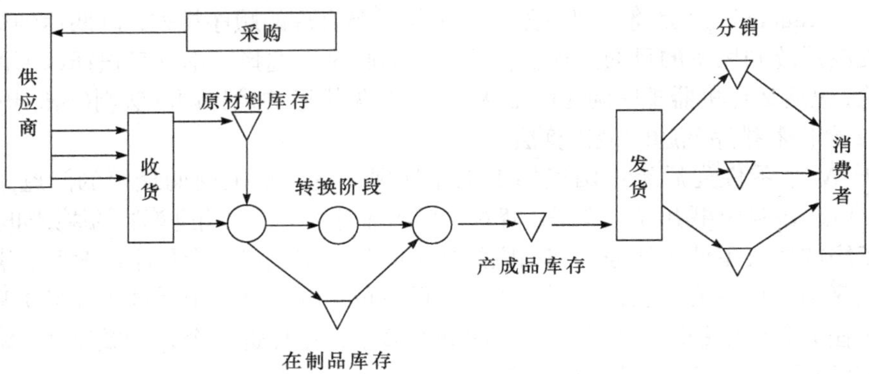

图 3-3　生产企业库存流动示意图

库存管理不只是对库存物资的数量管理，而且更不能认为库存管理就是要保持一定的库存数量。实际上，就库存管理所包括的内容来说，数量管理仅仅是其中的重要一项，并不是全部内容。企业的库存在大部分储存时间中处在闲置状态，因此研究库存管理意义十分重大。库存管理的主要内容涉及库存物料的进货时间及订货点、储存起始日期、确定合理的订货批量和库存水平。应用库存控制的管理方法，在保证生产过程顺畅进行的前提之下，优化库存数量管理，降低库存水平，加快库存周转，减少资金积压和占用，提高资金使用效率，最终提高企业的经营利润。

3.4.1　库存产生的原因

从企业内部来看，企业的生产过程是由多个顺序的作业或操作构成的，每个作业或操作的生产率（或产出率）不可能完全一致，若让它们单独和更经济地运行，两个或多个作业中就必然会产生库存；从供应链的角度来看，供应链各环节的企业为了便于周转，避免缺货，建立库存缓冲是十分必要的。从企业内外部环境来看，库存是运营管理中至关重要的环节，不可缺少。

基于以上原因，真正意义上的“零库存”是不存在的，“零库存”是企业在优化管理中追求的终极目标，只能接近，无法完全达到。

3.4.2 库存的作用

库存对企业而言至关重要。它不仅对生产运营很重要，而且还有助于提高顾客满意度。为了对库存的重要性有所了解，想象如下情形：一些规模较大的企业持有数量众多的库存。不同类别的企业持有的库存数量和价值量有很大不同，一家典型的企业也许会持有其流动资产的30%，使其营运资金的90%投资于库存。被广泛用来衡量管理业绩的测量指标是投资回报率（return on investment，ROI），即税后利润比总资产。由于库存是总资产的重要组成部分，尽管有必要考虑为顾客服务带来的风险，但减少库存无疑能明显提高投资收益率。更进一步，库存与销售额的比率作为制造业、批发和零售业的一个测量指标，可以用来测量一个国家的经济健康水平。

库存是企业生产经营中不可缺少的环节，其作用表现在以下方面。

（1）满足预期顾客需求。顾客可能是从街上走进来买一套立体声音响设备的人，也可能是一名机工，他的工具箱或制造过程作业需要工具。这些库存就涉及预期库存，因为持有这些库存是为了满足期望（即平均）需求。

（2）平滑生产需求。经历季节性需求模式的企业总是在淡季积累库存，来满足特定季节的过高需求。这种库存被命名为季节性库存。加工新鲜水果、蔬菜的企业会涉及季节性库存，出售贺卡、滑雪板、雪上汽车或圣诞树的商店也一样。

（3）分离作业。过去的制造型企业用库存作为连续运作之间的缓冲，以保持生产的连续性，否则就会由于设备故障而陷于混乱，并促使部分作业临时中止。缓冲使得在解决问题时其他作业不必临时中断。同样，使用原材料库存可以使企业的生产过程和来自供应商供货的中断问题隔离开来，产成品库存使销售过程和制造过程割裂开来。最近，有些企业对库存缓冲进行了进一步研究，发现其占用成本和空间。此外，他们还认识到，发现和消除故障源会大大减少由于中断作业而对库存的依赖。

缓冲库存对供应链也很重要。经过认真分析，可以揭示无论是使用最多的缓冲库存水平，还是使用只增加成本而不提高价值的临界缓冲库存水平，缓冲库存都很重要。

（4）降低缺货风险。延迟送货和意料之外的需求增长增加了缺货风险。延迟的发生可能是由于气候条件、供应商缺货、运错货物、质量问题等，持有安全库存能够降低缺货风险。安全库存是指为应对需求和交付时间的多变性而持有的超过平均需求的库存。

（5）利用订货周期的好处。为使采购和库存成本最小，企业往往一次性购买超过当前需求的数量。这导致购买品中的一部分或全部需要储存起来以备将来使用。同样，大量生产往往也比小批量生产经济，这也导致过量产成品必须入库以备将来使用。因此，保存库存能够使企业以经济批量采购和生产，无须为短期需求与购买或生产的匹配而费尽心机。这就导致产生了定期订单，或订货周期。

（6）避免价格上涨。有时企业怀疑实际物价要上涨，为避免增加成本，它们就会以超过平时正常水平的数量采购。储存多余商品的能力也允许企业利用更大的订单来获取价格折扣。

（7）生产运营上的考虑。生产作业过程需要花费一定时间，这个事实（即生产的非即时性）意味着企业通常都持有一定的在制品库存。另外，物品的中间库存（包括生产现场的原材料、半成品和产成品，以及存在仓库里的商品）会产生经由生产-销售系统的渠道库存。利特尔法则（Little's Law）可用来确定渠道库存的数量。它表示系统中的平均库存量等于系统的平均产出率（如平均需求比例）与一个单位在系统中的平均时间的乘积。因此，如果一个单位在系统中的平均时间为 10 天，需求比例为每天 5 个单位，则平均库存量为 50 个单位：5 个单位/天×10 天=50 个单位。

（8）利用数量折扣。供应商可能对大订单给予折扣。

3.4.3 库存的成本费用构成

企业持有一定数量的库存对生产经营的平稳运行是必要的，但持有库存会给企业带来相应的成本费用。主要有两种费用，一种随着库存量的增加而增加，另一种随着库存量的增加而减少。正是这两种费用相互作用的结果，才有最佳订货批量。

1. 随库存量增加而增加的费用

（1）资金成本。库存的资源本身有价值，占用了资金。这些资金本可以用于其他活动来创造新的价值，库存使这部分资金闲置起来，造成机会损失。资金成本是维持库存物品本身所必需的花费。

（2）仓储空间费用。要维持库存必须建造仓库、配备设备，还有供暖、照明、修理、保管等开支。这是维持仓储空间的费用。

（3）物品变质和陈旧。在闲置过程中，物品会发生变质和陈旧，如金属生锈、药品过时、油漆褪色、鲜货变质。这会造成一部分损失。

（4）税收和保险。

以上费用都随着库存量的增加而增加。若只要随着库存量的增加就增加费用，则库存量越少越好。但也有随着库存量的增加而减少的费用，使得库存量既不能太低，也不能太高。

2. 随库存量增加而减少的费用

（1）订货费。订货费与发出订单活动和收货活动有关，包括评判要价、谈判、准备订单、通信、收货检查等。它一般与订货次数有关，而与一次订多少无关。

（2）调整准备费。在生产过程中，工人加工零件，一般需要准备图纸、工艺和工具，需要调整机床、安装工艺装备。这些活动都需要时间和费用。若花一次调整准备费，多加工一些零件，则分摊在每个零件上的调整准备费就少，但扩大加工批量会增加库存。

（3）购买费和加工费。采购或加工的批量大，可能会有价格折扣。

（4）生产管理费。加工批量大，为每批工件做出安排的工作量就会少。
（5）缺货损失费。批量大则发生缺货的情况就少，缺货损失就少。

3. 库存总费用

计算库存总费用一般以年为时间单位。归纳起来，年库存费用包括以下四项。

（1）年维持库存费（holding cost），以 C_H 表示。顾名思义，它是维持库存所必需的费用，包括资金成本、仓库及设备折旧、税收、保险、陈旧化损失等。这部分费用与物品价值和平均库存量有关。

（2）年补充订货费（reorder cost），以 C_R 表示。它与全年发生的订货次数有关，一般与一次订多少无关。

（3）年购买费（加工费）（purchasing cost），以 C_P 表示。它与价格和订货数量有关。

（4）年缺货损失费（shortage cost），以 C_S 表示。它反映失去销售机会带来的损失、信誉损失以及影响生产造成的损失。它与缺货多少、缺货次数有关。

若以 C_T 表示年库存总费用，则

$$C_T = C_H + C_R + C_P + C_S \tag{3-4}$$

对库存进行优化的目标就是要使 C_T 最小。

3.4.4 库存管理的 ABC 分类法

库存管理的 ABC 分类法是库存管理的一种重要方法，其模式是按物资品种和占用资金多少对库存进行分类，再按各类重要程度不同分别控制，抓住重点和主要矛盾，进行重点控制。

1. ABC 分类法的内容

1879 年，意大利经济学家帕累托（Pareto）发现，社会财富的 80%掌握在 20%的人手中，而余下的 80%的人只占有 20%的财富。这种“关键的少数和次要的多数”的现象在社会学和经济学中都有实例存在，称为帕累托原理，也称 80/20 法则或 ABC 分类法。

ABC 分类法将库存物品按品种和占用资金的多少分为特别重要的 A 类库存、一般重要的 B 类库存和不重要的 C 类库存，然后针对不同等级分别进行管理与控制。其核心是“抓住重点，分清主次”。

2. ABC 分类法的操作

ABC 分类法是按物品的价值、重要程度、耗用情况等加以分类。一般 A 类为高价物品，其价值占全部库存价值的 70%以上，而品种数不及库存品种总数的 20%；B 类物品的价值约占库存总值的 20%，品种数不到库存品种总数的 30%；而 C 类物品的价值只占 10%以下，品种数却占到了 50%以上。图 3-4 为典型的 ABC 分类图。

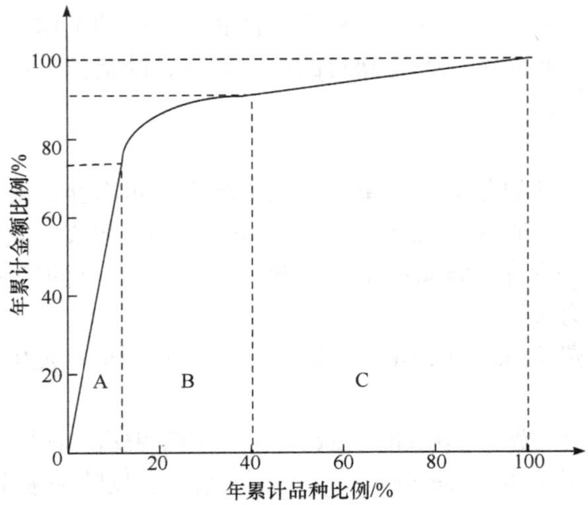

图 3-4　ABC 分类

对于三种不同的物料应进行不同的控制。

（1）A 类货物的库存管理。对 A 类物资要重点控制。A 类货物库存品种不多，占用资金量大，必须对其实行精确的定期订货控制。对 A 类库存品，需要有详细的进出库记录，经常检查库存情况，随时提供准确的库存信息，尽量缩短供应间隔时间，选择最优的订购批量，在满足企业内部需要和客户需要的前提下维持尽可能低的经常量和安全库存量。在库存配置上，应把 A 类货物储存在靠近客户的配送中心，客户一旦订货能马上送到客户手中，提供及时优质的服务。

（2）B 类货物的库存管理。对 B 类物资也应引起重视，适当控制。在实际中，既可用定期也可用定量订货法，视具体情况而定，供应企业需确定合理的生产批量以及选择合理的运输方式。在库存配置上，这类货物可以分别在工厂仓库和配送中心保管，库存的数量可以根据具体情况来决定。

（3）C 类货物的库存管理。对 C 类物资放宽控制或一般控制。C 类库存品种多，但占用资金较少，用比较简单的订货点法进行控制即可。在库存配置上，这类货物可以经常性地放置在工厂仓库中加以保管。

3.4.5　常见的独立需求库存模型

独立需求物品是指物品的需求量之间没有直接的联系，即没有量的传递关系。这类库存物品的控制主要考虑确定订货点、订货量、订货周期等问题。本书主要讨论独立需求库存模型。独立需求物品的库存一般按经济订货批量模型或生产批量订货模型来管理，下面分别描述这两种模型。

1. 经济订货批量模型

经济订货批量（economic order quantity，EOQ）模型最早由 F. W. 哈里斯（F. W. Harris）于 1915 年提出。该模型有如下假设条件。

（1）外部对库存系统的需求率已知、需求率均匀且为常量。年需求率以 D 表示，单位时间需求率以 d 表示。由于需求率均匀，D 与 d 是相同的。例如，D=365 吨／年，当需求均匀时，则 d=1 吨／天。

（2）一次订货量无最大最小限制。

（3）采购、运输均无价格折扣。

（4）订货提前期已知，且为常量。

（5）订货费与订货批量无关。

（6）维持库存费是库存量的线性函数。

（7）不允许缺货。

（8）补充率为无限大，全部订货一次交付。

（9）采用固定量系统。

在以上假设条件下，库存量的变化如图 3-5 所示。从图中可以看出，系统的最大库存量为 Q，最小库存量为 0，不存在缺货。库存按数值为 D 的固定需求率减少。当库存量降到订货点 RL 时，就按固定订货量 Q 发出订货。经过一个固定的订货提前期 LT，新的一批订货量 Q 到达（订货刚好在库存变为 0 时到达），库存量立即达到 Q。显然，平均库存量为 $\frac{Q}{2}$。在经济订货批量模型的假设条件下，C_S 为零，C_P 与订货批量大小无关，为常量。

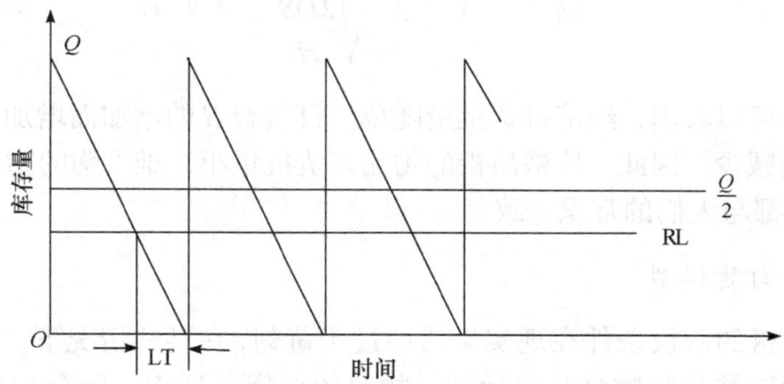

图 3-5　经济订货批量假设下的库存量变化

因此，

$$C_T = C_H + C_R + C_P = H\left(\frac{Q}{2}\right) + S\left(\frac{D}{Q}\right) + pD \qquad (3\text{-}5)$$

式中，p 为单价，其余符号意义同前。由式（3-5）可见，年维持库存费 C_H 随订货批量 Q 的增加而增加，是 Q 的线性函数；年补充订货费 C_R 与 Q 的变化成反比，随 Q 增加而下降。不计年购买费 C_P，年库存总费用 C_T 曲线为 C_H 曲线与 C_R 曲线的叠加。C_H 曲线与 C_R 曲线有一个交点，其对应的订货批量就是最佳订货批量，如图 3-6 所示。

式（3-5）对 Q 求导，并令一阶导数为零，可得

$$Q_0 = \text{EOQ} = \sqrt{\frac{2DS}{H}} \qquad (3\text{-}6)$$

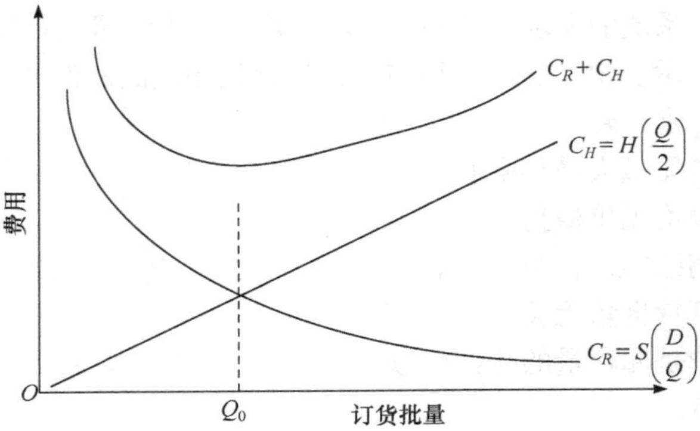

图 3-6　年费用曲线

式中，S 为一次订货费或调整准备费；H 为单位维持库存费，$H=ph$（p 为单价，h 为资金效果系数）；D 为年需求量；Q_0 为最佳订货批量或经济订货批量。

订货点 RL 计算公式：

$$\mathrm{RL}=d\cdot\mathrm{LT} \tag{3-7}$$

在最佳订货批量下，

$$C_R+C_H=S\left(\frac{D}{Q_0}\right)+H\left(\frac{Q_0}{2}\right)=\frac{DS}{\sqrt{\frac{2DS}{H}}}+\frac{H}{2}\sqrt{\frac{2DS}{H}}=\sqrt{2DSH} \tag{3-8}$$

从式（3-8）可以看出，经济订货批量随单位订货费 S 的增加而增加，随单位维持库存费 H 的增加而减少。因此，价格昂贵的物品订货批量小，难采购的物品一次订货批量要大一些。这些都与人们的常识一致。

2. 生产批量订货模型

经济订货批量的假设条件在现实生活中过于苛刻，在某些情况下，当每批订货数量较多时，供应商往往将货物分几次运到。物料的订货、到货、库存和耗用变化情况如图 3-7 所示。如果订货的每天到货量（这个指标也可以理解为供应商的生产速度）为 p，

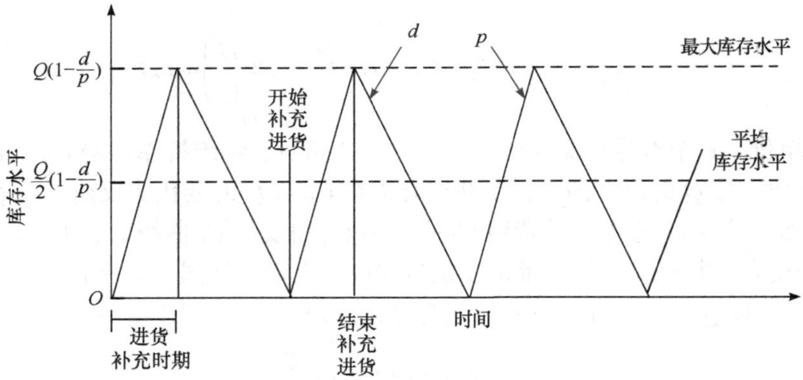

图 3-7　POQ 假设下的库存变化图

使用物料的厂家每天耗用量为 d，扣除当天生产耗用 d 后，尚有剩余（$p-d$）需要入库储存。从图 3-7 可以看出，d 和 p 的几何意义分别是两条斜线的斜率的绝对值，很显然 d 的斜率绝对值小于 p 斜率绝对值，p 的斜线更陡。

经济订货批量模型是生产订货批量（production order quantity，POQ）模型的一个特例，当 p 趋于无限大时，生产订货批量就是经济订货批量。可以看出，无论是经济订货批量模型，还是生产订货批量模型，当订货成本 S 越大，生产批量就越大；当单位库存持有成本越大，经济订货批量或生产订货批量就越小。

此时，式（3-6）调整为

$$\mathrm{POQ}=\sqrt{\frac{2DS}{H\left(1-\dfrac{d}{p}\right)}} \tag{3-9}$$

3. 价格折扣的订货批量模型

在价格折扣的订货批量模型下，供应商鼓励需求方大批量采购，在订购数量超过一定量时往往给予价格优惠。在这种情况下，需求方若增大采购批量，则可以降低采购成本，但因购入的批量增大，库存持有成本也会增加，需求方应进行计算和比较，以确定是否需要增加订货量去获得折扣，这里存在最优平衡点。需求方的判断准则是：若接受折扣所产生的年总成本小于经济订货批量所产生的年总成本，则应接受折扣；反之，应按不考虑数量折扣计算的经济订货批量购买，如图 3-8 中所示。在价格折扣模型中，决策者要做出判断，在订货量分别是 Q_1、Q_2 和 Q_3 时做出选择，选取对应的年库存成本最低的订货量。

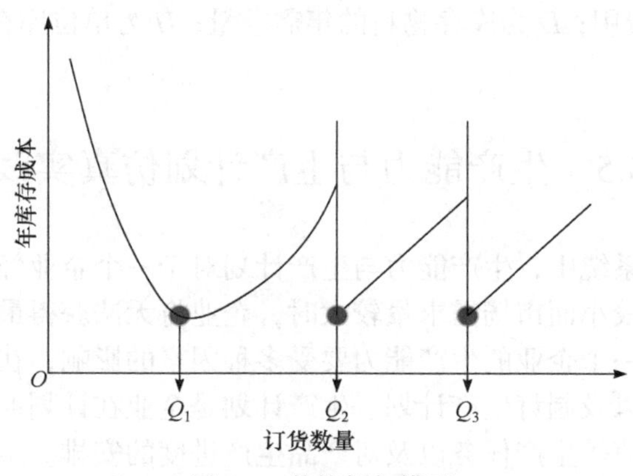

图 3-8　价格折扣模型

4. 定期库存控制模型

定期库存控制模型按一定的周期 T 检查库存，并随时进行库存补充，补充到规定的库存 S，也称定期检查法或订货间隔期法。这种库存控制方法不存在固定的订货点，但有固定的订货周期。每次订货也没有固定的订货数量，而是根据当前库存量 I 与规定库存量 S 比较，补充的量为 $Q=S-I$。但由于订货存在提前期，所以还必须加上订货前置期的消耗量。这种库存控制方法也要设立安全库存量。这种模型主要是确定订货周期与库存补充量，小杂货店的管理者就常用这种方法定期检查货架和储藏室。其模型如图 3-9 所示。

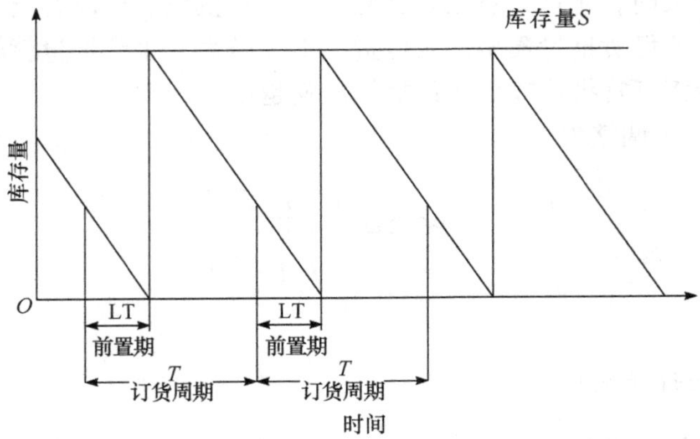

图 3-9　定期库存控制模型

定期库存控制模型的两个重要参数分别是经济订货周期（economic order interval，EOL）T 和经济订货批量 Q，两个参数的推导过程省略，现分别给出两个参数的计算公式：

$$T=\sqrt{\frac{2S}{DH}} \tag{3-10}$$

$$Q=(T+L)\times\frac{D}{365} \tag{3-11}$$

式中，S 为单位订货费用；D 为库存物料的年需求量；H 为单位库存持有成本；L 为订货前置期。

3.5　生产能力与生产计划仿真实践

在企业运营仿真系统中，生产能力与生产计划对于一个企业经营来说是重中之重，当一个企业生产能力较小而市场需求量较大时，企业将无法获得最大利润，反之亦然。如前面内容所涉及的一个企业的生产能力要受多种因素的影响，在生产决策中需要学会计算、设计生产能力以及制订生产计划。生产计划是企业在计划期里对要达到的产品品种、质量、产量和产值等生产任务以及对产品生产进度的安排。生产能力的安排是制订生产计划的核心。

3.5.1　生产能力与生产数量决策

在企业运营仿真系统中，生产能力的大小受到企业市场需求、生产成本的经济性、轮班工作制、员工数量、先期准备的原材料数量、先期准备的生产线条数甚至所有者权益的影响。作为初学者，往往弄不清楚生产能力、生产量和生产计划之间的关系。生产能力在这里指的是设计产能，也就是前面理论部分提到的流水线的生产能力，主要由生产线的条数决定的。比如，某个模拟企业在第 1 季度购买的生产线是 8 条，按系统仿真规则，每条线在单班工作制下最大的生产能力是 5 万个产品，8 条线一个季度单班最大生产能力是 40 万个产品。而生产量是综合考虑了预期的市场需求、生产成本的经济性、轮班工作制、员工数量、先期准备的原材料数量后实际上能真正生产出的产品数量。在实际生产中，企业假如想利用 8 条生产线生产产品数量为 120 万个，需要考虑轮班 3 班生产。当然仅仅考虑轮班还不足以保证 120 万个的产品数量，还需要考虑先期生产材料是否能够生产 120 万个产品，生产线工人是否能满足 8 条线的需要，甚至还要考虑每个市场招聘的销售员工的销售能力。

从筹建期分析表中可以看出，该企业单班最大的生产能力 40 万个产品，制订计划生产数量是 120 万个产品（表 3-4）。

表 3-4　筹建期分析表

公司筹建		当季度原材料单价/元	1.5
生产线条数/条	8	预计生产总数/个	1 200 000
实际购买原材料/个	333 333	应购买材料总数/个	1 620 000
技术工人/个	24	产能/个	400 000
客服人员/个		理论最大产能/个	1 200 000
华北/个	3	折现率	0.02
华中/个	3	所得税率	0.25
华南/个	3	增值税率	0.06
华东/个	3	附加税率	0.07
产品研发投入/元	962 000	年利率	0.04

但是由于先期原材料准备不充分，巧妇难为无米之炊，最终只是按原材料的最大量来生产产品（图 3-10）。由此可见在系统仿真中，生产研发部经理在做决策时要考虑生产线的条数、原材料数量，销售员工的人数相匹配，才能完成所需要的计划生产量。

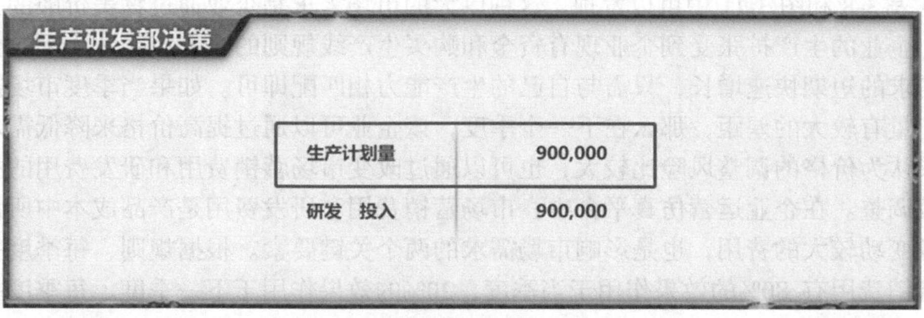

图 3-10　生产研发部决策

3.5.2 生产能力与市场需求匹配决策

市场需求是企业运营仿真平台中难以掌控的影响生产数量的关键因素。按平台规则，除了第 1 季度企业可以“以产定销”之外，从第 2 季度开始，企业都是需要“以销定产”。这意味着计划生产量与市场需求的预测紧密相关。生产部需要与市场部密切配合共同做出决策，这是生产决策中的一个难点问题。市场需求的起伏波动是绝对的，而企业的生产能力却是相对稳定的，根据前面涉及的内容，我们知道处理这种非均衡需求主要从两个方向入手：一是需求方向，二是产能方向。

在每一季度的运营状况表中，我们可以观察到生产量与市场需求的匹配情况。

由表 3-5～表 3-7 可以看到某企业的本季度市场需求量远远超过了其生产能力。各个市场都出现了供不应求的情况，这实际上造成了很大的浪费。

表 3-5 某企业第 7 季度运营状况（一）

零售渠道	市场需求量/个	销售量/个	市场占有率/%	产成品库存/个	客服人员/个
华北市场	1 438 790	1 070 000	18.81	0	13
华中市场	1 436 575	1 076 636	19.2	0	13
华南市场	1 689 694	1 100 000	20.24	0	13
华东市场	0	0	0	0	0

表 3-6 某企业第 7 季度运营状况（二）

本季度市场需求量/个	本季度生产量/个	本季度销售量/个	产成品库存/个	原材料库存/个	总市场占有率/%
4 565 059	3 237 636	3 237 636	0	4 261 536	14.56

表 3-7 某企业第 7 季度运营状况（三）

下季度产能/个	下季度实际产能/个	生产数量/条	员工总数/个	技术工人/个	客服人员/个
1 052 231	1 052 231	23	108	68	39

从表 3-8 和图 3-11 中可以发现，这种巨大的市场需求是企业通过物美价廉的方式产生的。企业的生产扩张受到企业现有资金和购买生产线规则的限制，企业无须过分追求市场需求的短期快速增长，只需与自己的生产能力相匹配即可。如果当季度市场需求量与生产量有较大的差距，那么在下一个季度，该企业可以通过提高价格来降低需求。当然如果认为价格的调整风险比较大，也可以通过改变市场营销费用和研发费用的投入进行决策调整。在企业运营仿真平台中，市场营销费用和研发费用是产品成本中所占比例较高且变动较大的费用，也是影响市场需求的两个关键要素。根据规则，每季度投入的市场营销费用有 80%的效果作用于当季度，20%的效果作用于下一季度。每季度投入的研发费用有 20%作用于当季度，80%的效果作用于下一季度。企业如预测当季度市场需

求量小于最大生产量时即可增加营销费用投入，而企业预测下一季度市场需求量依然大于最大生产量时可以减少研发投入成本，降低产品质量，减少需求。反之亦然。

表 3-8　第 6 季度销售信息统计

公司名称	价格/元	销售量/个	销售额/元
真的无语了	8.9	225 892	2 010 439
金牛哥 027	8.8	201 247	1 770 974
看见蟑螂我不怕	8.6	688 463	5 920 782
独居侠	8.5	485 945	4 130 533
坤 42	8.3	700 000	5 810 000
冰镇西瓜 1	8.2	746 772	6 123 530
气滞血瘀	8.0	652 070	5 216 560
T7211	8.0	919 517	7 356 136
小曹跟班 2	7.3	1 070 000	7 811 000

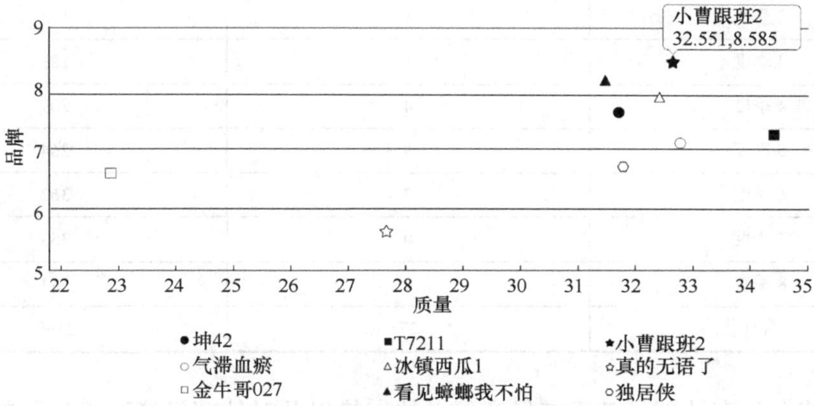

图 3-11　第 6 季度华北市场质量品牌对比图

在仿真运营中，对于非均衡的需求，我们还可以从产能的角度进行调整。规则规定，一天 24 个小时分为 3 个班次（白班、中班、夜班）轮流进行生产，如何将班次安排得合理，使生产出来的产品能够尽可能满足当季度的市场需求有必要进行合理的决策分析。当市场需求量较小，并且有大量的存货时，可以通过减少生产班次的方法来降低产量，以尽可能贴合市场需求量。当然也有部分企业利用战略存货的方式来应对。例如，在竞争激烈、市场需求缩小的季度，企业仍然坚持满负荷的生产，故意存货，等到有多家企业破产，市场的“春天”来临后，就提高价格，把存货全部卖出去。战略存货会产生存货持有成本，规则规定，每库存一个产品的仓储费为 0.5 元，因此企业要尽可能保证下一季度的产品单价高于当季度产品单价 0.5 元以上，从成本的角度看才比较划算可行。战略存货还面临的另一个问题是，当季度出现库存会导致下季度市场占有率一定程度的下降。因此，生产部需要在减产和战略存货之间进行成本的反复权衡，以便做出最有利的决策。一般需要有一个强大的团队，具备熟练的成本计算能力。不推荐初学者采用这种方法。

3.5.3 综合生产计划决策

在仿真运营中，各个企业还需要提前制订各个季度的综合生产计划。我们也可以把它看成对企业各类资源与产品市场需求之间的平衡做出的较为粗略的设想。制订综合生产计划需要平衡市场需求和企业所掌握的资源，使生产资源得到有效的利用，让企业获得最大收益。

制订综合生产计划需要事先明确下列信息：现有原材料数量、现有产成品库存数量、市场需求量、最大产能等内容。以某公司为例，在一场有 12 家企业参与的竞争中制订了综合生产计划（表 3-9）。

表 3-9 综合生产计划

季度	生产线条数/条	产能
0 季度	8	120
1 季度	3	162
2 季度	1	172
3 季度	1	183
4 季度	4	209
5 季度	3	264
6 季度	7	362
7 季度	0	353
8 季度	0	344
合计	27	2169

这种综合生产计划是基于市场竞争者的态势以及对外部经济环境的研判得出的。从外部影响环境看，经济成长指数一路走高，1～4 季度的季节指数也是逐步提高，东、西、南、北四个市场的生命周期都是高成长。只有 CPI 是一路攀升，对整体市场需求有一定的不利影响。但是相对于前面几个因素，CPI 在前几个季度的不利影响不大。因此我们可以看到这个企业在 0 季度和 1 季度计划产能较高，而 3～4 季度受所有者权益的限制，生产的扩张有所放缓。3 季度末，整个市场 12 家公司中有 4 家破产，此时可以看作 12 家公司的市场需求量可以被剩下的 8 家公司瓜分，且四个市场的产品生命周期在 4 季度达到峰值，因此该企业可以继续扩大产能，4 季度购买了 4 条生产线。而 7～8 季度该企业没有继续进行生产的扩张，这是因为到运营后期，各个公司都在进行生产扩张，市场需求已经趋于饱和，当在某个市场或几个市场物美价廉也会产生存货时，意味着各家企业的最大产能总和已经大于市场需求量了，企业将不能再购买生产线进行产能的扩张。

阅读材料

海尔供应链生产能力的战略部署

自2001年起，随着经营规模的扩大和流程的重构，海尔物流不断致力于供应链的深度优化。在关乎生产能力的关键环节，海尔从整体供应链视角出发，创新性地对供应商与公司间的协同合作进行了全面整合与提升。

海尔摒弃了传统的买卖模式，与供应商构建了全新的战略合作伙伴关系。在青岛、合肥、大连、武汉、贵州等核心制造基地，海尔成功构建了以自身为核心的供应链体系，吸引了包括艾默生、三洋等在内的众多国际顶尖供应商加入。这些供应商不仅在当地投资建厂，还积极参与海尔产品的设计和研发，共同推动创新。通过这种策略，一个具备全球竞争力的家电产业集群逐步崛起。海尔通过全球供应链资源的有效整合，能够迅速捕捉市场和用户的动态需求，并灵活应对，从而在全球竞争中稳居领先地位。

以青岛海尔工业园为例，截至2004年底，该园区已吸引74家供应商入驻，包括33家国际企业和41家国内企业。在胶州的海尔国际工业园，汇聚了20余家国际知名供应商，如三洋压缩机、艾默生电机等。国内方面，更是集聚了24家行业领军企业，其中14家来自珠三角，5家来自长三角。此外，还有12家组件和部件配套企业、55家零部件配套企业，以及7家原材料供应企业，累计吸引投资高达42.5亿元人民币。这一布局不仅强化了海尔的供应链实力，更推动了当地经济的蓬勃发展。

为了打造兼具规模效应和集群效应的供应链，海尔精心规划工业园区布局，汇聚了一众核心供应商，共同构建了一个全新的海尔工业园区。如图3-12所示，这一布局策略巧妙地将供应商的生产设施与海尔生产线紧密相连，仅一墙之隔。供应商所生产的零部件能够直接通过专用工装容器，经园区内运输通道快速传递至海尔生产线，大大提高了物流效率，充分践行了海尔“以时间消灭空间”的运营理念。

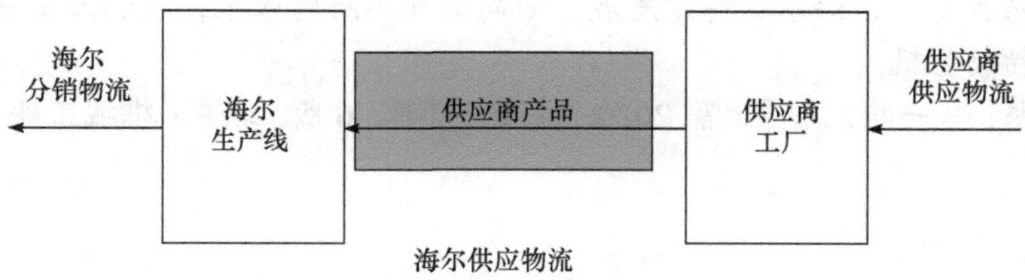

图3-12　海尔工业园产业链布局模式示意图

在2004年之前，海尔主要通过吸引供应商在周边地区建厂来构建供应链。而从2004年开始，海尔转变策略，积极购置土地、建设厂房，并将其出租给供应商。这一创新举措极大地增强了工业园区的吸引力。得益于海尔的品牌影响力和供应商集群效应，双方在速度、成本以及市场竞争力上均实现了质的飞跃。同时，海尔依托其强大的研发和制造能力，确保了产品技术的领先地位，提升了产品的技术含量，进一步巩固了自身的发展优势。

供应链的优化让海尔能够更迅速、更经济地响应客户订单，从而在激烈的市场竞争中稳居领先地位。得益于园区内供应商的近距离布局，海尔实现了即时供货，并在生产完成后能迅速根据订单向海尔生产线补货，实现了线到线（line to line）的直接供应，迅速响应全球用户需求，同时大幅降低了库存水平。此外，供应商的深度参与还延伸到了海尔产品的早期设计与开发阶段，这促进了海尔与供应商之间的顺畅沟通，紧密对接用户需求，确保了海尔产品技术的领先地位。例如，艾默生的参与推动了海尔变频洗衣机的技术创新；三洋的合作则助力海尔变频冰箱引领市场潮流。同时，通过整合电源线、电脑板等供应商资源，海尔显著减少了零部件品种，提高了通用化水平，进一步增强了成本竞争力。供需双方共同实现了物流成本和质量的“零库存”与“零缺陷”，实现了双赢，从而整体提升了供应链的竞争力。

对于海尔的供应商而言，与海尔的合作不仅意味着能够享受青岛市提供的优惠产业政策，更能够实现近距离供货，从而提升了在质量、成本和交货期方面的竞争力。它们因此获得了来自海尔的更多、更稳定的大订单，同时还有机会接到全球其他企业的订单，保持了较高的盈利水平。此外，它们的新材料和新技术得以优先应用于海尔的产品，这不仅加速了技术转化为生产力的过程，也大幅提升了供应商自身的竞争力。

随着海尔供应链各环节供应商出口份额的逐年攀升及全球采购额的持续扩大，这些辉煌成就与青岛的跨国采购体系无缝对接，共同构建了一个由供应链驱动的跨国采购与出口的半岛产业平台，展现出强大的发展潜力和国际竞争力。

青岛市政府通过营造一流的投资环境，不仅推动了当地经济的蓬勃发展，更显著拓宽了就业市场的规模。以 2004 年为例，海尔在青岛地区的采购额高达 244 亿元，其中本地化配套占比达 51%，这一成就使得青岛及其所在的山东省在全国家电零部件制造业中脱颖而出，确立了领先地位。不仅如此，随着海尔配套厂商的日益壮大，众多研发中心也纷纷选择落户青岛。例如，艾默生已将其全球电机研发中心逐步迁移至青岛，这一举措不仅为青岛制造基地注入了先进的技术力量，更为当地经济带来了新的科技活力，推动了青岛乃至整个山东省的产业升级与创新发展。

正如古诗所云：“海纳百川，有容乃大。”海尔的开放包容，吸引了四海宾朋；“青青子衿，悠悠我心”，海尔的持续发展，如同绵绵不断的江水，滋润着青岛这片热土，使其焕发出勃勃生机。

资料来源：马士华，林勇，等. 2020. 供应链管理. 6 版. 北京：机械工业出版社.（有改动）

拓展阅读

曹冰君. 2022. 供应链时代生产排产计划和物流管理对企业经济的影响. 商场现代化，（17）：37-39.

孙菲菲. 2021. 基于供应链视域下的生产运营计划制订和管控分析. 现代工业经济和信息化，11（4）：125-126，133.

思考与练习

1. 什么是滚动式计划方法？它有哪些优点？
2. 处理非均匀需求有哪几条策略？其应用条件及限制如何？
3. 什么是库存管理的 ABC 分类法？A、B、C 三类物资如何分类管理？
4. 能否实现真正意义上的“零库存”？

第4章

市场营销

学习目标

1. 通过定性与定量预测方法的学习，能使用这两类方法解决现实生活中的市场需求预测。

2. 能阐明市场细分的标准和如何进行目标市场的选择，并能在现实中应用市场定位策略。

3. 通过对市场营销组合内容的学习，能针对某一企业情景设计产品策略、价格策略、渠道策略和促销策略。

4. 通过对内容营销的学习，能归纳内容营销的价值，概括内容营销的种类和渠道。

引导案例

小红书的市场营销策略

2013年，毛文超与瞿芳创立的小红书最初是一个以分享海外购物心得为主要内容的社交平台。经过十几年的发展，目前已经成为一个涵盖社交、电子商务、内容等多个领域的全面社交电子商务平台。2022年人均使用时长55.31分钟，2024年小红书月活跃用户人数已达3亿，用户黏性高，市场影响大，是社交电商平台中的佼佼者。

小红书的成功与其清晰的市场定位分不开。小红书自创始之初，就一直在努力建立一个专注于年轻女性的消费决策平台，成功地吸引了大量的女性消费者。2022年，天风证券研报显示，小红书的女性用户比例超过70%，“90后”的用户比例更是超过72%，而一、二线城市的用户则有50%。这款消费决策类的App，既是一个专注于美妆、时尚、生活的社区型电子商务，也满足了当下年轻群体的需求。其重点针对的人群为拥有良好的经济状况、追随时代发展趋势、喜欢出游的年轻一代。他们有自己的工作，有良好的购买欲望，并且对品牌有一定的了解，更倾向于从国内获取到低成本的优质商品。因此，他们成为小红书的忠诚用户,而且需求量不断攀升。

通过口碑营销，增强用户信任。小红书通过关键意见领袖，帮助用户更好地理解和掌握自己需要知道的信息，提供的商品购物链接，让“种草”的顾客可以快速地进行预订，更加准确地帮助没有足够经验的消费者作出更明智的购买选择。通过运用口碑营销，增强与客户的关系，使宣传成功率实现显著提升，大大减少了企业的宣传费用。

以用户创造内容（user generated content，UGC）的方式创新分享平台。打开小红书出现的是用户自发的消费分享帖。真实的用户口碑使得产品介绍显得更加真实可靠，也更能提高转化率。小红书社区平台提供了丰富的内容，包括各种各样的视频和故事，让用户可以轻松分享自己的生活经历。此外，用户还可以在小红书上提问，解决自己的疑惑。小红书运用雪球原理,不经过人工干涉，而是捕捉趋势，再通过产品的手段扩大趋势。相比一些新兴电商平台,其包含互动、浏览、收藏等信息，覆盖范畴更为宽广。

“去商家直接推销”化。小红书取消了商家的宣传和推送，依托用户口碑的“消费笔记”，不仅使产品的介绍显得真实可信，而且也传递了新的生活方式。以化妆品为例，购买化妆品的一大痛点就是不知道质量是好是坏，不知道适不适合自己。有时想看下其他人的评价，但却不知道哪里的评价较为真实。某些电商的评价系统，部分评价都是短评且存在刷评的情况，很难了解到实际的使用情况。还有其他的一些专门点评的网站，又布满了大量的写手、水军，很难找到真实评价。相对来讲，小红书主推的核心功能就是它的笔记系统，用户能在当中看到大量由其他用户所做的评论，而且内容都较为详细，使用户产生信任感和依赖感。用户在笔记中找到心仪的产品，可以在小红书直接下单，购买后再通过小红书留下自己的使用感受，最终形成了体验闭环。

资料来源：苏杭，李岩. 2024. 小红书盈利模式及发展策略分析. 中国市场，(27): 127-130.

4.1 产品市场需求预测

产品的市场需求预测是一种十分活跃和复杂的经济现象，也是市场研究中最重要的领域。2019年波士顿咨询公司与谷歌公司携手开展了一项研究，结果显示，通过大规模使用人工智能和高级分析，消费品公司可以实现超过10%的营收增长。借助需求预测，企业可以从这些数据中获得有预见性的商业洞察，比如，预测新产品的需求水平、营销活动的效果以及新消费趋势的萌芽。其中，需求预测对拉动企业业务增长的重要性排在了第一。

4.1.1 产品市场需求预测应用的场景

1. 降低企业产品的库存金额

对于那些库存成本较高的零售类企业，如蔬菜、水果、海鲜和应季的服装，高库存意味着直接的经济损失。通过产品销售预测来指导进货与库存，在保证供给的前提下，可以降低库存金额，降低成本。假如没有恰当的产品需求预测流程，几乎不可能保证门店在任意时刻都有恰当的库存可供销售。

2. 降低产品废品率的风险

对于一些可售时长比较短的商品，如水果、面包、鲜食等，通过精准的产品销售预测指导备货，降低产品报废率（并不是追求零报废），节约成本。

3. 把握销售机会

对于产品潜在的销售机会，如节日、活动、天气变化等，通过销售预测来指导提前备货，充分把握销售机会，实现最大化销售额。

4. 指导产品生产与配送

对于那些可以做到自产自销的零售企业来说，准确的销售预测，还能够将预测数据倒推到生产、配送环节，如指导产量安排、规划物流配送等。

5. 指导员工配置并优化排班

对于一些零售企业来说，可以通过分时段的销售预测指导门店进行更为合理的数据化排班，最大化地利用人力成本，同时保障客户消费体验。

6. 预测顾客需求

通过市场调查、专家意见等定性预测或基于市场营销活动做因果模型预测，来预测客户需求的产品与需求量，挖掘客户消费潜力。

7. 预测销售目标的完成情况

通过对当前累计销售额与未来销售预期的预测分析，评估销售目标的完成进度与质量。可以根据当前销售进度与未来预测数据，判断是否需要加大营销、广告投入，以确保及时完成销售目标，或者是否需要及时调整目标，做到敏捷运营。

8. 增强客户体验

良好的客户消费体验，会带来更高的客户忠诚度与市场口碑。通过进销存各个环节的预测，避免各类因缺货、延迟交货、延迟发货等情况导致的客户消费体验下降的情况发生。

在市场竞争日益白热化的今天，各行各业野蛮爆发式增长的时代逐渐远去，精细化运营、降本增效是大势所趋，而通过准确预测产品的销售需求可以帮助企业降低成本，实现价值变现。

4.1.2 产品市场需求预测的影响因素

市场的复杂性、不确定性决定了产品的市场需求必然受到诸多因素的影响，归纳起来主要包括以下几个方面。

1. 国家宏观经济环境

1）经济成长指数

经济成长指数反映一个国家经济总体发展是处于繁荣期还是衰退期。如果指数一直处于上涨状态，说明经济比较景气，消费者购买力上升，市场需求量比较大。反之亦然。

2）CPI

CPI，简单理解就是日常生活物资的价格。它是用来评估居民消费通胀的重要指标。CPI 不是越高越好，CPI 升幅过大，表明通货膨胀已经成为经济不稳定因素，央行会有紧缩货币政策和财政政策的风险，从而造成经济前景不明朗。而 CPI 也不是越低越好，它的持续下降或保持很低对经济的发展是一种制约。一般来讲，2%～3%是所有国家希望看到的结果（发达国家定在 2%左右，中国定在 3%左右），主要因为只有在需求的刺激下经济才能变得活跃起来。通常来讲，通胀意味着供不应求的状态，对经济有一定的促进作用。

CPI 也反映了居民货币购买力的变动。CPI 上涨，货币购买力则下降；反之则上升。

3）季节指数

许多产品都有季节性或周期性需求特征，如圣诞树彩灯和滑雪板在冬季大卖，而冰淇淋和泳装在夏季迎来旺季。衡量产品季节变化程度的一个有效指标是季节指数（seasonal index）。季节指数是估计一个季节内产品需求高于或低于平均需求的程度。公式如下：

$$季节指数=单期平均需求 \div 所有时期平均需求$$

这里举例说明，假设泳衣的平均需求是每月 1 万件，某企业的泳衣销量在 7 月是 2 万件，10 月 5000 件，那么 7 月的季节指数就为 2，10 月的季节指数就是 0.5。季节指数的高低意味着随着季节的变化，市场对产品需求不同程度的改变，通俗的理解就是产品的淡季和旺季。

2. 行业竞争环境

产品所在行业的需求状况、供求关系、竞争对手在行业中的地位、竞争是否有序、竞争对手产品的价格等都影响着企业产品的需求量。

3. 消费者的因素

消费者的知识水平、经济状况、对产品的认知度、购买愿望强弱等会影响到他们对产品的选择和需求。

4. 企业产品的因素

企业产品的性能好坏、质量高低、价格、广告、渠道甚至产品的生命周期等都会不同程度地影响市场需求的变化。以产品生命周期为例，产品生命周期处于不同阶段都会引起市场对该产品需求量的变化，如图 4-1 所示。

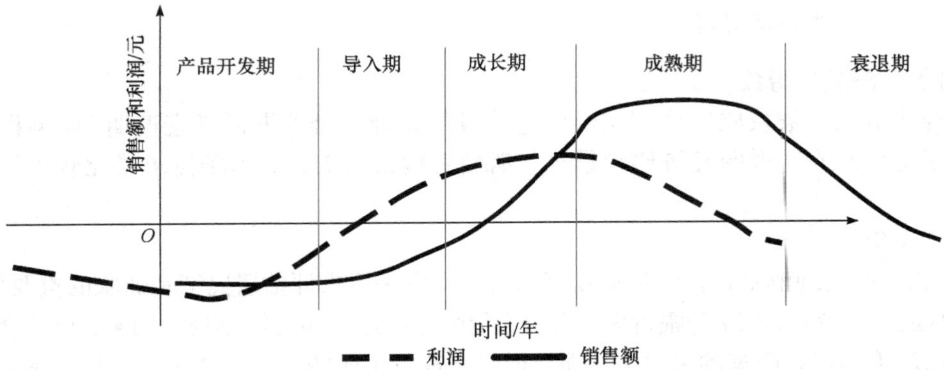

图 4-1　产品生命周期曲线

4.1.3　定性的产品市场需求预测的方法

企业在长期的实践中发展出丰富的产品市场需求预测技术，总体上可分为两类，即定性预测方法和定量预测方法。定性预测法不需要复杂的计算或模型而是以市场调查为基础，通过决策者的经验和价值判断进行预测，简单易行，比较受欢迎。

1. 消费者意向调查法

消费者意向调查法是一种最常使用的产品市场需求预测方法。这种方法以问卷形式调查潜在的消费者未来的购买量，由此测算出产品的市场需求。由于市场需求是由未来的消费者实现的，因此如果在调查中潜在的消费者能如实反映自身购买意向的话，那么据此做出的市场需求预测将是相当有价值的。在传统零售时代，我们调查大量消费者的真实购买意向成本是比较高昂的。但是随着移动互联网时代的到来，中国已成为世界上最有代表性的新零售创新国家，拥有全球最大的数字化消费者群体，孕育了阿里巴巴、百度、腾讯、京东、拼多多等有全球影响力的企业，并手握海量消费者大数据。消费者已经习惯于在购买前去百度或是淘宝上搜索关键词来查找相关商品。在国内的搜索引擎中，百度占据了国内 80%的市场份额。企业可以通过使用“百度指数”来接触数量庞大的潜在或现实的消费者，运用这些数据对市场需求进行预测判断。

百度指数是一个以百度海量网民行为数据为基础的数据分享平台。百度指数上有四个功能：趋势研究、需求图谱、舆情洞察和人群画像。以“家用软水机”产品为例，通过百度指数可以快速了解整个行业的需求趋势。百度指数里的趋势研究通过指数高低判断家用软水机的需求大小和强弱；需求图谱通过软水机需求的特点，判断消费者的偏好；舆情洞察可以通过消费者在相关媒体的查找了解家用软水机行业传播热点；人群画像通过群体分析对软水机消费者群体特点形成初步认识。

如果说百度指数反映的是消费者对某产品的基本认知，那么淘宝、天猫的数据则反映了消费者对于某产品的认可和购买。2022 年淘宝和天猫已有 8 亿多的日活跃用户，是目前中国规模最大的消费者电商平台。参考了百度指数后，再参考为很多淘宝卖家提供非常精确数据整合的“生意参谋”，对需要预测的产品需求就会有更全面、深入的了解。在淘宝和天猫上搜索的消费者大多已经有了较为清晰的需求，搜索结果直接反映了消费者购买的倾向。综上，通过运用大数据分析工具，可以快速地了解整体市场需求情况。

一般来说，生产资料和耐用消费品的预测较非耐用消费品能更精确一些，这是因为对非耐用消费品的购买意向容易受到多种因素的影响而发生变化。

2. 销售人员预测法

销售人员预测法是由企业的销售人员分别就其所负责的销售区域的产品种类及消费者的需求估计出该区域的市场需求量。具体方法是：先让每个参与预测的销售人员对下一计划期的销售最高值、可能值、最低值分别进行预测，综合得出一个概率值，然后再根据不同销售人员的概率值求出平均预测值。从流程上看，由市场销售人员反馈下月的销售预测量，层层上报，最终汇总，得到下月基准需求，然后需求计划部门依据下月预算量、往年的销售量、市场活动效果预期，反馈一个需求预测数，再和市场销售人员沟通，达成一致以后，得到本月的需求预测量。

这种预测方法的好处在于，信息可信度相对较高。销售人员对其所管辖的区域情况较为熟悉，并且比较接近顾客，对顾客的需求理解比较深刻，更能看清市场发展趋势。

3. 德尔菲法

德尔菲法是由美国的兰德公司在20世纪40年代首创和使用的一种预测方法。因其准确性较高而被命名为德尔菲法。这种方法是邀请某一领域的专家或管理人员对某一问题进行预测，并最终达成统一意见的结构化方法。

1）具体步骤

（1）整理相关资料并设计调查表，明确列出需要专家解决的问题。问题数量不能太多，要提供比较全面的背景材料。比如，企业产品情况、顾客的群体画像、前期得到的一些市场需求情况、本行业的发展趋势等。

（2）选择合适的专家。所选的专家要精通业务，熟悉市场，有预见性和分析能力。较宏观的问题选择20～30人，较微观的问题在5～10人。专家之间不认识，背靠背进行预测。

（3）反复征求专家意见。将第一轮预测的结果和第二轮要预测的内容反馈给专家，请求专家再提供意见。这样反复进行3～5次的预测，最终得出结果。

2）预测中专家意见处理的统计方法

预测中如何统计每一轮专家的意见，这是使用德尔菲法的关键。我们以最后一轮的意见为例，某企业要生产家用软水机，选取了9位经验丰富的销售人员和经理，就最高销量、最可能的销量和最低销量三个方面来预测当年市场的需求。表4-1是预测的家用软水机销售量表。

表4-1 家用软水机销售量 单位：万台

专家姓名	第一次预测			第二次预测			第三次预测		
	最低	最可能	最高	最低	最可能	最高	最低	最可能	最高
1号	1.0	1.5	1.8	1.2	1.5	1.8	1.1	1.5	0.8
2号	0.4	0.9	1.2	0.6	1.0	1.3	0.8	1.0	1.3

续表

专家姓名	第一次预测			第二次预测			第三次预测		
	最低	最可能	最高	最低	最可能	最高	最低	最可能	最高
3 号	0.8	1.2	1.6	1.0	1.4	1.6	1.0	1.4	1.6
4 号	1.5	1.8	3.0	1.2	1.5	3.0	1.0	1.2	2.5
5 号	0.2	0.4	0.7	0.4	0.8	1.0	0.6	1.0	1.2
6 号	0.6	1.0	1.5	0.6	1.0	1.5	0.6	1.2	1.5
7 号	0.5	0.6	0.8	0.5	0.8	1.0	0.8	1.0	1.2
8 号	0.5	0.6	1.0	0.7	0.8	1.2	0.7	0.8	1.2
9 号	0.8	1.0	1.9	1.0	1.1	2.0	0.6	0.8	1.2
平均	0.7	1.0	1.5	0.8	1.1	1.6	0.8	1.1	1.4

软水机最后一次预测的销量有 3 个数值分别为 0.8 万台、1.1 万台和 1.4 万台，究竟用哪一个作为最终预测的结果呢？我们可以用以下的统计方法来进行计算。

A. 加权平均数法

根据经验对最高、最可能和最低三个销量设定权重。如 0.2、0.6 和 0.2，这样预测的最终结果就是 0.2×0.8+0.6×1.1+0.2×1.4=1.1 万台。

B. 中位数加权平均法

将专家最后一次预测的最低销量、最可能销量和最高销量的结果从小到大，取其中的中位数做最终的结果，结合表 4-1 中的数据，得到三个预测量的中位数分别是 0.8 万台、1 万台和 1.2 万台，再加上 0.2、0.6 和 0.2 的权重，就可以得到 0.2×0.8+0.6×1+0.2×1.2=1 万台。

C. 极差预测法

计算专家最后一次预测的最高销量、最可能销量和最低销量结果中的最高值和最低值的差距。比如，最高销量的极差是 2.5–0.8=1.7 万台；最可能销量的极差是 1.5–0.8=0.7 万台；最低销量的极差是 1.1–0.6=0.5 万台。统计中极差越大，数据变异度可能越大，各变量值离均值越远，数据越分散，均数的代表性越差，反之亦然。在本案例中，极差最小的是最低销量。也就是最小的极差表示平均值的代表性越大。因此，最低销量对应的平均值 0.8 万台就是最终预测的结果。

总体上来看，定性预测是一个将有丰富经验人员的意见、经验以及直觉转变为正规预测结果的管理过程。这些有丰富经验的人员，一般包括计划人员、销售人员、公司主管和内部、外部专家等。定性预测通常用于缺少历史数据的产品（如新产品）；或是企业中长期的战略计划；或是作为定量预测的补充手段。

4.1.4 定量的产品市场需求预测的方法

在新零售、人工智能、海量数据等影响下，快速、容易及有效进行需求建模，将时间更多投入在异常管理与营运决策上，推出细致的行动方案，将是企业可持续成长的重要内容。定量预测方法在新时代背景下重新得到企业的重视。作为一种客观的预测方法，它是以数据为基础，一切以数据说话。

1. 时间序列法

通过对行业过去五年或更长时间的需求量变化情况进行分析，以此作为依据来预测行业未来需求量的方法。这种方法既可以对行业的需求进行整体预测，也可以对某一个产品品类或是细分市场的销售量与销售额进行需求预测。这种需求预测方法主要使用企业内部数据做预测，比如，历史平均销售额、销售量或销售增长率。该方法假设事物的过去会同样延续到未来。由于计算方法简单、预测结果易懂，这种预测方法与其他预测方法比较起来最成熟、最有说服力，因而被普遍使用，在市场预测技术中处于核心位置。常见的时间序列分析法主要有以下两种。

1）简单移动平均法

一般用于计算过去一段时期的某产品或品类平均市场需求的方法，比如，某产品在过去三个月或六个月的平均需求。运算得出的结果就是下个月的需求预测。这种方法被称为“移动”平均，这是因为计算过程永远使用的是产品最近时间的数据，随着时间推移，所用于运算的数据也是不断滚动的。比如，计算 6 月的销售预测，会用到 1～5 月的销售平均数；而到了 7 月，则需要使用 1～6 月的销售平均数，以此类推。简单移动平均法的计算公式如下：

$$F_t = (A_{t-1} + A_{t-2} + A_{t-3} + \cdots + A_{t-n})/n \tag{4-1}$$

式中，F_t 为对下一期的预测值；n 为移动平均的时期个数（一般我们会事先确定一个固定的移动期数）；A_{t-1} 为前期实际值；A_{t-2}，A_{t-3} 和 A_{t-n} 分别为前两期、前三期直至前 n 期的实际值。

公式看起来比较复杂，但实际上用起来比较简单。比如，某企业要预测 2022 年 7 月净水器的销售量，就可以运用 1～6 月净水器的销售量数据进行预测。在这里 t=7，n=6，$A_{t-1}=A_6$，$A_{t-2}=A_5$，$A_{t-3}=A_4$，$A_{t-4}=A_3$，$A_{t-5}=A_2$，$A_{t-6}=A_1$，净水器在 1～6 月的销售量分别是 A_1 为 140 台，A_2 为 160 台，A_3 为 125 台，A_4 为 140 台，A_5 为 150 台，A_6 为 139 台。这样，预测净水器在 7 月的平均销售量为

$$\begin{aligned} F_7 &= (A_6 + A_5 + A_4 + A_3 + A_2 + A_1)/6 \\ &= (139 + 150 + 140 + 125 + 160 + 140)/6 \\ &\approx 142\ (\text{台}) \end{aligned}$$

2）加权移动平均

加权移动平均和简单移动平均在使用时的主要区别在于，加权移动平均会给最近周期的数据分配较高的权重，而给较远周期的数据分配较少的权重。权重比例通常由企业中的管理者或是经验丰富的销售人员进行判断、反复试验后得出。这种方法，加入了针对现实的考量，因此得出的预测结果相对更加准确。

同样是计算上述净水器的销售量，我们可以给 1 月加权 1，2 月加权 2，3 月加权 3，以此类推，6 月加权 6，最后除以总权重 21，这样得出净水器在 7 月份的平均销售量为

$$
\begin{aligned}
F_7 &= (A_6 \times 6 + A_5 \times 5 + A_4 \times 4 + A_3 \times 3 + A_2 \times 2 + A_1 \times 1)/(1+2+3+4+5+6) \\
&= (139 \times 6 + 150 \times 5 + 140 \times 4 + 125 \times 3 + 160 \times 2 + 140 \times 1)/21 \\
&\approx 142(\text{台})
\end{aligned}
$$

2. 回归分析法

经济变量之间往往存在因果联系。市场需求量总是要受到某些因素的影响，只要找出影响需求量的主要因素，依据过去的相关资料数据来确定它们之间的数量关系，建立起回归方程，就能预测出未来的产品需求量。在市场营销中，影响产品需求量的因素通常有产品的价格、质量、销售渠道、促销、消费者的收入水平等。一元线性回归是研究因变量和一个自变量之间的关系，其数学表达为 $y=ax+b$；下面利用最简单的一元线性回归方法对销量进行预测。

广告往往与产品的销量有密切关系。某销售经理要预测本企业酸奶销售量与广告支出的关系。已知企业 2016～2021 年的销售数据和广告支出，收集到的 6 年广告费用与销售量如表 4-2 所示。

表 4-2　销售量与广告费用的数据

年份	销售量（Y）/万个	广告费用（X）/万元
2016	150	5
2017	160	8
2018	240	10
2019	230	15
2020	370	23
2021	410	25

两者之间的线性关系可以用公式表示为

$$
Y = a + bX \tag{4-2}
$$

式中，Y 为销量；X 为广告支出。

最小二乘法的公式为

$$
\begin{aligned}
b &= \sum(X_i - \overline{X})(Y_i - \overline{Y}) / \sum(X_i - \overline{X})^2 \\
a &= \overline{Y} - b\overline{X}
\end{aligned} \tag{4-3}
$$

式中，$\overline{Y}$ 和 $\overline{X}$ 分别为酸奶销量和广告支出的平均值。根据上面收集的数据，酸奶销量的平均值 $\overline{Y}$=(150+160+240+230+370+410)/6=260 万个。广告支出的平均值 $\overline{X}$=(5+8+10+15+23+25)/6 ≈ 14.33 万元。广告与销量的数据关系见表 4-3。

表 4-3　广告与销售量的数据关系

销售量（Y）	广告费用（X）	$Y_i - \overline{Y}_i$	$X_i - \overline{X}_i$	$(X_i - \overline{X})^2$	$(X_i - \overline{X})(Y_i - \overline{Y})$
150	5	−110	−9.33	87. 05	1026. 3
160	8	−100	−6.33	40. 07	633.0
240	10	−20	−4.33	18. 75	86. 6
230	15	−30	0. 67	0.45	−20.1

续表

销售量（Y）	广告费用（X）	$Y_i-\bar{Y}_i$	$X_i-\bar{X}_i$	$(X_i-\bar{X})^2$	$(X_i-\bar{X})(Y_i-\bar{Y})$
370	23	110	8.67	75.17	953.7
410	25	150	10.67	113.85	250.5
				335.34	2930

b=2930/335.34≈8.7；a=260−8.7×14.33≈135.3

由此得到一元线性回归方程为 Y=135.3+8.7X。

在预测时，如果数据比较多，我们可以用 Excel、SPSS 等软件进行数据的建模，这样可以很快地计算出回归方程。

这个世界尚没有能够准确预测未来的技术。因此，对于市场需求的预测，我们只能期待大致的正确。定量预测，无论是时间序列还是回归分析，我们都对商业运行环境的突变无能为力。比如，这次新冠疫情带来的影响，时间序列和回归分析都不能预知和把握。在这种情况下，我们通常采用的预测方法就是定性预测，其主要优点就是具有应对商业运行环境突变或销售模式变化的能力，这刚好弥补定量技术（时间序列和回归分析）的不足。通常我们可以把定性和定量的方法结合起来使用。实践中，量化程度较高的预测方法往往用于短期需求的预测。而企业的中长期预测却往往采用定性的分析，较少采用量化手段。因为越是长期预测，其不稳定性的风险越大，越是依赖更高超的预测方法、技术和经验。

4.2 市场细分与定位

市场细分（market segmentation）的概念是美国营销学家温德尔·史密斯（Wendell Smith）在 1956 年最早提出的。此后，美国营销学家菲利浦·科特勒（Philip Kotler）进一步发展和完善了温德尔·史密斯的理论并最终形成了成熟的 STP 理论，即市场细分（segmentation）、选择适当的市场目标（targeting）和定位（positioning）。经过多年的实践，STP 理论被公认为是现代市场营销的核心和本质。任何企业的产品和服务都不可能吸引全部的消费者，企业必须根据现有的消费者行为和背景特征来细分市场；选择适当的目标市场；制定具有竞争力的价值定位。

4.2.1 如何进行市场细分

1. 市场细分的含义

市场细分就是指企业按照某种标准将市场上的消费者划分成若干个消费者群，每一个消费者群构成一个子市场，不同子市场之间，消费者的需求和欲望存在着明显的差别。消费者需求的差异性是市场细分的内在依据。一定要注意的是企业进行市场细分时，细分的不是产品而是消费者群体。企业由于受到自身实力和资源的限制，不可能向市场提供能够满足一切需求的产品和服务。与其在整个市场展开竞争，还不如找到最适合自己、利润最高的细分市场。选择最有利可图的目标细分市场，集中企业的资源，制定有效的竞争策略，以取得和增加竞争优势。

市场细分是选择目标市场的基础工作，细分一个市场并把它作为公司的目标市场，设计正确的产品、服务、价格、促销和分销系统组合，从而满足细分市场内顾客的需要和欲望，这是企业最常见的市场营销活动。

2. 消费者市场细分的标准

市场细分一般是从消费者市场和生产者市场两个角度进行细分的，本教材主要探讨的是消费者市场细分。广为人知的市场细分标准一般都是按人口、消费者心理、地理、消费者行为四个方面进行细分。

（1）人口细分。这是定义消费者群体最直接、最强大的方法，我们可按年龄、性别、职业、民族、收入、教育程度甚至宗教等各个维度来进行细分。比如，可口可乐公司专门针对儿童市场推出了果汁饮料“酷儿”，“糖豆”APP（application，手机软件）是专门针对跳广场舞的中老年人的产品。在竞争激烈的K12教育领域，有诸多主攻少儿英语的如VIPKID、哒哒英语；猿辅导和作业帮最初是靠着帮助中小学生解题而被广为人知的。

（2）消费者心理细分。这个因素比较复杂且抽象，包括个性、性格、兴趣爱好、生活目标、价值观、生产方式、购买动机等。在当今新媒体盛行的时代，微博、小红书、B站（哔哩哔哩）和知乎成为国内比较火爆的内容营销的流量平台。这几大平台都以年轻用户居多，但在满足用户需求方面却各有不同。微博是娱乐圈的大本营，同时也第一时间传递一部分新闻；小红书是广告商眼中拥有海量高价值女性用户群体的平台，用户热衷美妆。B站用户主要关注的是文化娱乐；知乎以话题为载体，通过互联网社区问答的形式，吸引了大量以社交为目的的用户。

（3）地理细分。根据消费者所处的位置或自然环境来细分市场。包括国家、地区、气候、城市规模、城乡、人口密度、地形地貌、交通条件等。比如，某自行车厂按地理把产品分为拥有平坦、宽阔道路的适合休闲车的城市市场和拥有崎岖小路的适合越野自行车的乡村市场。因为国内和国外有不同的饮食习惯和文化背景，著名的餐饮企业麦当劳为了迎合消费者的需求，将市场细分为国内和国外市场，销售的产品品类也有所差别。

（4）消费者行为细分。消费者行为通常会包括购买动机、购买时间、购买频率、对价格的敏感程度、对服务的敏感程度以及对品牌的信任程度等。以中国的化妆品市场为例，可以细分为享受型、功能型或时尚型三类市场。享受型市场的消费者注重追求品牌，把它当成身份地位的象征，追求高档化妆品，对价格不敏感，对品牌信任度高，相信贵的就是好的。功能型市场的消费者购买化妆品的动机主要是看重产品的功能，如美白、祛痘、去皱、保湿等，对价格有一定的敏感性。时尚型市场的消费者追求时尚、流行，不注意产品的实用价值，年龄不大，对价格比较敏感。

需要注意的是企业在实践中通常会组合运用以上几个标准来细分市场，而不是采用单一标准进行细分。

4.2.2 目标市场选择

在对市场进行细分之后，可以发现市场被分出多个子市场，评价和比较子市场上的消费者群体，企业需要从中选择一个或几个最有潜力的作为自己进入的目标市场。这里的潜力主要表现在目标市场的容量要足够大，市场与企业自身状况相匹配，企业有能力进入并经营这个市场，目标市场与其他市场有明显的差异性。

根据产品（product）和市场（market）两个维度，形成了五种目标市场的选择策略，如图 4-2～图 4-6 所示。

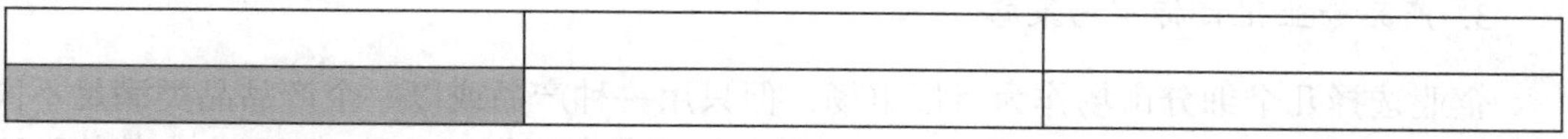

图 4-2　集中单一目标市场

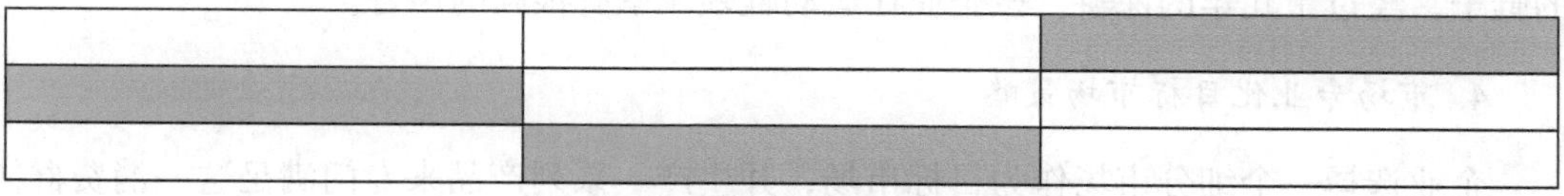

图 4-3　有选择的专业化目标市场

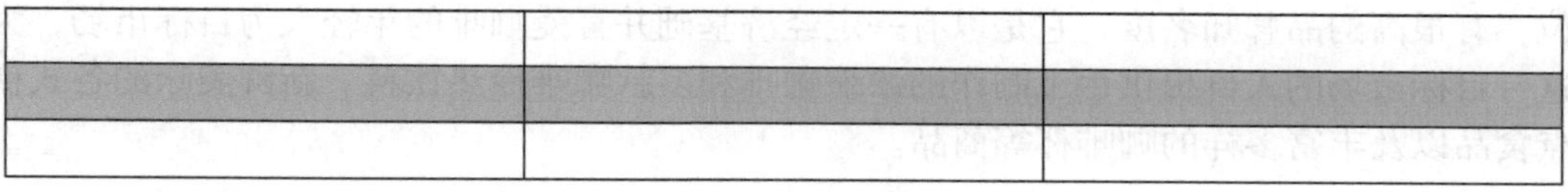

图 4-4　产品专业化目标市场

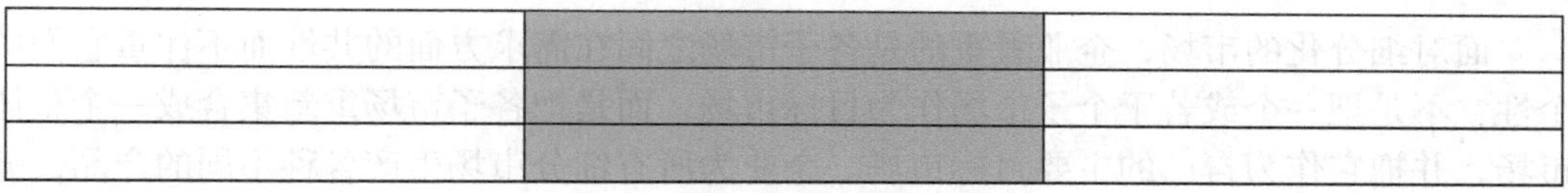

图 4-5　市场专业化目标市场

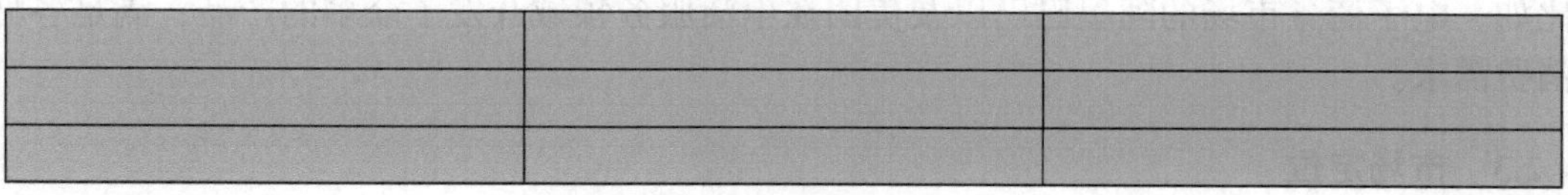

图 4-6　无差异覆盖目标市场

1. 集中单一目标市场策略

企业选择一个细分市场，集中力量为之服务。如保时捷公司，它就聚焦在跑车市场，不会做其他产品市场的延伸。目标集中使企业深刻了解该细分市场的需求特点，采用有针对性的产品、价格、渠道和促销策略，从而获得强有力的市场地位和良好的声誉。这一策略的缺陷是不利于后期企业的产品延伸。很多初创期的小企业一般比较适合使用这一目标市场策略。

2. 有选择的专业化目标市场策略

采取这种策略的公司一般会选择若干个细分市场，也就是在细分出来的市场当中，企业认为有几个目标市场都具备吸引力，都要进入。最为典型的是连续多年名列日本化妆品榜首的资生堂，其之所以长盛不衰，是因为公司对不同的细分市场使用了不同的品牌，针对15～17岁的消费者提供RECIENTE品牌，针对18～24岁消费者提供ETTUSAIS品牌，针对25～34岁消费者提供“ELIXIR”品牌；针对35岁以上的消费者提供“RIVITAL”品牌。

3. 产品专业化目标市场策略

企业选择几个细分市场作为目标市场，但只用一种产品或以一个产品品类满足不同的客户群。比如，361度选择向儿童、青年和老年消费者销售运动鞋，而不生产其他类型的鞋子，经过十几年的深耕，该企业在运动鞋领域享有很高的声誉。

4. 市场专业化目标市场策略

企业选择一个细分市场作为目标市场，并生产一系列产品来专门满足这一消费群体的需求。星巴克自 1999 年进入中国市场以来，已经成功确立了国内咖啡行业的领袖地位，有很高的品牌知名度，它是以有一定经济基础并喜爱咖啡的年轻人为目标市场，为这一目标市场的人群提供手工制作的浓缩咖啡和多款咖啡冷热饮料、新鲜美味的各式糕点食品以及丰富多样的咖啡杯等商品。

5. 无差异覆盖目标市场策略

面对细分化的市场，企业看重的是各子市场之间在需求方面的共性而不注重它们的个性，不是把一个或若干个子市场作为目标市场，而是把各子市场重新集合成一个整体市场，并把它作为自己的主要目标市场。企业为所有细分市场生产各种不同的产品，分别满足各类顾客的不同需求，以期覆盖整个市场。一般实力较强的企业会采用这种策略。比如，电子商务市场的阿里巴巴以及美团在生活服务领域开发了众多的产品，满足各种消费需求。

4.2.3 市场定位

20世纪70年代，美国市场营销专家艾·里斯与杰克·特劳特提出了著名的“定位”理论，被称为对营销影响最大的理论。如果说市场细分和目标市场都是从用户的角度去考虑，那么定位则是从企业的角度来考虑，即我如何和我的目标顾客高效沟通，让他们知道“我是谁”。定位是企业根据消费者对产品某些属性的重视程度，塑造出本企业产品与众不同的鲜明个性或形象，并传递给消费者，从而使该产品在细分市场上占有明确位置。王老吉、农夫山泉、红牛、格力等都是定位准确的企业，赋予了自己产品鲜明的个性，使之成为某种消费感觉的代表，在消费者心目中占据特殊地位。市场定位的实质是使本企业和其他企业严格区别开来，让消费者明显感觉和认识到这种差别。这种差异可以体现为以下方面。

1. 产品差异化策略

产品差异化策略可以从产品外观设计、尺寸、形状、颜色等直观方面做到新颖别致；产品的性能、质量、价格也是许多企业在差异化方面关注的重点。比如，“好空调格力造”，强调的是质量；“怕上火，喝王老吉”，强调的是产品的性能；“瓜子二手车直卖网，没有中间商赚差价”，强调给顾客更便宜的价格。

2. 服务差异化策略

当实体产品不容易与竞争产品区别开来时，提供的服务就成为竞争制胜的关键。这里的服务差异化可以解读为安装、维修、配送、咨询和培训等各方面。比如，一些企业强调的“订货更轻松”“送货最快捷”“安装培训一条龙”等。我国著名的家电企业海尔为消费者提供“星级服务”，吸引了大量忠诚客户。海尔在服务方面做到了“随叫随到、到了就好、创造感动、信息增值”，无论用户在哪一个环节出了问题，只要一个电话就能享受最高标准的服务。依靠服务差异化，海尔在竞争激烈且越来越同质化的家电市场中屹立不倒。

3. 人员差异化策略

人员差异化是通过聘用或培训比竞争对手更优秀的人员以获取差异化优势。人员差异可以从以下几个方面入手：更强的专业能力，更友善的礼貌态度，更让人信赖的坦诚，更可靠的责任心，更敏锐的反应，更流畅的沟通交流。比较有代表性的是餐饮企业的典范——海底捞，作为依靠“极致服务”而声名鹊起的海底捞，员工其实是海底捞最重要的核心资产，它的员工有比其他餐饮企业更友善的礼貌态度，更让人信赖的坦诚，更可靠的责任心，更敏锐的反应，与顾客更流畅的沟通交流，给顾客直观的感觉就是这里的员工和其他火锅店不一样。表面上看它提供了比其他火锅店更优质的服务，而实际上是采用了人员差异化的策略，让早期的海底捞在已经杀成一片红海的火锅市场中得以快速扩张。

4. 形象差异化策略

形象差异化是在产品的核心部分与竞争者类似的情况下通过塑造不同的产品或品牌形象以获取差异优势的策略。永辉超市定位为“平民超市，老百姓的永辉”；而山姆会员店则定位“为会员提供优质优价的产品和服务，服务于中高收入的顾客群”；同样是来自美国的另一个会员超市 Costco，则定位于“为会员提供极致的性价比产品”，这个定位决定了 Costco 的顾客群规模要大于山姆，但净利可能要低于山姆。

市场定位是市场细分的终端，在整体市场营销中起到承上启下，统领全局的中枢作用。

4.3 市场营销组合设计

企业在完成细分市场、选择目标市场和明确市场定位之后，要想达到预期的经营目标，仅仅运用一种营销手段而无其他营销手段相配合，在市场中是难以获得成功的。必须善于运用产品、价格、分销渠道、促销等可控制因素，将这些因素进行整体组合，使其互相配合，综合发挥最佳作用，只有这样才有可能获得成功。

1960 年，美国学者麦卡锡（McCarthy）在《基础营销》一书中提出了著名的 4P 组合理论。麦卡锡认为，企业从事市场营销活动，一方面要考虑企业的各种外部环境，另一方面要制定市场营销组合策略，通过策略的实施，适应环境，满足目标市场的需要，实现企业的目标。主要包括：产品（product）即我们向客户提供的产品实物或服务；价格（price）即客户为获得该产品或服务而支付的价格；渠道（place）即我们销售并将产品提供给客户的途径，包含传统的线下渠道和新兴的线上渠道；促销（promotion）即与客户沟通并说服客户购买的工具。

通俗地说 4P 就是企业生产什么产品，以什么价格，通过什么渠道和方式提供给客户（保证客户需要时候能买到），通过什么方式进行促销（让客户了解该产品）。例如，世界最大的家居用品零售商宜家就在 4P 组合的运用上做到了思路清晰，值得借鉴。它给自己的产品定位是"提供种类繁多，美观实用，老百姓买得起的家居用品"。针对这个产品定位宜家采用了低价格策略，在渠道上打造了一种现代生活方式象征的大卖场，而在促销方面，通过重视环保来提升在消费者心中的企业形象。

4.3.1 产品策略

1. 产品的三个层次

现代市场营销理论认为，产品是一个有丰富内涵的概念，主要包括三个层次。

（1）核心产品是指消费者从产品中直接获得的根本利益。消费者不是花钱来占有产品，而是用产品来满足自己的各种需求。如买化妆品的目的是让自己变得更美丽，买书的目的是增加知识。

（2）有形产品是指核心产品体现的具体形式。如质量、外观、品牌名称等。

（3）附加产品是指随着有形产品的销售而带来的诸多附加利益。如包装、售后服务、送货上门，以及销售贷款零利率等。

在生活中我们发现，同样是咖啡，当它是一个普通商品时，可能是十元一杯，当它配上精准的包装，放在装修雅致的咖啡店时，一杯可能卖几十元到上百元。如果赋予它高端商务人士的品质生活体验时，一杯甚至可以卖到几百元。由此可见，普通咖啡加入了包装、服务和体验其价格可以实现大幅度的增长，这也说明了企业研究产品的整体概念能给产品设计与开发提供新的思路，让企业更好地挖掘市场机会，更好地实现目标市场的差异化。

2. 产品组合策略

企业决定生产或销售何种产品是依据消费者的需求而设定的，有多少种顾客需求，就会有多少种产品。随着一个产品的市场占有率不断提高，品类发展也会日渐成熟。比如，宝马汽车最开始只有宝马 3 系这一款产品，而如今已从最高端的宝马 7 系，到宝马

5系、6系、4系、2系、1系，之后又有了i3、i8、i6等细分产品。由单一产品线演变到多个产品线，每个产品线下又设置多个子型号产品，而每个子型号下又拥有不同款式、不同颜色和不同排气量的车型。这一系列结构，就是我们所说的产品组合，即企业提供给市场的全部产品线和产品项目的组合搭配。在这个搭配中，产品线是产品组合中的某一产品大类，是一组密切相关的产品。产品项目是产品线中的不同品种及同一品种的不同品牌。

在产品组合中，我们还需要认识产品组合的四个“度”：第一个是产品组合的宽度，即产品组合中所拥有的产品线数量；第二个度是产品组合的长度，即产品组合中所拥有的产品项目的总数；第三个度是产品组合的深度，即一条产品线中所含有的产品项目的数量；第四个是产品组合的关联度，即各条产品线在最终用途、生产条件、分销渠道或其他方面相关联的程度。

企业在调整产品组合时，可以针对具体情况选用以下产品组合策略。

1）扩大产品组合策略

这个策略的出发点是开拓产品组合的广度和加强产品组合的深度。开拓产品组合的广度是指增添一条或几条产品线，扩展产品经营范围；加强产品组合深度是指在原有的产品线内增加新的产品项目。具体方式有：在维持原产品品质和价格的前提下，增加同一产品的规格、型号和款式；增加不同品质和不同价格的同一种产品；增加与原产品相类似的产品；增加与原产品毫不相关的产品；扩大产品组合可以满足不同消费者的多方面需求，提高产品的市场占有率。这种策略可以充分利用企业信誉和品牌知名度，完善产品系列，扩大经营规模；充分利用企业资源和剩余生产能力，提高经济效益；减少市场需求变动的影响，分散市场风险，降低损失程度，是许多企业喜欢使用的一种产品策略。

中国最有发展潜力的独角兽企业之一字节跳动，成立初期仅有单一的产品线——今日头条，后来不断扩大产品广度和加强产品组合的深度，形成了种类繁多的产品组合，见表4-4。

表4-4　字节跳动的产品组合

分类	产品名称	简介
资讯	今日头条	基于数据挖掘的推荐引擎产品
	懂车帝	汽车资讯
	懂房帝	租房买房资讯
教育	好好学习	内容付费
	Gogokid	北美外教一对一少儿英语
	aiKID	AI智能在线少儿英语教学平台
内容社区	Faceu激萌	集美拍和囧拍于一体的特效相机应用
	图虫	中国优质的摄影师分享交流社区和成长社区
	悟空快答	问答内容社区
	皮皮虾	搞笑评论社区
社交	半次元	二次元小说绘画社区
	多闪	3天消失的短视频社交产品

续表

分类	产品名称	简介
短视频	火山小视频	15 秒原创生活小视频社区
	西瓜视频	个性化推荐短视频平台
	抖音	音乐创意短视频社交软件
海外	TopBuzz	今日头条海外版
	Dailyhunt	印度最大的内容聚合平台，字节跳动投资
	BABE	印尼新闻阅读平台，字节跳动投资
	Flipagram	美国短视频应用，字节跳动全资收购
	Vshow	东南亚短视频应用，字节跳动收购
	Vigo Video	火山小视频海外版
	TikTok	抖音海外版
	Newsrepublic	全球移动新闻服务运营商，字节跳动收购
	Musically	音乐视频分享和互动社交应用，字节跳动收购

资料来源：前瞻网——前瞻经济学人 https://www.qianzhan.com/analyst/

基于字节跳动的产品组合我们可以看到该公司已经形成了 6 条产品线，国内最长的产品线是内容社区产品线，长度为 4，而国外产品线的长度为 9。

2）缩减产品组合策略

这个策略是削减产品线或产品项目，特别是要取消那些获利小的产品，以便集中力量经营获利大的产品线和产品项目。缩减产品组合的方式有：减少产品线数量，实现专业化生产经营；保留原产品线削减产品项目，停止生产某类产品，外购同类产品继续销售。缩减产品组合可以让企业集中资源和技术力量改进保留产品的品质，提高产品商标的知名度；实现生产经营专业化，提高生产效率，降低生产成本；有利于企业向市场的纵深发展，寻求合适的目标市场；减少资金占用，加速资金周转。

3）产品线延伸策略

如果在企业原有产品档次的基础上增加高档产品的生产，这是向上延伸；在企业原有产品档次的基础上增加低档产品的生产，这是向下延伸；在原有档次的基础上，既增加高档产品的生产又增加低档产品的生产，这是双向延伸。比亚迪汽车作为中国新能源汽车的领军企业，在推出多款中高端车型后，也推出了价格更为亲民的 F0 微型车。这款车型以小巧、经济、实用为特点，满足了城市通勤和短途出行的需求。比亚迪 F0 的推出，使得比亚迪汽车成功进入了微型车市场，进一步扩大了其市场份额。同时，这款车型也以其高性价比赢得了消费者的好评和认可。当然企业也可能会像小米那样做横向的延伸，它一开始是生产手机，后来又丰富了产品线，做电视和路由器等；而三星在生产了手机后，因芯片的供应成本高且品质不稳定，自己又生产了芯片，这是产品线纵向延伸。

3. 产品品牌策略

美国市场营销协会早期给品牌下的定义是：商品或服务的名称、术语、记号、符号、设计或它们的组合，用来识别一个买主或一群卖主并与其竞争对手区别开来。美国著名品牌战略管理专家凯文·凯勒于1993年提出：品牌的力量存在于消费者心中。构建起在消费者心目中强烈、独特、美好的品牌知识（消费者对品牌认知的总和，包括产品知识、视觉形象、购买体验、品牌联想等），进而使消费者对品牌发起的营销动作产生积极响应，从而达成持续销售、兑现品牌溢价、实现品牌可持续发展等目标，是开展品牌管理的核心动机和终极目的。其观点被菲利浦·科特勒誉为“给出了有关品牌构筑的艺术和科学最新、最完整的思考”。

企业家沃伦·巴菲特用无形资产、客户转换成本、网络效应、成本优势来评估企业的价值，并把它们称为企业四大护城河。这里的无形资产包括品牌、专利和法定许可。在今天的移动互联网环境下，企业开始从卖产品转换到卖品牌，品牌作为企业发展的护城河，谁掌握了品牌，谁就掌握了该领域的定价权。著名品牌不仅对消费者有强大的影响力，对供应商和渠道商也具有极强的博弈能力。一些商场为了引进著名品牌，会给装修补贴、免租金、销售补贴等优惠条件。品牌给这些企业带来的是难以逾越的竞争壁垒。企业经常运用的品牌策略如下。

1）品牌归属决策

主要解决的问题为品牌自身的属性。比如，选择经销商还是制造商品牌，塑造的是产品还是企业品牌，选择做加盟品牌还是自创品牌。王老吉是广药集团的品牌，但广药集团把这个品牌的使用权租借给了加多宝，在一段时间内，王老吉这个品牌就属于加多宝。

2）家族品牌策略

各门各类的产品共用一个品牌。既有门类接近的产品用一个品牌，也有差异很大、关联度很低的产品用一个品牌。海尔和三星被认为是使用家族品牌的典范。

3）多品牌策略

每一个产品使用一个品牌或者一个产品使用多个品牌。联合利华是使用多品牌策略的代表性企业。比如，其洗衣粉使用的品牌为奥妙，红茶使用的品牌为立顿，调味品用的是家乐，而牙膏用了中华和洁诺，冰淇淋用了和路雪、梦龙和可爱多。

4）品牌再定位策略

品牌再定位策略是由“定位之父”特劳特（Trout）和里斯（Ries）提出来的。再定位就是改变品牌在市场上的地位但同时保持其身份，旨在摆脱困境，使品牌获得新的增长与活力。它不是对原有定位的一概否定，而是企业经过市场的磨炼之后，对原有品牌战略的一次扬弃；是改变客户对产品或品牌的看法，而不是进行剧烈的改变。

比如，老乡鸡就对其品牌进行了三次品牌定位。老乡鸡最初的名字是肥西老母鸡，主营业务是鸡汤。养足180天的土鸡炖出来的鸡汤味道足，顾客很喜欢。后来改名为老乡鸡，并定位于中式社区快餐，关闭了其他一线城市的门店，集中精力聚焦安徽市场，直到在安徽开出400家直营店后才重新进入武汉和南京市场。随着老乡鸡走向全国，其也重新定位为“中式快餐全国领先品牌”，并且还在以每年40%的速度持续高速发展。

在如今品牌越来越多、但消费者能够记住的品牌越来越少的时代，我们一定是先通过一段时间产品与市场的契合，让品牌有一个好的口碑，再去做较大规模的广告，才更符合逻辑。简单概括就是“公关建立品牌，广告维护品牌”。

4.3.2 价格策略

在现代市场营销中，价格不仅是商品价值的体现，更是进行市场竞争的最直接手段。在消费者那里价格是许多产品中排名第一的购买决策驱动因素。下面是几种常用的定价方法。

1. 成本加成法

通过考虑制造产品的总成本并在其中加价来确定产品的价格。使用这种方法一般需要企业了解产品生产及销售的总成本，然后根据自己需要赚取的利润来确定产品的价格。实施的思路如下。

（1）计算某个或某类产品的总成本。

（2）将总成本除以一定时期的预计销量得到单位平均成本。

（3）单位平均成本乘以加价的百分比。比如，某产品的单位平均成本为 7 元，加上企业想要赚取的利润为 30%，那么这个产品就可以定价为 9.1 元。

2. 竞争对手定价法

按照同行业的平均价格水平来制定自己的价格是较为流行的定价方法。应用的场景主要是企业难以估算自己的成本，并打算与同行业竞争者和平相处，另行定价时很难估计消费者和竞争对手对本企业价格的反应。当经营的是同质产品，并且供需基本平衡时，采用这种方法比较符合实际。

利用竞争对手对类似产品的定价数据为自己的产品设定基本价格，这种定价方法不是关注生产成本或商品的价值，而是依赖市场数据。在消费者对电商平台越来越依赖的今天，这种定价方法对弱小的中小企业掌握一定的销售主导权有促进作用，可以让他们用“低成本，高效率”的方式做出产品销量。观察国内淘宝、京东和拼多多平台上的众多中小企业，其都在一定程度上采用了这种定价方法。

3. 需求导向定价法

需求导向定价法是以消费者的需求为中心的定价方法，主要包括两种方法。一种是理解价值定价法。企业按照消费者对商品及价值的认识程度和感觉定价。一些名牌、精品厂商就非常擅长以“价值”定价，比如，某些化妆品品牌在消费者心中就是顶级的护肤品，认为其高定价是理所当然。另一种方法是差别定价法又称动态定价法，是根据消费者、购买时间和地点等方面的不同，制定出的两种或多种不同价格。比如，航空公司为同一班飞机的商务舱、公务舱机票制定的不同价格，电影院将“首映场”影片票价定得高于后面场次的价格。移动出行的鼻祖 Uber 是使用差别定价法的典型企业。比如，在用车的早晚高峰及刮风下雨天气，叫车人会增多，为了刺激更多的司机提供服务，对车费实行动态加价。在乘客叫车的时候，事先对里程和时间做估算，并结合动态加价的系数，生成一个一口价车费。目前国内不少共享车企都借鉴了 Uber 在价格制定方面的很多做法。

4. 新产品定价策略

1）撇脂定价策略

把新产品推向市场时，利用一部分消费者的求新心理，定一个高价，像撇取牛奶中的脂肪层那样，先从他们那里取得一部分高额利润，然后再把价格降下来，以适应大众的需求水平。

英特尔公司是市场撇脂定价法的最初使用者。当英特尔公司开发出一种电脑芯片时，如果该芯片明显优于竞争芯片，那么英特尔就会设定它能够设定的最高价格。当销售量下降时，或者当受到竞争对手开发出类似芯片的威胁时，英特尔就会降低芯片价格，以便吸引对价格敏感的新顾客群。

2）渗透定价法

企业将它的新产品的价格定得相对较低，以吸引大量购买者，提高市场占有率。或者将新产品价格定得低于竞争者的价格，以便迅速和深入地进入市场，从而快速吸引大量的购买者，赢得较大的市场份额。而较高的销售额能够降低成本，又反过来能支持企业保持低价。

极致的性价比是小米诞生之初的品牌定位。最早推出的手机定价为1999元。而产品的配置却比市场上绝大多数售价3000～4000元的手机更高。通过这种价格，小米公司迅速崛起，还改变了整个手机行业，让智能手机迅速平价化。

4.3.3 渠道策略

渠道是指产品或服务到达目标消费人群的路径。管理学大师德鲁克在《成果管理》中说过：渠道比品牌更重要，也就是说你品牌再强，如果渠道没到位，产品再好，东西照样卖不出去。

1. 直销渠道策略

直销渠道又称零级渠道，意指没有中间商参与，产品由生产者直接销售给消费者的渠道类型。直接渠道是产品分销渠道的主要类型。实力雄厚的企业通常倾向于用直接渠道分销，因为这样就可以将客户、资金、仓储、物流等重要资源牢牢掌控在自己手中。格力公司采用的就是典型的直销渠道策略。但是，直销渠道的缺点也显而易见，需要很高的资金投入，需要储备大量人才，需要较长的周期，对企业的经营管理能力要求也较高，因此会面临较大的风险。

适合采用直销渠道策略的企业在产品维度上通常有以下特征：市场集中，销售范围小；技术高或制造成本大的产品；易变质或破损的产品、定制品等；企业自身有市场营销实力，管理能力较强，经验丰富，财力雄厚。线下直销渠道通常是通过开专卖店和销售人员直接销售的方式。

在互联网时代，几乎所有企业都会设立线上官方直营渠道。对于企业来说，官方直销渠道的销售成本主要来自引流成本，以及自有线上、线下店铺或第三方平台店铺的运营和维护成本；对于用户来说，直销渠道是可信度最高、风险最小的购买渠道，产品的质量能够得到最大限度的保证。线上直销渠道，最常见的有品牌官网、品牌 APP、第三方电商及微信小程序官方直营店三种渠道。

1）品牌官网

对于大多品牌来说，不论是 B2B（business to business，企业对企业电子商务）还是 B2C（business to customer，企业对顾客电子商务），都有属于自己的官网，而且绝大部分的品牌官网除了品牌理念介绍、产品展示之外，还提供直接的购买服务，从而方便客户在浏览企业官网后直接购买。官网直销渠道在用户信任、无须支付第三方平台佣金或抽成等方面具有极大优势，但是需要做足前期的营销和引流工作。

2）品牌 APP

个别品牌除了官网外还会布局移动端的 APP，从而更加方便移动端下载了 APP 的用户进行产品的选择和浏览。需要注意的是，随着 APP 数量的激增，让用户选择保留单一品牌的官方直销 APP 难度越来越高。因此，除非自身是尽人皆知的大品牌或者是拥有一定体量的忠诚用户，否则运营官方直营 APP 可能会面临收益低于成本的风险。

3）第三方电商、小程序官方直营店

众多品牌会选择在一些占据高用户体量的第三方电商平台，包括综合类电商平台和专品类电商平台（如京东、淘宝等综合类电商平台、美团/饿了么等专业美食外卖平台、丝芙兰/聚美优品等专业美妆零售官网平台）、微信小程序平台开设官方直营店，从而实现触达范围最大化和平台投资回报率组合的最优解。

2. 间接渠道策略

间接渠道策略是指商品从生产领域到达消费者或用户手中要经过若干中间商的销售渠道，即生产者通过若干中间商将其产品转卖给最终消费者或用户。适合采用间接渠道策略的企业有如下特征：产品的市场比较分散，销售范围广；非技术性或者制造成本小，不易变质及非易碎；企业自身缺乏市场营销的能力和经验，管理能力较差，财力薄弱。

3. 长渠道或短渠道策略

长渠道是经过两道以上中间环节后到达消费者手中的渠道。最短的渠道可以是零，就是产品从生产商直接到消费者手中，而最长的渠道可以是三级渠道，即生产者把产品通过代理商—批发商—零售商渠道销售给消费者。

适合采用长渠道策略的企业有如下特征：产品一般是不易腐、不易损、方便储运，对售后服务要求高而且技术性强；零售市场相对集中，需求数量大；而企业销售能力强，销售人员素质高，企业实力雄厚。比如，娃哈哈集团市场业绩的取得和其优秀的渠道管理有密切关系，娃哈哈在 31 个省区市选择了 1000 多家能控制一方的经销商。组成了几乎覆盖我国每个乡镇的联合销售体系，形成了强大的渠道网络。通过特约一级批发商—特约二级批发商—三级批发商—零售商这种长渠道结构，独创了联销体渠道模式，将任何一款新产品在短短几天内就能铺到我国数百万个零售终端。

适合采用短渠道策略的企业有如下特征：产品一般是易腐、易损、不方便储运；高度时尚、新潮；对售后服务要求不高而且技术性不强；零售市场相对分散，各市场需求数量大；企业销售能力弱，销售人员素质低，企业缺乏资金等。快速消费品、生鲜、农产品、IT 产品等需求量大，复购率高，短渠道分销可以减少流通环节，降低价格。

从总体上看，长渠道难以管理且渠道成本较高，但市场覆盖大，短渠道恰好相反，市场覆盖有限，但是易于控制，渠道成本相对较低。

4. 宽渠道或窄渠道策略

分销渠道宽窄就是确定横向由多少中间商来经营企业的产品。渠道的宽度，取决于企业在分销渠道内每个层次上使用同种类型中间商数目的多少。一般而言有独家分销、密集分销和选择性分销三种。

（1）独家分销是生产企业只选择一定中间商，实行独家代理，全权销售公司产品。一般情况下，生产企业在特定的市场范围内，不能再通过其他中间商来推销这种商品；但被选定的经销商还可以经营其他同类的产品。生产企业和中间商双方通过签订协议做出明确的规定，这种策略主要适合某些特殊的工业品，高端的产品以及风格独特的某些产品，或企业无力进行销售的产品。例如，技术性较强的机械设备、科研物资、医疗器械等。劳斯莱斯汽车就是采用独家分销策略，只选用很少数的经销商，即使在大城市也只有一两家经销商。

（2）密集分销是由于企业的产品数量很多而市场又大，为了能让消费者随时都可以买到这种产品而采用的一种策略。被誉为“插座一哥”的公牛集团，最早是以转换器起家，在 20 多年的发展中，从传统时代走向互联网时代的公牛，依然在核心业务上保持着比较明显的优势。在中国，有小卖部的地方，就有公牛插座。正如公牛董事长阮立平所说，“牛奶怎么卖，可口可乐怎么卖，插座就怎么卖”。

（3）选择性分销是生产企业有选择地精心挑选一部分代理商或经销商来经营自己的产品，这种策略适用范围比较广，中间商的数量要根据具体情况而定。企业一般都会先做密集分销，抢占市场后再选择高质量的中间商为企业销售产品，这种方式可以为企业节省很多不必要的成本，能在很大程度上提高营销效率，管理中间商也比较容易。

综上，独家分销的特点是竞争程度低，市场覆盖程度低，而密集分销渠道成员之间的竞争程度高，产品市场覆盖率也高，特别适用于大众消费品。选择性分销比密集分销更能取得渠道成员的支持，比起独家分销来又能给消费者带来更大的方便，同时还能适度覆盖市场。

5. 渠道广度策略

渠道广度策略是宽度的一种扩展和延伸，指生产者选择经销某产品的渠道数目。线上和线下渠道是目前所有企业不能避开的两个渠道组合。

从发展趋势来看，由于电商平台的主导影响 ，产品销售渠道呈现扁平化的结构，即销售渠道越来越短，销售网点则越来越多。销售渠道变短，一方面增加企业对渠道的控制力，另一方面可以扩大销量。

在这样一个产品极大丰富、信息爆炸的时代，新产品一旦推出，就面临淹没在产品海洋的危险，因此，对于中小企业来说，在产品推出的初期应该避免广铺渠道，要聚焦渠道，把资源投入在单一的渠道中争取实现更多的陈列、展示、试用、推广的机会。

4.3.4 促销策略

在物质极大丰富的今天，企业之间的竞争白热化，促销无处不在。它是市场营销组合中最能刺激消费者产生购买行为的动力，企业越来越注重以销售行为的改变来刺激消费者，以短期的行为（折扣、抽奖、买一送一等）促成消费的增长。基本的促销方式有三种：人员推广策略、广告策略、公共关系策略。

1. 人员推广策略

人员推广是最原始但有时是最有效的产品促销策略，像保健品、药品、化妆品等产品，一般都采用这种营销策略。例如，安利采用的就是这种围绕市场推广为核心展开的产品营销策略组合，最明显的特点就是广告不多，我们也感受不到它的渠道。采用人员推广策略要求企业有较强的企划能力、品牌传播能力、管理能力以及激励能力，并且需要对产品目标消费人群定位精准。被称为中国营销奇才的史玉柱当年开发的网络游戏《征途》，无论是技术还是内容都不被看好。但是面对网易、盛大这样的强大竞争对手，一个新进入者却最终创造了月收入 500 万元的奇迹。在《征途》之前，网络游戏的推广方式主要是线上和线下活动，配合报刊炒作完成。人员推广由于成本较高，运营商不敢采用。史玉柱创造性地将人员推广作为网络游戏推广的重要手段，用卖保健品的方式来推广网络游戏，推动了网络游戏营销的变革。

2. 广告策略

现在是一个被广告包围的时代，可以说广告的影响已经到了无孔不入的地步。在现实生活中，我们已经看到太多因为精准的广告策略而成功的产品。这些成功背后有着怎样的逻辑，是每个企业都需要关注的重点。广告的表现虽然是多种多样的，但是每个广告背后的策略却又是有规律可循的。广告的投放策略、广告目标市场策略、广告的定位策略、广告诉求策略是常见的策略。

1）广告的投放策略

随着新媒体和电子商务的发展，企业可以投放广告的渠道越来越多，与传统的线下广告投放相比，线上的广告投放渠道更加丰富、直观，树立品牌形象的效果更好（图 4-7）。广告投放渠道的选择又和企业投放广告的目的有密切关系，有的企业想向各类人群增加产品的品牌曝光度、网络搜索指数，还有的只是想单纯树立行业内的专业形象。

目的不同决定了企业在投放广告时要考虑是单一投放渠道还是多组合投放渠道；是只在网络上投放，还是在影响力比较大的卫视或其他渠道投放；是投权威媒体还是小众媒体；是投放一两天，还是连续好几个月；是否有其他活动的冠名、行业峰会消息等。

2）广告目标市场策略

广告目标市场策略需要企业根据不同目标市场的特点，采取相应的宣传手段和方法。比如，针对目标顾客的生活习惯、工作环境、偏好和个性特点，制定不同的诉求点和表现形式，吸引更多的消费者关注。广告目标市场策略一般有无差别广告策略、差别广告策略和集中市场广告策略。

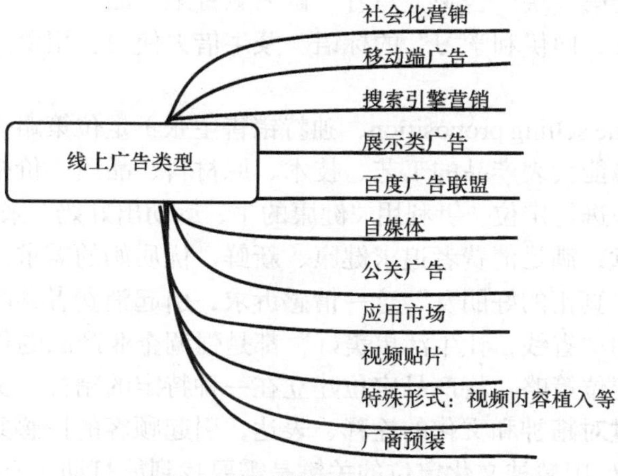

图 4-7　广告的线上投放渠道

资料来源：广告策略三重奏：为什么需要广告投放、投哪里、怎么投？https://www.opp2.com/45625.html

（1）无差别广告策略。对所有广告媒介采用同一主题内容的宣传。在产品的引入期或成长期，企业会采用这种广告策略。

（2）差别广告策略。根据不同的细分市场特点，运用不同的媒体组合，做不同主题的广告。这种广告在满足消费者需求、产品的品质和外观特点的宣传、广告形式上都有很强的针对性。这是产品处于生命周期成熟阶段或是有激烈的竞争时，企业可以采用的策略。

（3）集中市场广告策略。集中市场广告策略仅针对目标市场的一个或几个市场提供更有针对性的广告，以满足一部分顾客需求为目的。企业通常不会采用昂贵的媒体传播。

3）广告的定位策略

广告的定位策略是依附于企业或产品定位而展开的，是企业或产品定位传播表达的主要形式。公认的观点认为广告定位是对产品的一种创造性实践，是围绕定位而开展的与消费者心理进行的信息沟通。广告往往向消费者提供和传达了购买的理由，在顾客心中建立一个与竞争对手明确区分的差异化的位置，以显示品牌的特性。常见的广告定位如下。

（1）领导者定位策略。用领导者身份建立定位。“定位之父”杰克·特劳特在《与众不同》一书中称它为品牌差异化最强有力的办法。国内很多营销公司、广告公司特别喜欢采用这个方法。用领导者身份可以定位在“用户数量上的领导地位”，如美国富达投资是这样宣传的“富达投资，1200 万投资人依赖的地方；可以定位在“历史上的领导地位”，如“国窖 1573”；可以是“原创的领导地位”，如奔驰汽车“1885 年，我们发明了汽车”；还可以定位在“生产规模上”，如五得利面粉在广告中重点突出了自己“日加工小麦 40 000 吨”。

（2）比附定位策略。市场处于二三流的产品可以通过模仿或跟进一流企业，达到以较少投入获得较大传播效果的定位方法。最有代表性的是美国排名第二的艾维斯出租汽车公司，它的广告定位是“我们只排第二，所以我们需要更加努力”；而国内的蒙牛集团也是运用这一定位策略的最佳典范。为了避开与伊利的正面竞争，蒙牛巧妙地运用了比附定位策略，它的第一块广告牌上写着“做内蒙古第二品牌”，在冰淇淋的包装上写着“为民族工业争气，向伊利学习”的标语。蒙牛借力使力，用伊利的知名度提高了自己的品牌知名度。

（3）USP（unique selling proposition，独特销售主张）定位策略。最大限度地挖掘产品自身的特点，把最能代表产品的工艺、技术、原材料、品质、价格、功效、服务、内涵等作为宣传的核心进行定位。伊利用“健康的牛，运动出好奶”来突显原材料的特点，从奶的源头上做文章，满足消费者追求健康、新鲜、优质奶的需求。而“好丽友，好朋友”的广告则紧扣“真正的好朋友”这一情感诉求，引起消费者共鸣。沃尔玛的“天天低价”，以及后来的“省钱，让生活更美好”都是强调企业产品的价格优势。

（4）精神文化定位策略。将产品定位建立在一种特定的精神、文化理念或某些人类共同的情感上。通过对精神和文化的诠释、表达，引起顾客的情感共鸣，从而在消费者心中占据独特的位置。用精神文化定位的关键是需要找到能打动人心的“精神文化内核”，然后一直持续地围绕它展开传播。例如，耐克在几十年前的广告中的定位是“个人拼搏奋斗”的精神，此后不管广告的明星变成哪一个，表现形式如何变，任持续传递的都是“个人拼搏奋斗”的定位策略。

4）广告诉求策略

广告诉求就是围绕广告目标、目标市场和产品定位去制造某种动机、道德和认同，通常来说就是商品宣传中所要强调的内容，俗称卖点。它体现了整个广告的宣传策略，是广告成败的关键。诉求表现得当，会对消费者产生强烈的吸引力，激发购买欲望。如果说定位是表达品牌的主要特征、利益或形象，那么广告语通常用来体现诉求。品牌定位指导着广告诉求。

比如，麦当劳的定位是家里的快餐（美味、干净、有洗手间、有趣的儿童生日会和玩具，便利、出餐快，对待客户像家人般的微笑和友善），广告语是“我就喜欢”。苹果的定位是人文科技，广告语曾经是“think different”（不同凡响）。作为家喻户晓的广告语“怕上火，喝王老吉”，其品牌定位是凉茶，而“怕上火”是其广告诉求，是卖点。在实际的运用中，诉求可以从顾客的需求、情感方面入手。如“要想皮肤好，天天用大宝”，这是从顾客需求的角度提出的诉求；而“全聚德烤鸭店，创立于 1864 年，传承宫廷挂炉烤鸭，享誉海内外。新中国成立以来，全聚德已接待了 200 多个国家和地区的元首与政要。现在，全聚德百余家店遍布全国，成为家庭宴请、朋友宴请、商务宴请的优选之地。“宴请，就到全聚德！”这一段广告语中的广告诉求是情感需要，其用经典进行了品牌定位。

最后，不论企业采用什么样的广告策略，史玉柱认为，广告其实是一个投资，是对消费者大脑做的一项投资。如果广告语经常变化，一年两年就变个广告语，那前面的积累就全丢掉了。广告，最怕的就是宣传一段时间就更换，广告语能不变就尽量不要变。脑白金在传播上的巨大成功是因为史玉柱借鉴了集中兵力原则，发明了“间歇性投放”“脉冲式投放”的全新广告投放模式，从而成就了脑白金在营销上的神话，实际上就是超记忆重复的具体落地形式。广告语永远是“今年过节不收礼，收礼还收脑白金”，20 年如一日持续投资于一个品牌资产，造就了品牌传奇般的存在。脑白金的品牌知名度横跨“40 后”“50

后”“60后”“70后”“80后”“90后”，甚至“00后”都知道脑白金的广告语。

3. 公共关系策略

公共关系策略是指企业为获得公众信赖、加深顾客印象而用非付费方式进行的一系列促销活动的总称。通常指不以企业自己的身份，而是以第三者的身份，通过大众媒体对企业及产品或服务进行传达、赞誉，直接效果是使产品或企业能形成良好的顾客印象和公众形象，最终仍然以提高销售量为目的。

企业进行公共关系活动的具体方法有很多，比如，密切与新闻界的关系，吸引公众对某人、某产品或某服务的注意；通过新闻媒体对产品或企业进行宣传报道；开展企业联谊活动，加强企业与相关群体的关系；支持相关团体，赞助相关活动；安排特别活动，宣传企业或产品；处理顾客抱怨，满足顾客需求，保持顾客忠诚。公共关系虽然也利用广告等手段，但其宣传一般是不用付费的，是一种“制造新闻”的行为。2021年7月，鸿星尔克向河南郑州特大暴雨灾害灾区捐赠 5000 万元，让这个公司成为全民热议的对象，不少人被鸿星尔克“虽然巨亏但不忘做慈善”的情怀感动，称其为“国货之光”，因此大量涌入直播间购买公司产品，鸿星尔克抖音直播间一周内就完成了 7700 万元的销售额。据报道早在 2018 年，鸿星尔克集团就与福建省残疾人福利基金会合作设立了“鸿星助力·衣路有爱”的公益项目。从2013年至2020年，鸿星尔克集团累计向福建省残疾人福利基金会捐赠爱心物资共计1.8亿元。

从促销的角度来看，鸿星尔克正是通过做慈善的方式，既践行了企业的社会责任，也提升了品牌美誉度，在公众心目中建立了良好的社会形象。

4.4 内容营销

越来越多的用户不仅仅满足于物质需求上的追求，还想要获取精神上的愉悦或价值认同。在这种消费升级、流量为王的时代背景下，内容营销在当下成为一种较为热门的营销方式，通过创建和分享有价值的、免费的内容来吸引受众、提升转化率，利用网络媒体和内容平台的巨大传播能力，借助文字、图片、视频等多种形式作为传播介质，进行跨界、联合等整合传播。

4.4.1 内容营销的定义和价值

1. 内容营销的定义

有“内容营销之父”之称的乔·普利兹曾经给内容营销的定义是，创建和传递有价值和引人注目的内容，以吸引现实或潜在目标顾客的商业营销过程，目的是促使顾客做出能为企业带来利润的行动。

2. 内容营销的价值

传播的内容不同，不仅会影响顾客购买的决定，还能导致自然搜索排名的高低，人站链接的增减，以及潜在客户的推广和转化。实践已经多次证明，优秀的内容可以在足够低的成本下，为企业市场的获客带来爆炸性的流量。相对于无处不在的简单粗暴的广告，内容营销更容易让用户接受。通过内容和产品的结合建立线上销售场景，让别人先认可内容，再认可广告。从而激发用户对产品的某种需求，让企业更容易销售某个产品。跟所有销售的逻辑是一样的，先认可人，再认可货。

4.4.2 内容营销的分类

内容营销根据生产者的不同，分成两类。专业生产内容（professional generated content，PGC）和用户生产内容（user generated content，UGC）。PGC 的优点在于可控性强，可持续性强，内容重复率高，甚至可以量产。缺点是不太容易被顾客信任。UGC 的优点在于可信度高，容易转化为购买，但缺点是不可控性强，可能会有负面信息，不容易规模化，效果难以衡量。刘伟在《引爆内容营销》一书中，对近年来内容营销进行了总结，认为从内容的角度来看主要分为以下七个种类。

1. 攻略记录型内容

攻略记录型内容是围绕吃住行游购娱等用户需求，结合一定场景，为用户提供翔实的出行资料、游玩指导、体验感受等记录形式的内容。一般来说，旅行、医美、餐厅、艺术馆、民宿平台等可以首选攻略记录型内容。目前最常见的攻略记录型内容是打卡、探店、短视频。

2. 开箱/评测型内容

开箱/评测型内容是以一产品维度（原料、卫生、安全、质量、体验、价格等），针对不同的目标人群，结合一定的场景或主题（如节假日、性价比、情侣约会等），对某个商品或者服务本身进行横向和纵向的比较，帮助用户做出购买决策。商家通常会邀请某一领域的达人对自己的商品进行各方面的测试，突出产品的卖点。这也催生了一批专业的测评师。据统计，在 B 站上有 1 亿用户在观看测评类的视频，总播放量达 200 亿，平均每个人会看 200 个商品测评。

3. 种草型内容

“种草”是网络流行语，表示分享推荐某一商品的优秀品质，以激发他人购买欲望的行为。种草也表示把一样事物分享推荐给另一个人，让另一个人喜欢这样事物的行为。小红书、抖音、B 站等平台是内容种草的主阵地。只要能向目标人群传递产品的独特价值，种草就可以适用于任何产品。刘伟认为，种草型内容的底层逻辑是打造某款爆单单品和基于搜索逻辑获取长尾流量。

4. 科普新知型内容

信息爆炸时代，用户很难长久记住某个营销热点，需要企业持续与用户建立沟通，而海量沟通信息中随着时间流动、沉淀下来并且持久发挥影响力的，往往是知识型内容。企业围绕其产品知识，定制营销内容，可以有效地引导消费者做出更为“自主”的购买决策。百度知道、B站、知乎等都是近几年比较有名的科普新知型平台。而一些像果壳、好奇博士等大大小小的自媒体也一直做不同领域的科普。比如，知乎利用自身平台内专业的、流行的、有共鸣的优质内容，将一系列产品知识封装成“一问一答”的叙事语体，完美地体现了“有问题就有答案”的品牌主张。大量知识付费用户以外的大众构成了知乎的UGC和流量资产，让其不仅拥有一批忠实的用户并且还成为国内同类平台的佼佼者。实践表明，关乎安全、健康、有科技含量的产品是比较适合做科普新知型内容营销的。

5. 情感型内容

前面所提到的内容营销的类型都是从产品本身的角度出发，营造“产品功能”。而情感营销是制造品牌与消费者的情感联结，或是营造出“共同回忆”；或是利用一件小事来引发热点，找到能够触及人心的部分进行情感共鸣，让人从心理上接受企业文化，从而产生对品牌的好感，这样的用户价值也会非常高。

德芙巧克力的经典品牌故事，与一个十分凄美的爱情有关。这个故事起源于1919年，讲述的是在卢森堡王室后厨当帮厨的莱昂与出身于王室中一个分支的芭莎公主相爱却不能在一起的爱情故事。芭莎公主联姻离去后，莱昂就在做好的巧克力上刻下了“Do you love me”的缩写“DOVE”来表达爱意，这也就是德芙品牌名称的来源。德芙就是通过这个凄美的爱情故事，进行的情感营销，并且获得了巨大成功和突破。

曾经“红塔集团”的缔造者褚时健出狱重新创业，75岁高龄在哀劳山种果园，十年后橙子成熟。借由“情感营销”打造了“褚橙”品牌。一个橙子蕴含了“影响一代企业家的企业家”大起大落的人生经历，这种关联赋予了“褚橙”文化层面和价值层面的表达，以褚时健的创业故事来引起共鸣。“褚橙”不仅仅是一种好吃的橙子，更是一种令人敬佩的精神。最适合做情感型内容营销的是容易与人的情感发生互动、注重体验的服务业，如婚纱摄影、手机游戏、旅游、家装等。

6. 创意型内容

对于每天接收海量信息轰炸的时代，内容营销缺少的不再是“信息”类的内容，而是内容的“创意”。有创意的内容让消费者对产品或品牌有更深刻的印象和认知。作为中国第一家运动品牌企业的中国李宁，在发展过程中曾陷入国外品牌强势进入中国市场，市场份额大幅缩水的困境。中国李宁及时调整营销策略，将中国审美、传统文化元素与现代前端时尚深刻融合。从著名的“李宁囧鞋”到“悟道 2 ACE ”的设计都体现了中国李宁是具有“内容感”的优秀品牌。中国李宁浴火重生，成为近年来运动领域新“国潮”的代表品牌，这不仅仅是品牌的胜利，而且是内容营销的胜利。“悟道”“重燃”“烈骏”“行”……这些才是李宁产品的内容之魂，是李宁品牌成功的原因。

7. 福利型内容

福利型内容就是结合不同形式的内容给用户发放福利。企业通常会在特殊时间，利用红包、返现、话费、现金奖励、折扣、满减等虚拟物，与用户直接沟通，让社交渠道里的大体量用户以低于市场价的方式去消费某个商品或享受某种体验，直接贡献业务交易量。这类交易型福利是把内容流量转化为商业流量强有力的催化剂。而关注、分享、转发、收藏、点赞和留言等互动型福利，则有利于用户规模的扩大和品牌的传播。瑞幸咖啡就是“发福利”的标杆。它针对大量粉丝的福利是“9.9 元喝拿铁”“4.8 折尝新品等”，目的很直接，就是希望消费者不要去买其他品牌。

4.4.3 内容营销的渠道

1. 不同内容平台具有不同的特性

内容营销的内容需要通过内容社区平台传播出去。近几年最热门的九大内容社区平台有：微信服务号、微信订阅号、微博、小红书、知乎、抖音、快手、B 站、视频号。企业可以通过这些平台，选择自主运营或与平台达人进行内容合作。

每个平台都有自己的特性，价值也不同。微信公众号（服务号、订阅号）适合构建私域流量，树立品牌形象；微博适合品牌曝光、事件营销、异业合作；小红书适合品牌种草、口碑营销、电商变现；知乎对内容要求高，适合塑造品牌的专业形象；抖音适合品牌年轻化、流量运营、电商变现；快手适合下沉市场，做企业直播；B 站是年轻人高度聚集的文化社区和视频平台，适合品牌曝光和做产品测评；视频号不仅可以进行直播带货，还可以通过挂链接、广告植入等方式实现商业变现。此外，视频号与微信生态中的其他工具如公众号、小程序等紧密结合，形成了完整的营销闭环，为企业提供了更多的商业机会。

2. 搭建社会平台矩阵

企业在使用这些平台进行内容营销时，绕不开的问题是使用一个平台还是几个平台？如果是后者，那么优先级是哪个？平台与平台之间如何互补，传播效力才能最大？大多数企业需要的是多种社交平台的组合。搭建社会平台的作用主要体现在三个方面。一是实现内容多元化。每个平台都有独特的风格。二是分散风险。企业集中在某一平台运营，如果因为某种原因无法继续，就会损失惨重。三是协同放大宣传效果。建立平台矩阵后，不同平台的产品及风格可以形式互补。比如，某企业想要进行事件营销，可以先在微博上造势，再在微信公众号上转化，最后在今日头条等平台网站上分发品牌公关稿以达到协同放大的营销效果。用户可能在微博上看到品牌宣传，对这个品牌有印象，后来又在微信上看到该品牌的宣传，可能就会产生消费的冲动。

下面以完美日记为例，体会它搭建的社交平台矩阵。从 2017 年开始，完美日记就在小红书上投放了明星、头部 KOL（key opinion leader，关键意见领袖）（注：头部 KOL 是互联网营销的专有名词。指拥有更多、更准确的产品信息，且为相关群体所接受或信任，并对该群体的购买行为有较大影响力的人。微博的大 V、淘宝网一哥一姐、粉丝量众多的“网红”都可以看作头部 KOL）、腰部 KOL（注：腰部 KOL 的影响力要小于头部 KOL，会跟着头部 KOL 所带动的话题进行创作和互动）、素人的笔记，几乎席卷了整个小红书平台，种草爆文在小红书上不断二次传播，形成裂变式传播。在微博平台上，完美日记先后邀请了众多达人带话题，通过博文、视频等形式，种草产品的性价比、效果等，并与其他品牌联名；在抖音平台上，完美日记通过带货主播推荐产品；B 站的美妆视频以推荐平价产品为主，很多用户都是跟随 UP 主（uploader，上传者）推荐的平价产品而来，完美日记利用自己的价格优势和 UP 主的推荐又在 B 站站稳了脚跟。完美日记就是通过这样的平台组合，在国货美妆品牌中从“无名之辈”发展为“后起之秀”，成为近年来内容营销的教科书式的典范。

4.5 市场营销仿真实践

在企业运营仿真实验中，市场需求预测一直是经营中的重点和难点，也是许多初学者一直很头疼的问题。许多企业的市场部因为不重视或不会进行市场需求预测分析，无法为生产部提供有效的参考意见，导致生产与销售脱节，要么企业大量存货，要么产品供不应求出现断货，白白便宜了竞争对手。

4.5.1 市场需求预测分析

1. 基于德尔菲法的需求预测

企业运营仿真平台并没有明确给出每一个企业每个季度的总体市场需求量，这需要企业的市场部根据每季度的总体市场需求量，对本公司的市场需求量提前预测，以提供给生产部参考。我们虽然在理论部分给出了许多定性和定量的市场需求预测方法，但是由于不同行业和不同企业的实际情况不同以及相关数据的缺乏，在现实中进行市场需求预测时，仍然面临着较大的困难。在仿真运营中我们可以尝试使用在各个领域应用都非常广泛的德尔菲法来进行市场需求预测。

各个部门的经理可以扮演专家的角色，对本企业下一季度的最低、最高和最可能的需求量进行预测。最后的结果可以用加权平均、中位数加权平均或者是极差来统计。

2. 基于一元回归分析法的预测

影响一个企业市场需求的因素较多，企业运营仿真平台模拟了 CPI 指数、经济成长指数、季节指数，产品生命周期、税收和利率等影响市场需求的外部市场环境，而产品的价格、品牌形象、产品质量和销售渠道数量可以视为影响企业市场需求的内部因素。用回归法进行需求预测时，我们可以预测广告费用投入、研发费用投入以及价格变动与需求量的关系，以指导市场部的决策。

4.5.2 目标市场选择与定位策略

企业对目标市场进行划分，选定目标市场，并根据自身的产品在目标市场中进行定位，这是市场营销中市场细分理论的核心。企业运营仿真平台把全国的市场分为华北、华中、华南和华东四个地区，这实际是根据地理标准对目标市场进行了细分。我们在运营时只需要确定要进入的目标市场和进行市场定位就可以了。

在企业筹建阶段就需要确定要进入的市场，究竟进入几个目标市场比较合适往往是许多初学者很纠结的一件事。事实上，在现实的创业中，创业者在初期大多采用集中单一市场策略，即选择一个目标市场进入，这样可以降低风险。但是在我们的仿真平台运营中，很少有企业会选择一个目标市场，基本上都是选择进入 2～4 个目标市场。导致这种情形出现的原因可能是在虚拟的世界中，即使经营不好或是破产也不需要承担真正意义的损失或法律责任。

如果企业想要选择进入 4 个目标市场，就意味着选择了无差异覆盖目标市场策略。如果选择进入 2～3 个目标市场，这可以看作采取了有选择的专业化目标市场策略，会面临着放弃 1～2 个目标市场的选择，在这种情况下如何进行选择？一方面，每个市场的生命周期变化是一个依据。目标市场的选择通常是高、中、低三种类型的市场生命周期进行搭配。另一方面，根据计划生产量的多少，如果在筹建期就确定采用大规模生产，购买的生产线条数在 7～9 条，可以有两种选择，第一种是无差异覆盖目标市场策略，各个市场成本投入等都近似相等，可以制定一个相对的常规价格，第二种就是放弃 1～2 个目标市场，采取薄利多销提高单个市场占有率的方案。同理如果在筹建期计划采用小规模生产，购买的生产线小于 7 条，则也可以有两种选择，一种是无差异覆盖目标市场策略，四个市场都采用较高的产品定价策略，另一种就是放弃 1～2 个市场，采用较为常规的价格来进行企业决策。

选择好要进入的目标市场之后，就需要进行市场定位。结合前面的理论可知，市场定位就是将自己的产品差异化并在消费者心中占据一个清晰、独特和优越的位置。在仿真运营中，制定战略部分实际上就包含了市场定位的内容。这是被许多初学者容易忽视的部分，事实上它是非常关键的内容。在企业运营仿真系统中，能模拟出来的市场定位策略就是产品差异化和形象差异化。在筹建期，需要确定生产的产品价格是高端、中端还是低端；产品的质量是高端、中端还是低端；品牌形象是高端、中端还是低端等。这样我们根据这三个因素就可以组合出如表 4-5 所示的多种市场定位。

表 4-5　市场定位组合

因素	产品价格	产品质量	产品品牌形象
产品价格	高端	高端	高端
产品质量	中端	中端	中端
产品品牌形象	低端	低端	低端

比如，有的企业在运营中采取了中端价格-中端质量-高端品牌形象的市场定位，而有的企业则采取了中端价格-高端质量-中端品牌形象的市场定位。只有对这些因素组合有一个大致的规划设想，在后续的运营中才能坚持自己的市场定位，不被竞争对手牵着走。在具体运营中，我们可以参考图 4-8 星际迷航。

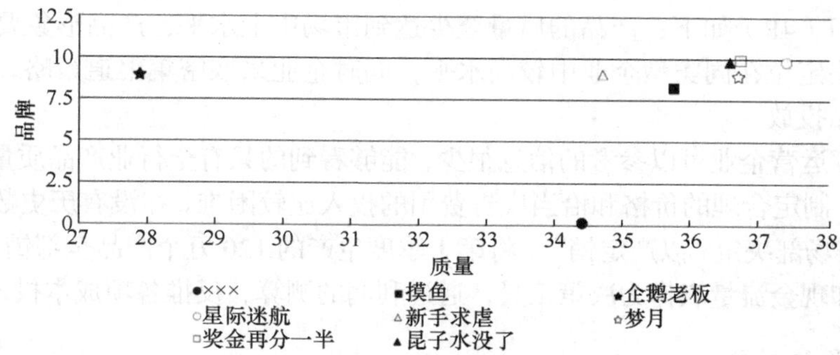

图 4-8 华北市场质量品牌对比图

由图 4-8 和表 4-6 可以看出，该公司采取的是市场定位组合中的“高端价格、高质量、高端品牌形象的市场定位策略”。

表 4-6 价格与销量表

公司名称	价格/元	销售量/个	销售额/元
星际迷航	7.6	1 141 160	8 672 816
新手求虐	7.6	991 435	7 534 906
摸鱼	7.5	806 696	6 050 220
奖金再分一半	7.5	1 110 959	8 332 193
昆子水没了	7.5	1 105 763	8 293 223
梦月	7.4	1 180 985	8 739 289
企鹅老板	7.2	509 592	3 669 062
×××	7	0	0

4.5.3 市场营销组合策略

这里不再赘述市场营销组合的重要意义及概念，更多的是实践的应用。企业运营仿真系统中不同程度的涉及 4P 的内容：各企业不同质量的产品、高低不同的品牌形象可以看作产品（product），产品在不同市场的定价是价格（price），四个销售市场可以看作渠道（place），而各企业市场营销费用的投入是促销（promotion）的体现。仿真运营中各企业不同的市场营销组合策略是实现市场定位的重要手段。

下面通过一场练习赛的复盘分析，体验模拟企业的市场部在具体运营中是如何进行市场营销的。有 12 个企业参加了此场比赛，进行为期 8 个季度的模拟经营。把“1052 组管理员”作为主要分析对象，以下简写为 A 企业。

通过对竞赛市场环境信息（CPI 指数、经济成长指数、季节指数、产品生命周期、税率等）的分析和对竞争对手的观察，团队商讨后认为本次模拟经营的市场需求量是一个前期增长速度较快，同时后期市场需求量缩减也较快的市场环境，团队决定在前期尽量进行产能的扩张，因此，在筹建期购买了 8 条生产线，总产量为 120 万个。具体的市场营销策略方面（4P）如下：产品的质量至少达到市场中上水平，产品形象要处于市场较高层次，价格定位在同类型企业中较高水平，同时企业采取密集渠道策略，即四个市场全部进行产品投放。

第 1 季度运营企业可以参考的信息很少，能够看到的只有全行业产品质量的对比，对市场部来说，制定合理的价格和恰当广告费用的投入比较困难。在没有历史数据可以参考的情况下，市场部决定“以产定销”。将第 1 季度生产的 120 万个产品全部销售作为目标，并以利润表和现金流量表作为决策工具，通过利润的测算，反推各项成本投入的合理性。

1. 产品价格制定

企业常用的定价方法有成本加成法和随行就市法。随行就市法在第 1 季度的定价时是无法使用的。因为我们不能获得行业竞争对手的产品价格。因此，第 1 季度我们可以使用成本加成法进行定价。在运用利润表和现金流量表进行反复预算之后，并考虑第 1 季度所有者权益不能低于 180 万元的目标限制，A 企业计划当季度投入总成本（产品成本、销售费用、管理费用、财务费用、税费）约 1170 万元，见表 4-7。

表 4-7　A 企业第 1 季度预算利润表　　单位：元

产品成本	研发成本	1 900 000	合计	7 666 243.766
	班次管理费用	20 000		
	人工费用	1 680 000		
	原材料耗用	2 134 368.766		
	原材料订购成本	200 000		
	非正常采购费用	1 286 667		
	维护费用	96 000		
	设备订购成本	300 000		
	设备折旧	100 000		
	上季度产成品价值	0		
	产成品存货价值修正	−50 792		
销售费用	营销费用	2 540 000	合计	2 960 000
	运输费用	420 000		
管理费用	招聘费用	7 500	合计	427 598.95
	培训费用	15 000		
	员工工资	348 750		
	原材料存贮费	49 999.95		
	产成品仓储	6 349		
财务费用	利息	110 000	合计	110 000
税费	增值税	510 763.879 2	合计	546 517.350 75
	附加税	35 753. 471 55		
	企业所得税	0		

A企业市场部认为，第1季度为了抢占市场份额不能制定太高的价格，因此计划定价为7.6元。计划销售收入约为910万元，预计净利润约为–260万元，每个产品的平均成本约为9.76元。所有者权益预计下降到190万元左右。

2. 市场营销投入

市场部计划总市场营销投入为250万元左右。因为四个市场的运费不同，华中市场运费最低为0.1元，华南和华北运费为0.4元，华东运费为0.5元，决定适当降低华东的成本投入来减轻因为运费所带来的负担，华东地区营销费用定为62万元。因为华中运费较低，猜测其他竞争企业可能会加大在华中企业的产品投放，从而导致华中市场相对拥挤，市场部计划适当提高华中市场的营销投入，将华中市场营销费用定为66万元，其余两个市场分别为63万元营销费用（表4-8）。

表4-8　第1季度A企业产品价格及营销投入决策

市场	价格	产品数	客服数	雇佣客服数	实际库存	营销投入
华北	7.6	300 000	3	1	9 517	630 000
华中	7.6	300 000	3	2	1 018	660 000
华南	7.6	300 000	3	2	2 163	630 000
华东	7.6	300 000	3	1	0	620 000
合计		1 200 000	12	6	12 698	2 540 000

3. 企业研发投入

研发投入是一个逐步累积的过程，A公司在产品质量没有先发优势的情况下，为了避免出现产品质量过低影响产品销量，经过与生产部门商讨，决定在第一季度扩大研发，投入达到190万元。

4. 模拟结果评价

企业模拟运营状况表上的数据反映了当季度企业运营决策的合理性。对于市场部门来说，企业生产的产品全部销售完毕，市场需求量与产量基本接近，没有库存，没有出现市场断货现象，说明当季的市场营销组合策略配合得当。具体而言，企业主要关注运营状况表中单个市场的市场需求量、总市场需求量、单个市场销售量与单个市场需求量之间的差额及总销售量与总市场需求量之间的差额。而当企业的销售量与生产量相接近时，说明当季度所做的决策较为合理。通过观察下面的运营状况表（表4-9～表4-11）中的数据可以发现，A企业第1季度的总市场需求量与生产量基本相近，仅有1万多的存货，说明企业在当季度决策基本合理。表4-12中A企业的所有者权益没有达到预期的190万元，主要是由1万多存货造成的。

表 4-9　A 企业第 1 季度运营状况（一）

零售渠道	市场需求量/个	销售量/个	市场占有率/%	产成品库存/个	客服人员/个
华北市场	290 483	290 483	10.59	9 517	4
华中市场	298 982	298 982	10.92	1 018	5
华南市场	297 837	297 837	10.61	2 163	5
华东市场	310 701	300 000	11.14	0	4

表 4-10　A 企业第 1 季度运营状况（二）

本季度市场需求量/个	本季度生产量/个	本季度销售量/个	产成品库存/个	原材料库存/个	总市场占有率/%
1 198 003	1 200 000	1 187 302	12 698	2 187 000	10.82

表 4-11　A 企业第 1 季度运营状况（三）

下季度产能/个	下季度实际产能/个	生产线数量/条	员工总数/个	技术工人/个	客服人员/个
540 000	540 000	11	51	33	18

表 4-12　第 1 季度各公司季度排行

序号	公司名称	净利润/元	所有者权益/元	发放红利/元	销售量/个	销售收入/元
1	1062 组浅一 103	−1 020 609	4 072 891	0	199 302	1 461 167
2	1062 组沁漓 5	−1 384 348	2 615 652	0	1 081 129	8 622 324
3	1062 组大哥来跟华子	−1 882 282	2 117 716	0	899 996	6 839 970
4	1062 组啊鱼 233	−1 887 404	2 112 596	0	1 153 313	9 226 504
5	1062 组虾尾小可爱 1	−1 948 805	2 873 694	0	823 756	6 507 672
6	1062 组星 hhh	−2 208 173	2 041 826	0	884 437	7 055 496
7	1062 组 qin 宝	−2 275 594	1 724 406	0	11 200 000	9 000 000
8	1062 组国南 4	−2 370 934	1 629 066	0	11 200 000	9 600 000
9	1062 组 xixi12	−2 432 594	1 567 406	0	11 007 210	8 460 564
10	1062 组管理员	−2 686 864	1 813 135	0	11 187 302	9 023 495
11	1062 组一三	−2 949 595	1 550 404	0	11 200 000	9 000 000
12	1062 组文件管理	−3 293 118	1 529 382	0	1 147 141	1 294 841

从单个市场角度分析，华北市场、华中市场、华南市场都出现了供过于求的情况，说明当季度的决策出现一定程度的偏差，A 企业决定在下一季度的决策中适当地提高对这三个市场的成本投入。而华东市场出现供不应求的情况，需要适当地降低一些成本投入，从而节省总成本。

通过表 4-12 各企业季度排名可以看出，有 4 家企业的季度产品销售量小于 100 万个，有 1 家企业产品销售量低于 20 万个。根据质量品牌对比可以猜测，销售量在 80 万～90 万个的企业因为第 1 季度的决策判断失误出现较多库存，而销售量低于 20 万个的企业出现重大失误导致大量库存，那么我们可以估计第 2 季度这 5 家企业大概率将会出现两种情况，第一种是因为产品质量较差，销售量不足导致企业破产，第二种就是可能会降低价格来倾销当季度库存的产成品。

阅读材料

奶茶第一股凭什么是蜜雪冰城?

蜜雪冰城是张红超于 1997 年在郑州成立的冰淇淋与茶饮品牌。目前全国有门店数量近 2 万家，覆盖 31 个省区市和部分海外市场。经过 20 多年的发展，从郑州街头摆摊卖刨冰冷饮到 2 万家门店，蜜雪冰城屡破新高，被称为“奶茶界拼多多”。蜜雪冰城早在 2019 年营收就达 65 亿元，2020 年成为全球第一家门店突破 10 000 家的餐饮品牌，目前是中国门店数量最多的奶茶品牌。奶茶第一股凭什么是蜜雪冰城？蜜雪冰城在产品、价格、渠道、推广上一直走的都是亲民化路线，恰恰是这样的市场营销组合策略，让蜜雪冰城稳稳地站住了下沉市场。

从价格策略来看，蜜雪冰城的产品价格以低价为特色。2006 年，张红超看中一款近 20 元的虹帽冰淇淋产品，这款产品和他儿童时吃过的一款 5 角钱的冰淇淋口味很像。他下定决心打造一款价格平易近人的虹帽冰淇淋，于是一款便宜型虹帽冰淇淋迅速上市，一元的定价让这款产品供不应求，迅速成为当年的爆品。此后无论产品如何更新迭代，所有的产品都是围绕着高性价比来进行。相比新式茶饮 60%～65%毛利，蜜雪冰城将毛利压到 50%～55%，所有产品均价在 2～6 元，最低原味冰淇淋只有 2 元，奶茶、鲜果茶多在 4 元或 6 元。可以说是人人都喝得起。在“薄利多销”的产品价格策略加持下，蜜雪冰城只赚取毛利润，这种平易近人的定价很快就在三、四线城市的城中村、学校旁、商业街、交通枢纽旁获得了用户的喜爱。高性价比可以说是蜜雪冰城成功的重要因素之一。

从产品策略来看，蜜雪冰城也有自己的独到之处。一是产品定位下沉市场，目标群体清晰。蜜雪冰城对市场进行定位细分后，选择下沉市场的目标群体。下沉市场目标群体的需求是只要物美价廉，就能博得市场好感。尤其不用考虑频繁创新及研发，也不用费力营销和联名，较大的优惠折扣，足以在熟人社交场所中，让人们蜂拥而至。因此，消费欲望高，消费能力低的人群、学生党、初入社会的年轻人都是蜜雪冰城的消费群体，它的门店大都分布在三、四线及以下城市，基本承包了低消费人群。下沉市场的消费者显著特点是更加关注价格变化，是需求弹性较高人群，对价格极其敏感，在同等口感下，蜜雪冰城无疑更具有价格吸引力，即相较于其他品牌性价比更高，给消费者带来的满足感更多，满意度更高。二是独特的品牌视觉。品牌做虚拟形象 IP 很常见，但是像蜜雪冰城表现这么突出的还是第一家。蜜雪冰城此前的形象一直以土味出众。随着雪王横空出世，蜜雪冰城的品牌符号有了一个具体的模样。头戴王冠、手握冰淇淋权杖、身披红色披风的雪王形象，完美地展现了蜜雪冰城的品牌形象。配合主题曲“你爱我，我爱你，蜜雪冰城甜蜜蜜”的发布，雪王 IP 深入人心。为了加深用户对品牌的印象，蜜雪冰城对雪王 IP 的打造也是下足了功夫，门店的整体装饰、地毯、产品包装全部换上雪王，再配以红色的背景色与雪王白色的视觉冲击，加深用户的记忆。此外更有雪王玩偶、雪王的周边产品等。和喜茶、奈雪的茶等品牌 VI（visual identity，视觉识别）相比，蜜雪冰城红艳艳的门店和招牌显得“花里胡哨”，雪王的形象又显得老土，但是那又何妨呢？消费者只要看一眼，就能感受到那股“超便宜”的气息，这恰恰是与定位“下沉市场”相匹配的品牌策略所需要的。

从渠道策略来看，品牌要做大做强就要对外不断扩张发展，扩大品牌知名度。2007 年 6 月，蜜雪冰城正式对外加盟，年底加盟店就达到 36 家。随后蜜雪冰城采用疯狂扩张的模式，加盟店成倍增长，很快走向全国。蜜雪冰城利用自身供应链优势，为加盟商供应原料，加之有覆盖全国的供应仓，可以为加盟商免运费直接送进门店，这样的优势，让加盟商在“薄利多销”的战略下仍然有利润空间，此外加盟体系也主打下沉市场，门店主要分布在三、四线城市和乡镇以及大城市的城中村、学校旁。下沉市场的门店成本也很低，加盟的发展速度快得惊人，2016 年 2500 家门店，2020 年翻了四倍，达到 10 000 家门店。

从促销策略上看，蜜雪冰城非常擅长利用社会化媒体促销。这是近年来非常流行的营销方式，成为企业塑造品牌的利器。社会化媒体营销简单来说就是，利用社会化网络，比如，社区、微博、头条、百度各种自媒体等互联网平台进行营销，由于蜜雪冰城主打的是“下沉市场”，因此蜜雪冰城的主要用户群体以学生、年轻人为主。这个群体虽然消费能力有限，但却是抖音、B 站、微博等平台的主力军，他们喜欢个性化的娱乐方式。蜜雪冰城恰好抓住了这个需求，借助短视频的风口浪尖，使蜜雪冰城主题曲被全网传播，二次创作热潮加深了这波土味营销的影响力。长期以来蜜雪冰城的营销总是极具话题性、传播性和二次创造性，就这次主题曲而言，在各大平台疯狂传播，微博浏览量超过 1.3 亿，抖音播放量超过 11 亿，B 站上官方 MV 播放量超千万，各类改编层出不穷。每一次用户的转发、分享、创造都是在给蜜雪冰城做宣传，成本不高，效果却很好。蜜雪冰城还不断推出“1 块钱优惠券”“音乐节”“联名活动”“合作电影”“满 10 元送福袋”等，不断用优惠刺激消费者，这也非常符合其目标客户的心理，大幅提升了客户的复购率。

资料来源：根据网络资料编写，参考了知乎–9 号仓库的部分观点。

链接：https://www.zhihu.com/question/491725130/answer/2763167279。

思考与练习

1. 根据时间序列法，使用系统仿真实践中的运营数据，进行第六期或第七期模拟运营的产品需求量预测。

2. 运用一元回归分析法，使用系统仿真实践中的运营数据，尝试预测营销费用、研发费用与销量之间的关系。

3. 运用 STP 理论分析字节跳动公司的市场细分与市场定位。

4. 运用产品策略分析联合利华的产品组合策略。

5. 运用价格策略对比分析瑞幸咖啡和星巴克的价格策略。
6. 结合渠道策略分析盒马鲜生的渠道策略。
7. 结合促销策略分析鸿星尔克公司的促销策略。
8. 结合内容营销理论，请为格力公司搭建设计进行内容营销的社会平台矩阵。

第5章

质量控制与价值链管理

学习目标

1. 了解质量、质量管理的相关概念及概念之间的相互关系。
2. 了解质量管理的发展历程和现代质量管理的内涵。
3. 熟悉质量控制常用工具及其绘制原则和应用场景。
4. 掌握质量管理与价值提升的关系。
5. 了解研发项目管理的特性和全过程。

引导案例

世友木业的质量管理

浙江世友木业有限公司（以下简称“世友木业”）创立于2001年，地处“中国木地板之都”浙江南浔，是中国地板行业的一线品牌和领军企业之一。曾获“亚洲质量卓越奖”，自2011年荣获地板行业首个“全国质量奖”至2023年第三次荣膺。成果取得的背后是世友木业的质量战略坚守、质量管理制度的落实与体系健全以及关键技术的突破。

创立以来，世友木业秉承“创造木价值，传递木文化”的企业使命，做市场所需、为消费者所想，以“人为本、质立世、诚汇友”的企业核心价值观，坚持诚信务实的作风，以产品和服务创造价值，做高品质生活的领导者，致力于成为最具影响力的木制家居产业集团，为千万家打造健康环保的家居生活。

世友木业不断进行技术创新，推出的E0级实木复合地板和强化地板的甲醛释放量远低于国家标准，满足了消费者对健康环保的高要求。公司还积极参与国际和国内标准的制定，推动行业质量水平的提升。建立全员、全过程、全方位的质量管理体系，提出行业领先的绿色双链循环质量管理模式，推动全健康地板标准和上下游产业链的绿色进程。

世友木业倡导全员质量管理，通过QC（quality control，质量控制）小组活动、提案改善活动等形式，激发员工的创新精神和质量意识。公司设立了多项奖励机制，如优秀QC小组奖、提案效益奖等，以激励员工参与质量管理。公司不断加强高素质创新型人才队伍建设，建立了博士后工作站，拥有省级企业技术中心和省级高新技术企业研发中心，是国家火炬计划高新技术企业。

资料来源：根据浙江世友木业有限公司官网及相关资料整理。

5.1 质量管理的含义

本节讲述质量管理的含义。第一部分为质量，描述质量的定义、内涵、具有的属性、质量理念的演进以及质量特性的具体表现形式。第二部分为质量管理，描述质量管理的内容和发展历程，其中发展历程包括质量检验、统计质量控制、全面质量控制、全面质量管理、质量创新与改进五个阶段。

5.1.1 质量

质量是日常生活和工作中使用频率相当高的词语，也是质量管理中极为重要的一个概念和质量管理的对象。理解和掌握《质量管理体系　基础和术语》（GB/T 19000—2016）（ISO9000：2015）中的质量及其特性的相关术语，对于开展质量管理工作十分重要。

1. 质量定义

质量是一个具有丰富内涵的多侧面的概念，随着社会进步与科技发展逐步拓展。现代管理中，对于质量的理解一般应用ISO9000标准给出的质量定义：质量是一组固有特性满足要求的程度。根据对此定义的理解，其包括以下五个方面的内涵：①固有的特性是指事物中本来就有的，尤其是那种永久的特性；②既包括明确的要求，也包括隐含的或必要的需要和期望；③质量不仅要满足顾客的个性需求，还要满足社会需求；④质量是相对的、动态的，需要不断改进，也即不只求最好，还要求更好；⑤质量服务的客户不只包括外部的客户，也包括内部的客户。

2. 质量内涵

狭义的质量是指产品质量；广义的质量包括产品质量、工程（工序）质量和工作质量，即全面质量。

产品质量是指产品的使用价值，即产品适合一定用途满足使用要求所具备的一切特性的总和。这些特征表现为产品的外观、手感、音响、色彩等外部特征，也包括结构、材质、物理、化学性能等内在特征。产品质量的好坏不能单凭直觉来判断而必须有一套科学的标准，为衡量产品质量而判定的技术尺度就是质量标准。产品质量的好坏实质上反映了满足用户需要的程度，而用户的需要则是确定质量标准的依据。产品质量标准的主要内容有产品名称、产品用途、规格和使用范围、对该产品各种专门的技术要求、检验工具、检验方法或测试手段。对有些产品还需制定包装和运输等方面的要求。符合质量标准的产品就是合格品，不符合质量标准的产品就是不合格品。质量标准有国际标准、国家标准、部颁标准和企业标准。

工程（工序）质量指生产过程中各个阶段或工序的质量，确保每个工序都能达到预定的质量标准，从而保证最终产品的质量。工序质量的控制通常涉及生产过程中的输入（如原材料、设备、人员技能等）、过程控制（如工艺参数、操作步骤等）和输出（即工序结果）。

工作质量是指为保证和提高产品质量所做工作的完善程度，包括企业的生产工作、技术工作、组织工作和服务工作的水平和效率。工作质量一般难以定量，但在企业生产经营活动全过程中，最终通过产品质量及经济活动成果反映出来。产品质量、过程质量、工作质量与人的素质间的相互作用关系如图 5-1 所示，产品或服务质量受到“过程质量”或过程中各项活动的影响，过程质量即全部手段和条件的总称，从而决定了产品质量。工作质量涉及组织的各个部门、各个岗位工作的有效性，取决于人的素质，包括工作人员的质量意识、责任心、业务水平等。

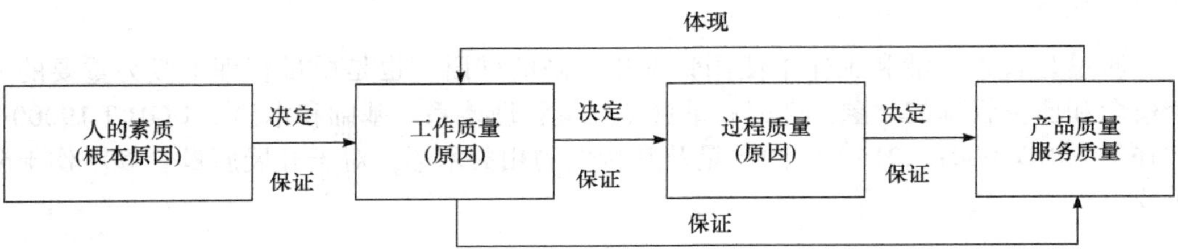

图 5-1　产品或服务质量的保证体系

3. 质量具有的属性

1）质量的系统性

质量是受到设计、制造、使用等因素影响的复杂系统。例如，汽车是一个复杂的机械系统，同时又是涉及道路、司机、乘客、货物、交通制度等特点的使用系统。产品的质量应该达到多维评价的目标。费根鲍姆（Feigenbaum）认为，质量系统是指具有确定质量标准的产品和为交付使用所必需的管理上和技术上的步骤的网络。

2）质量的经济性

质量不仅考虑技术指标，还需综合评价制造成本、价格、使用价值和消耗等方面。在确定质量水平或目标时，不能脱离社会条件和需要，不能单纯追求技术上的先进性，还应考虑使用上的经济合理性，使质量和价格达到合理的平衡。

3）质量的相对性

组织的顾客和其他相关方可能对同一产品功能提出不同的需求，也可能对同一产品的同一功能提出不同的需求。需求不同，质量要求也不同。只有满足需求的产品，才会被认为是质量好的产品。

4）质量的时效性

由于组织的顾客和其他相关方对组织和产品、过程和体系的需求和期望是不断变化的，组织应不断调整对质量的要求。

5）质量的社会性

质量的好坏不仅要考虑到直接使用者的评价，还要考虑整个社会角度的评价，尤其关系到生产安全、环境污染、生态平衡等问题时更是如此。

4. 质量理念的演进

质量理念的演进大致经历了四个阶段，如图 5-2 所示。

符合性质量	适用性质量	需求性质量	全面质量
以符合产品的技术标准的程度作为衡量产品质量的依据。 ——克劳士比	以适合顾客需要的程度作为衡量顾客满意的依据。 ——朱兰	以客体的一组固有特性满足要求的程度作为衡量相关方满意的依据。 ——ISO9000族等	以符合可持续发展的条件作为衡量人类生存需要的依据。 ——可持续发展宣言

图 5-2　质量理念的演进

一是符合性质量。符合性质量是以符合产品的技术标准作为衡量顾客需求产品规格的依据。质量管理专家克劳士比（Crosby）在《质量免费》（*Quality is Free*）书中指出，质量就是要符合产品的设计要求，达到产品的技术标准。凡是有不符合“要求”的地方，就表明质量未满足要求。符合性质量体现了以生产者为主导的产品供不应求时代的企业经营阶段的特征，即只要合格就满足了质量要求的狭义的质量观。

二是适用性质量。适用性质量是以适合顾客需求的程度作为衡量顾客满意的依据。“适用性”就是产品在使用时能成功地满足顾客需要的程度，包含“使用要求”和“满足要求”。质量管理专家朱兰深刻地指出，对用户来说质量就是“适用性”，而不仅是符合企业的技术标准，产品的使用者对产品质量的评价总是以到手的产品是否适用，且其使用程度如何为基础。质量从“符合性”发展到“适用性”，使人们对质量的认识逐渐上升到把顾客的需求放在首位，意味着企业在经营过程中需要确定他们有哪些使用需求，并在产品策划时考虑如何满足顾客的需要和期望。

三是需求性质量。需求性质量是以固有特性满足要求的程度作为衡量相关方满意的依据。需求性即任何对质量有需求的相关方满足要求的程度，包含“当期的需求”和“潜在的需求”。质量不仅要满足顾客的需要，还要满足社会的需要，并使顾客、从业人员、业主、供方和社会都受益。即 ISO9000 标准给出的质量定义为一组固有特性满足要求的程度。

四是全面质量。全面质量是以符合可持续发展的条件作为衡量人类生存需要的依据。“全面”就是人类需求的所有方面满足要求的程度。朱兰博士认为，现代科学技术、环境与质量密切相关。质量从“符合性—适用性—需求性”发展到全面质量，质量的概念拓展到全社会的各个领域，包括人们赖以生存的环境质量、卫生保健质量以及人们在社会生活中的精神需求和满意程度等，从而形成了大的质量观。因此，大质量观包括狭义的产品质量、过程质量、工作质量，人民赖以生存的环境质量、卫生保健质量以及人们在社会生活中的精神需求和满意程度等。

5. 质量特性的具体表现形式

硬件产品的质量特性主要包括性能、寿命（即耐用性）、可靠性与维修性、安全性、适应性和经济性六个方面。

服务质量的特性主要包括功能性、经济性、安全可靠性、时间性、舒适性和文明性等六个方面。其中，文明性是指顾客在接受服务过程中满足精神需求的程度，充分展示了服务质量的特色。顾客期望得到一个自由、亲切、友好、自然及谅解的气氛，有一个和谐的人际关系。

5.1.2 质量管理

质量管理是指确定质量方针、目标和职责并通过质量体系中的质量策划、质量控制、质量保证和质量改进使其实现所有执行管理职能的全部活动。

1. 质量管理内容

质量管理的内容主要包括：确定质量方针、质量目标、岗位职责及管理权限，开展质量策划、质量控制、质量保证、质量改进等各项管理职能活动。

1）质量方针和质量目标

质量方针是指由组织的最高管理者正式发布的该组织总的质量宗旨和质量方向。质量目标是组织在质量方面所追求的目的，是组织质量方针的具体体现，目标既要先进又要可行，便于实施和检查。

2）质量策划

质量策划致力于制定质量目标并规定必要的运行过程和相关资源以实现质量目标。

3）质量控制

质量控制致力于满足质量要求。为此，要解决要求标准是什么、如何实现过程、需要对哪些进行控制等问题。

4）质量保证

质量保证是指为使人们确信某实体能满足质量要求在质量体系内开展的并需要进行证实的有计划和有系统的活动。“证实”是质量保证的关键。

5）质量改进

质量改进是致力于增强满足质量要求的能力。

2. 质量管理发展历程

质量管理发展到现在，经历了多个阶段。质量管理是机器大生产的产物，是生产力发展的必然结果。从质量管理经历百年多的历史来看，差不多每隔 20 年，在解决质量管理工作方面就会发生重大的创新与变革。按照质量管理在工业发达国家实践中的特点，质量管理的发展一般可分为质量检验、统计质量控制（statistical quality control，SQC）、全面质量控制（total quality control，TQC）、全面质量管理（total quality management，TQM）和质量创新与改进五个阶段，如图 5-3 所示。

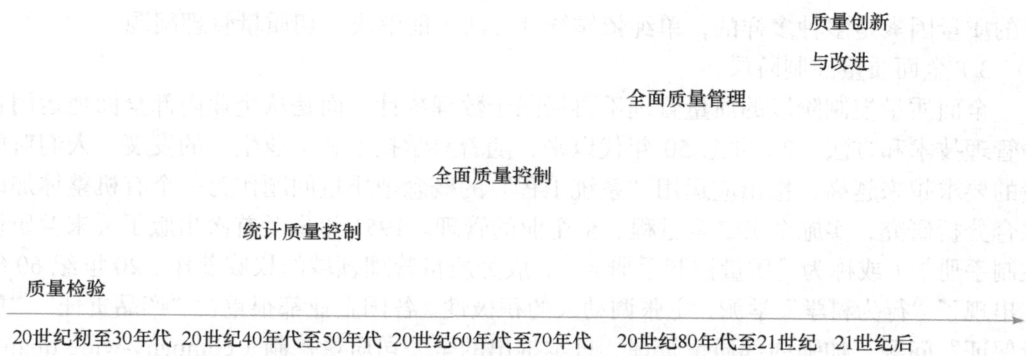

图 5-3　质量管理的发展阶段

1）质量检验阶段

质量检验是质量管理的初级阶段，仅限于质量的检验。采用各种检测设备和仪表进行严格把关，百分之百检验。主要特点是以事后检验为主，是在成品中挑出废品以保证出厂产品质量。事后检验把关无法在生产过程中起到预防、控制的作用，且百分之百的检验增加检验费用，在大批量生产的情况下其弊端就凸显出来。

工人既是操作者又是质量检验、质量管理者，且经验就是标准，因此有人称之为“操作者的质量管理”。到 1918 年前后，美国出现的以泰勒为代表的科学管理运动，强调工长在保证质量方面的作用，将质量管理的执行责任由操作者转到工长，进入“工长的质量管理”。后续这一职能又由工长转移到专职的检验人员，大多数企业都设置专职的检验部门并直属厂长领导，负责全厂各生产单位和产品检验工作，使质量检验的职能得到了进一步的加强。

检验工作是这一阶段执行质量职能的主要内容，通过严格检验来控制和保证下一道工序的产品质量。由于事后检验信息反馈不及时所造成的生产损失很大，故而萌发出预防的思想，从而促使质量控制理论的诞生。

2）统计质量控制阶段

这一阶段特征是数理统计方法与质量管理的结合。统计质量控制阶段的质量管理强调“用数据说话”，强调应用统计方法进行科学管理。第一次世界大战后期，休哈特（Shewhart）发明了控制图并运用到质量管理中，标志着质量管理从单纯事后检验进入检验加预防阶段，也是质量管理形成一门独立学科的开始。第二次世界大战开始后，统计质量管理在军火工厂得到了广泛应用，第二次世界大战结束后，许多民用工业也纷纷采用这一方法。

从质量检验阶段到统计质量控制阶段，利用数理统计原理，预防产出废品并检验产品质量的方法，由专职检验人员转移给专业的质量控制工程师承担。这标志着将事后检验的观念改变为预测质量事故的发生并事先加以预防的观念。质量管理的理论和实践均发生了一次飞跃，从事后把关变为预先控制，并很好地解决了全数检验和破坏性检验的问题。但由于过多强调了统计方法的运用，忽视组织管理和生产中能动性对质量的影响，被误以为“质量管理就是数理统计方法”“质量管理是少数数学家和学者的事情”，限制了统计方法的推广发展，将质量的控制和管理局限在制造和检验部门。影响产品或服务的质量因素是多种多样的，单纯依靠统计方法不能解决一切质量管理问题。

3）全面质量控制阶段

全面质量控制阶段的质量管理不再局限于数理统计，而是从企业内部全面地运用各种管理技术和方法。20 世纪 50 年代以来，随着科学技术和工业生产的发展，人们对质量的要求越来越高，指出应运用“系统工程”的概念把质量问题作为一个有机整体加以综合分析研究，实施全员、全过程、全企业的管理。1951 年朱兰首次出版了《朱兰质量控制手册》（或称为《质量控制手册》），成为质量管理领域的权威著作。20 世纪 60 年代出现了“行为科学”学派，主张调动人的积极性。各国企业都很重视“产品责任”“质量保证”问题，加强内部质量管理。日本推出的全公司质量控制（company-wide quality control，CWQC），是企业管理现代化、科学化的一项重要内容。在一定意义上，质量管理已经不再局限于质量职能领域，而演变为一套以质量为中心，综合的、全面的管理方式和管理理念。

4）全面质量管理阶段

1961 年费根鲍姆提出了全面质量管理概念。全面质量管理是以质量为中心、以全员参与为基础，旨在通过顾客和所有相关受益方而达到长期成功的一种管理途径。ISO9000 族质量管理标准、美国波多里奇奖、欧洲质量奖、日本戴明奖等各种质量奖及卓越经营模式、六西格玛管理模式等，都是以全面质量管理的理论和方法为基础的。

全面质量管理注重顾客需要，强调参与团队工作，并力争形成一种文化，以促进所有的员工设法、持续改进组织所提供产品或服务的质量、工作过程等。如图 5-4 所示，全面质量管理由结构、技术、人员、变革推动者四个要素组成，这四个要素全部齐备才会有全面质量管理这场变革。

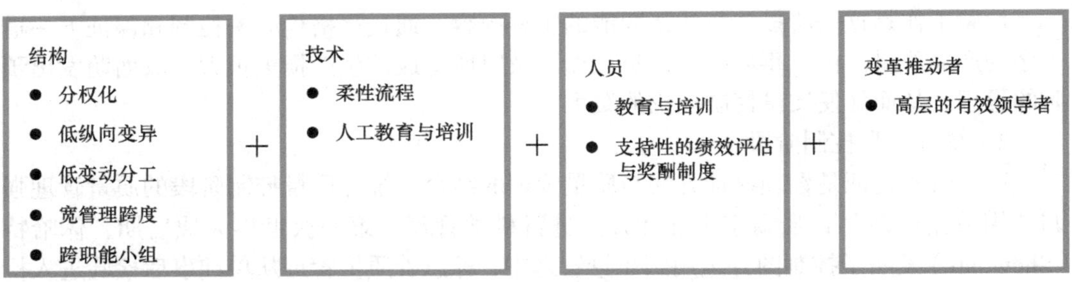

图 5-4　全面质量管理的组成要素

现代企业全面质量管理贵在一个“全”字，其特点概括起来可归纳为“四全”“三性”。“四全”是指全企业的质量管理、全过程的质量管理、全员参加的质量管理和采用全面方法的质量管理。“三性”是指预防性、科学性和服务性。全面质量管理阶段与全面质量控制阶段的区别，如图 5-5 所示。

5）质量创新与改进阶段

质量管理进入了基于风险和领导力的不断改进，即与时俱进的新质量管理发展阶段。质量管理不仅需要继承性的发展，还需要与国家层面的质量战略相结合，要有与时俱进的质量管理理念，通过质量创新与改进来改善供给，引领未来。

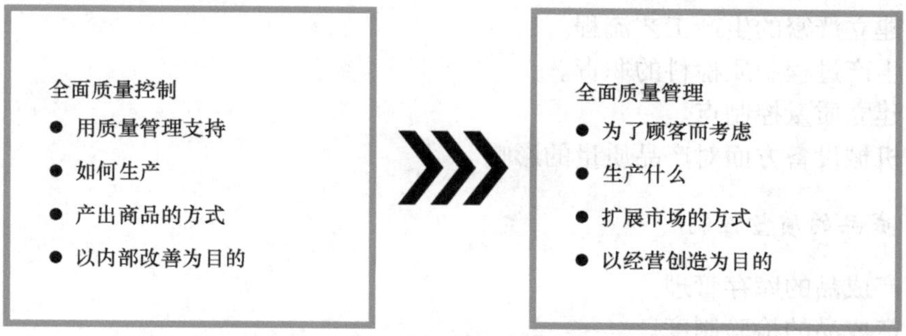

图 5-5　全面质量控制和全面质量管理的区别

ISO 管理标准在 2015 年大幅度改版，强调组织文化在质量管理中的重要性。质量文化能够影响组织成员的行为、态度、活动和过程，鼓励组织不仅要关注产品和服务的技术质量，还要关注顾客的感知和体验，从而实现组织的价值和目标。质量的概念从过程发展到文化。

越来越多的国家和企业不断完善质量文化和质量管理实践，以应对日趋激烈的市场竞争环境。2018 年的世界质量与改进大会探讨了“质量 4.0”“建立并保持质量文化”等质量发展动态和质量管理理念。

5.2　质量控制及常用工具

本节主要介绍质量控制程序和常用工具。质量控制程序包括原辅材料的质量控制、生产过程中的质量控制、产成品的质量控制。质量控制常用的定量工具主要有统计分析表、直方图、排列图和控制图，质量控制常用的定性工具主要有因果图和矩阵图，其他常用工具主要有流程图、措施计划表和超级媒体。

5.2.1　质量控制程序

质量控制是指为达到质量要求所采取的作业技术和活动。这些技术和活动包括：确定控制对象，如某一工艺过程或检验过程等；制定控制标准，即应达到的质量要求，如公差范围等；制定具体的控制方法，如操作规程等；明确所采用的检验方法，包括检验工具和仪器等。

质量控制程序包括原辅材料的质量控制、生产过程中的质量控制、产成品的质量控制，具体如下。

1. 原辅材料的质量控制

（1）原辅材料的采购计划。
（2）采购行为中的质量控制。
（3）原辅材料的验收。
（4）原辅材料库存的质量控制。

2. 生产过程中的质量控制

（1）加强岗位培训，树立良好的质量意识。

（2）建立严密的生产工艺流程。
（3）生产过程中质检科的职责。
（4）建立质量控制点。
（5）机械设备方面对产品质量的影响。

3. 产成品的质量控制

（1）产成品的库存管理。
（2）产成品的检验制度。
（3）销售过程中的质量控制。

5.2.2 质量控制常用工具

一些经典的质量控制工具常常被用来将复杂的问题简单化以及用图表等视觉方式来清晰地表达所发现的事件。常用的质量控制工具有 14 种，包括定性工具和定量工具。在现代质量管理中，科技的迅猛发展使产品日益复杂、精密，需要系统思考，且质量管理工作要面对大量的市场和技术信息，质量控制应该引入适合于系统和综合管理的各种有效方法。质量控制新七种工具即随着企业生产的不断发展以及科学技术的进步，将运筹学、系统工程、行为科学等更多、更广的方法结合起来解决质量控制问题。

质量控制老七种工具和新七种工具及其特点如表 5-1 所示，新七种工具与其他控制管理方法的关系则如图 5-6 所示。各质量控制工具在 PDCA[plan（计划）、do（执行）、

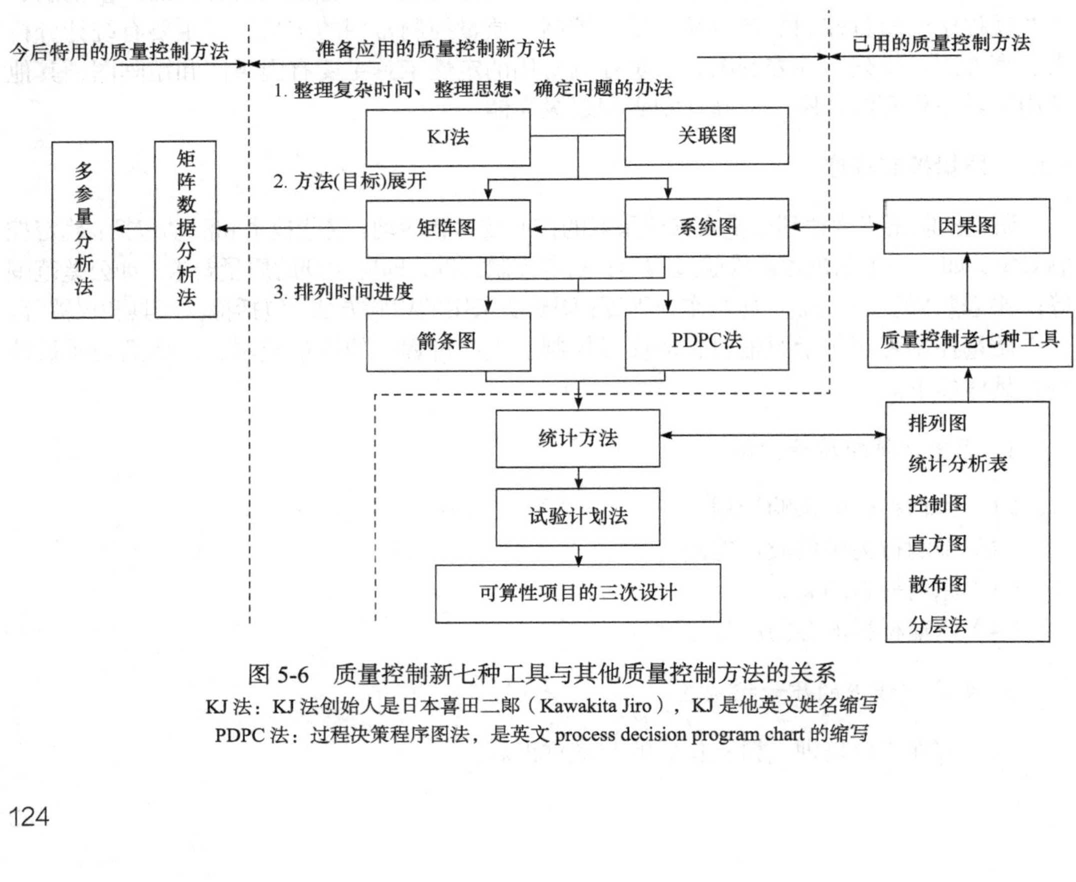

图 5-6 质量控制新七种工具与其他质量控制方法的关系

KJ 法：KJ 法创始人是日本喜田二郎（Kawakita Jiro），KJ 是他英文姓名缩写

PDPC 法：过程决策程序图法，是英文 process decision program chart 的缩写

check（检查）、act（处理）]循环过程中的应用如表 5-2 所示。除此之外，其他领域的一些工具也可以应用于质量控制过程中，如流程图、头脑风暴法、水平对比法等。

表 5-1　常用质量控制工具及特点

质量控制工具			特点
老七种	排列图	定量	将改进项目从最重要到最次要顺序排列而采用的一种图表，看问题的分布情况，找出主要原因
	直方图	定量	整理整个过程，看问题的分布情况，发现异常所在，集中力量进行改进
	控制图	定量	分析生产过程稳定与否
	因果图	定性	理清思路，寻找原因，把握重要原因，采取相应行动
	散布图	定量	表示成对出现的两组相关数据之间的相关关系
	分层法	定性	将收集的数据依照使用目的合理分类，从而把错综复杂的影响质量的因素分析清楚
	统计分析表	定量	系统收集资料和积累数据，并对数据进行粗略整理和分析的统计图表
新七种	关联图	定性	将混沌现象的结果与原因的关系进行整理
	系统图	定性	把要实现的目的与需要采取的措施或手段系统地展开，以明确问题的重点，寻找最佳手段或措施
	矩阵图	定性	用纵横交叉点表示各个因素之间的关系
	矩阵数据分析法	定量	用纵横交叉的数据表示因素之间的关系，再进行数值计算与定量分析，确定哪些因素相对比较重要
	PDPC 法	定性	预先预测状况变化，整理对策，做好准备
	箭条图	定性	应用网络图制订质量管理日程计划、明确质量管理的关键和进行进度控制的方法
	KJ 法	定性	整理混沌不清的语言，加以明确，抓住问题的实质

表 5-2　质量控制工具在 PDCA 循环过程中的应用

阶段		工具													
		排列图	直方图	控制图	因果图	散布图	分层法	统计分析表	关联图	系统图	矩阵图	矩阵数据分析法	PDPC 法	箭条图	KJ 法
P	选题	●	○	○	○		○	○	○						●
	确定目标	○	○	○			○				○				
	现状调查	●	○	○	○		○	●	○	○	●	○			●
	原因分析	●	●	●	●	●	○	○	●	●	●				
	制定对策				○					○	○		●	●	
D	对策实施	○	○	●								○	○	○	
C	效果检查	●	●	●			○	○							
A	巩固措施							○		○	●				
	遗留问题	●	○	○											

注：●特别有用；○可用

1. 质量控制常用定量工具

1）统计分析表

统计分析表也称为检查表、调查表、核对表，是用于记录、收集和积累数据，并能对数据进行整理和粗略分析的统计图表。由于其简单易用，既能整理数据又能直观分析，因此在各行各业的质量管理活动中得到广泛的应用。常见的形式有不良项目统计分析表、缺陷位置统计分析表和频数统计分析表等。

（1）不良项目统计分析表。一个零件和产品不符合标准、规格、公差的质量项目叫不良项目，也称不合格项目。不良项目统计分析表及示例如表 5-3 和表 5-4 所示。

表 5-3　不良项目统计分析表

项目 日期	交验数	合格数	不良品			不良品类型			不良品率
			废品数	次品数	返修品数	废品类型	次品类型	返修品类型	

表 5-4　不良项目统计分析表示例

××电机车间不良原因调查表

日期		2009 年 1 月 11 日				2009 年 1 月 12 日				2009 年 1 月 13 日				合计	百分比
班次		早班		下午班		早班		下午班		早班		下午班			
班组		A	B	A	B	A	B	A	B	A	B	A	B		
不合格描述	功率超标	2	0	1	1	3	1	3	0	2	1	1	0	15	0.208
	转轴跳度超标	2	0	1	1	3	1	3	0	2	1	1	0	15	0.208
	耐压击穿	1	0	0	0	1	0	0	0	0	0	0	0	2	0.028
	外壳变形	4	1	3	2	3	1	2	1	5	1	2	1	26	0.361
	转矩超标	2	0	1	0	2	1	3	0	2	1	1	0	13	0.181
	其他	1	0	0	0	0	0	0	0	0	0	0	0	1	0.014
	不良数（d）	12	1	6	4	12	4	11	1	11	4	5	1	72	1
	生产数（p）	100	100	110	110	100	100	110	110	100	100	110	110		
	不良率	0.12	0.01	0.05	0.04	0.12	0.04	0.10	0.01	0.11	0.04	0.05	0.01		

注：“合计”为调查表所含 3 天 A 和 B 两组对应的“不良数”横向加总；“百分比”为每行不合格描述合计占总不合格合计数（72 个）的百分比；“不良率”为不良数/生产数

（2）缺陷位置统计分析表。许多产品或零件常存在气孔、疵点、碰伤、脏污等外观质量缺陷，对其进行统计调查的方法大多是作产品外形图、展开图，然后在图上对缺陷位置的分布进行调查。缺陷位置统计分析表是工序质量分析中常用的分析表。掌握缺陷集中发生的部位和密集程度，从中找出规律，可以进一步分析缺陷集中某一区域的原因并采取对策，从而解决质量问题。

（3）频数统计分析表。使用该表的目的常常是作直方图，需经过收集数据、分组、统计频数、计算、绘图等步骤。收集数据时，可直接进行分组和统计频数。

2）直方图

直方图也称为频数分布图，适用于对大量计量数据整理加工，找出其统计规律，即分析数据分布的形态，以便推断总体的分布特征和分析工序或批量产品的质量水平及其均匀程度。直方图一般要随机抽取 50 个以上质量特性数据，最好是 100 个以上的数据。例如，从某电机车间抽取 100 件型号为 C-12，功率公差为 34.5±1.0 瓦特的直流电动机，测量其功率如表 5-5 所示。按此制作直方图 5-7，可见该样本集中分布在数值 34.5 的两边，且中间高两边低，左右基本对称，基本服从正态分布。同时可以在直方图中加入公差界线和目标中心，即可看出生产的情况，以及产品投放市场会承担的投诉风险。对于直方图的观察与分析，一方面通过分析直方图的全图形状，能够发现生产过程中的一些质量问题，直方图形状如图 5-8 所示。另一方面将直方图与质量指标相比较，观察质量是否满足要求。

表 5-5　某电机车间 100 件型号为 C-12 直流电动机功率抽取数据

34.2	34.2	34.6	34.4	34.3	33.9	33.6	34.2	34.7	34.0
34.0	35.0	34.0	33.6	34.1	33.9	34.6	33.8	34.2	34.6
34.0	34.6	34.6	34.5	34.4	35.0	34.8	34.2	34.0	35.6
33.9	34.8	33.8	34.2	34.7	34.7	34.4	34.3	33.9	34.1
34.8	34.1	34.0	34.0	34.2	33.7	34.4	34.0	34.4	34.6
34.2	34.4	34.5	33.8	34.1	34.8	34.5	33.9	34.3	34.5
34.6	34.4	34.4	34.4	34.3	34.5	34.5	35.0	35.3	34.5
35.2	35.0	34.5	34.3	34.7	34.3	35.0	34.3	35.0	34.4
34.3	34.8	34.2	34.4	34.5	34.9	33.2	34.3	34.0	34.6
34.2	33.5	34.9	34.3	34.4	34.7	34.1	34.6	34.1	36.2

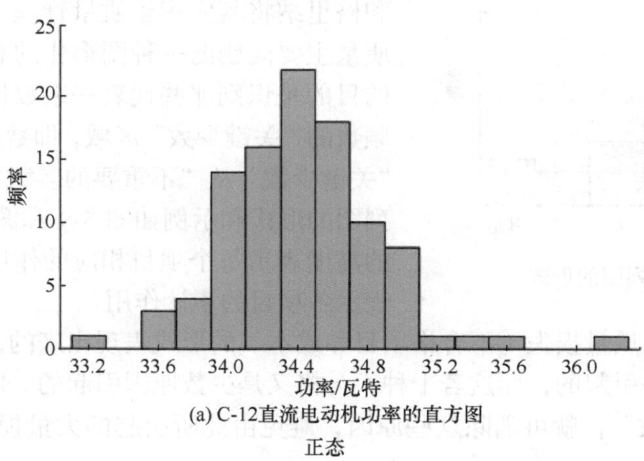

(a) C-12直流电动机功率的直方图

正态

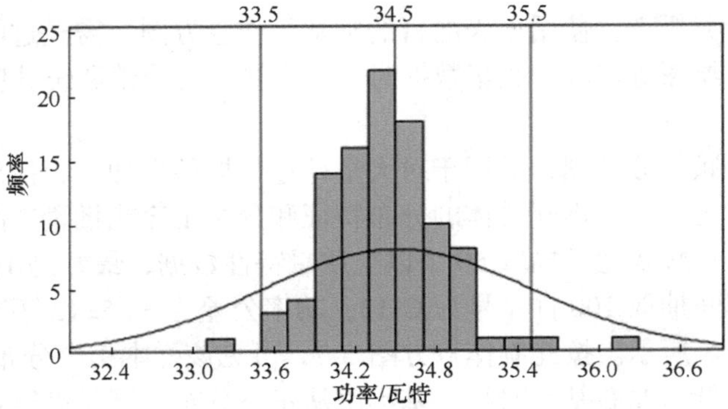

(b) C-12直流电动机功率的直方图
正态

图 5-7　某电机车间 100 件型号为 C-12 直流电动机功率数据直方图

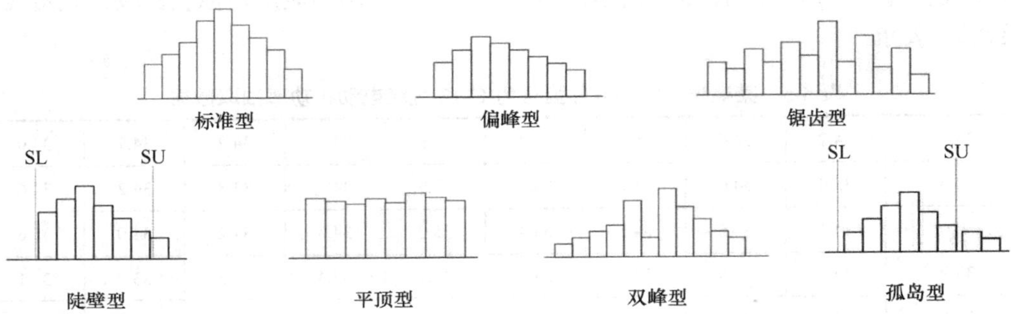

图 5-8　直方图各种形状

在直方图中，SU（upper limit）表示数据的上界，即数据分布的上限值；SL（lower limit）表示数据的下界，即数据分布的下限值

3）排列图

排列图是通过找出影响产品质量的主要问题，以便确定质量改进关键项目的图表；是为了对发生频次从最高到最低的项目进行排列而采用的简单图示技术。排列图用图形方式描述了“80/20 法则”，最早作为假设由意大利经济学家帕累托用于解释经济现象。后来朱兰和格里纳将其应用于质量管理上，成为解决产品质量主要问题的一种图形化的有效方法。排列图的目的是识别那些代表一组数据中的频数或相对频数的“关键少数”区域，即数据列或类别，并将“关键少数”从“不重要的多数”中分离出来。排列图的形式和示例如图 5-9 和图 5-10 所示，矩形的高度表示每个项目相应的作用大小，累计频数表示各项目的累计作用。

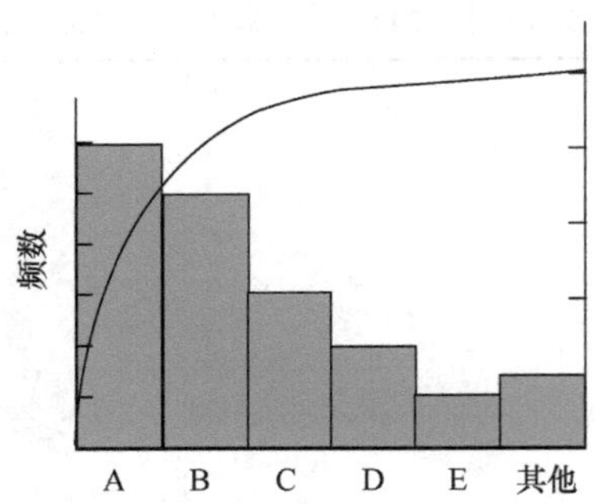

图 5-9　排列图的形式

质量问题是以质量损失（不合格项目和成本）的形式表现出来的，大多数损失往往是由若干种不合格引起的，而这若干种不合格又是少数原因引起的。因此，一旦明确了这些“关键的少数”，就可消除这些原因，避免由此所引起的大量损失。用排列图法，

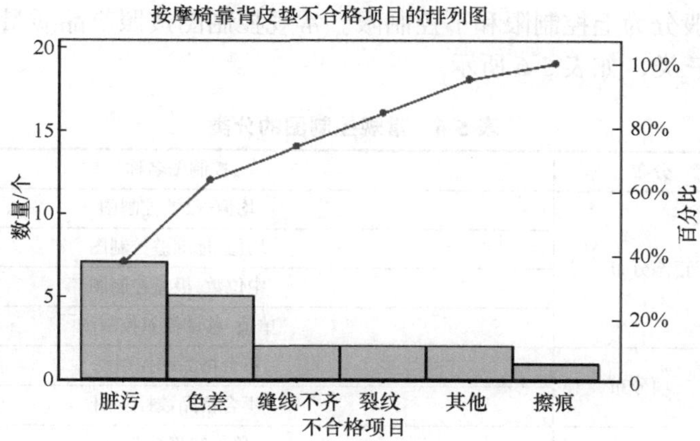

图 5-10　排列图示例

我们可以有效地实现这一目的。排列图是建立在帕累托原理的基础上，主要的影响往往是由少数项目导致的，通过区分最重要的与较次要的项目，可以用最少的努力获取最佳的改进效果。朱兰博士指出，在许多情况下，多数不合格及其引起的损失是由相对少数的原因引起的。排列图按下降的顺序显示出每个项目（如不合格项目）在整个结果中的相应作用。相应的作用可以包括发生次数、有关每个项目的成本或影响结果的其他指标。

不仅产品质量，解决工作质量问题也可用排列图。例如，节约能源、减少消耗、安全生产等均可用排列图改进工作，提高工作质量，检查质量改进措施的效果。

4）控制图

控制图又叫管理图，主要用于分析判断生产过程的稳定性，是及时发现和预报生产过程中质量状况是否发生异常波动的有效方法。“质量管理始于控制图，亦终于控制图”。控制图为评定产品质量提供依据，国际标准化组织和各国基本上制定了有关控制图的标准。控制图建立在数理统计学的基础上，利用有效数据建立控制界限，如图 5-11 所示。

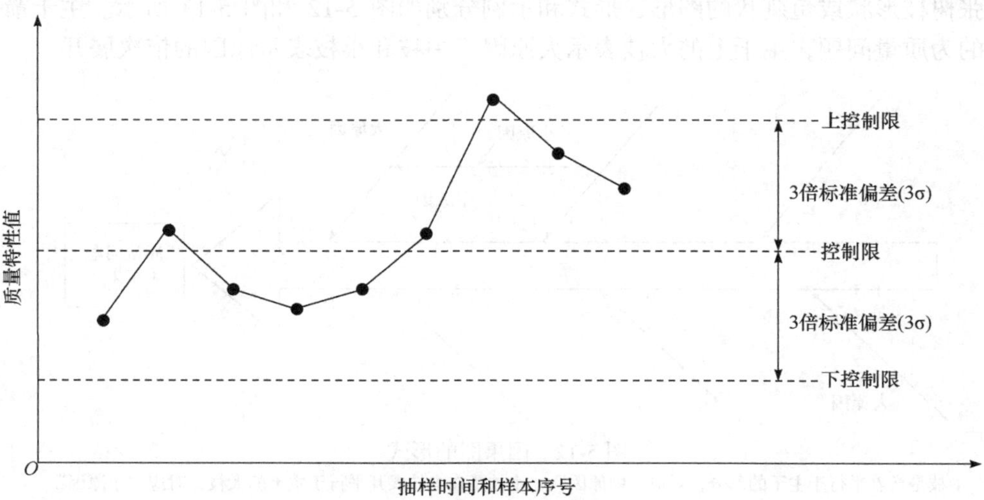

图 5-11　控制图示例

控制界限一般分为上控制限和下控制限。常规控制图按照产品质量的特征及其分布规律可分为以下三类，如表 5-6 所示。

表 5-6　常规控制图的分类

数据	分布	控制图名称
计量值	正态分布	均值-极差控制图
		均值-标准差控制图
		中位数-极差控制图
		单值-移动极差控制图
计件值	二项分布	不合格品率控制图
		不合格品数控制图
计点值	泊松分布	单位缺陷控制图
		缺陷数控制图

2. 质量控制常用定性工具

1）因果图

因果图也叫鱼骨图或石川图，也被称为特性要因图，是一种用于分析质量特性（结果）与影响质量特性的因素（原因）之间的关系图。其目的是用图形记录分析与一个问题或机会（即结果）有关的因素（即原因）。因果图适用于解决问题的场合或用于识别与一个问题或机会（即结果）有关因素（即原因）的一般分析中，通过对影响质量特性的因素进行全面、系统的观察和分析，可以找出质量因素与质量特性的因果关系，帮助解决问题或分析问题的团队理解这些因素是如何产生已知的结果，最终找到解决问题的办法。

把所有能想到的原因用箭头归纳其相依隶属关系，箭杆写原因，箭头指向结果，绘成一张树枝形状或鱼刺状的图形，形式和示例分别如图 5-12 和图 5-13 所示。主干箭头所指的为质量问题，主干上的大枝表示大原因，中枝和小枝表示原因的依次展开。

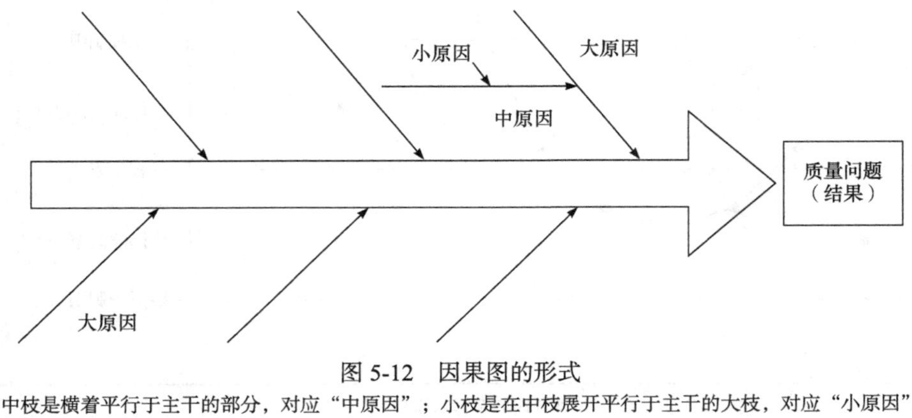

图 5-12　因果图的形式

中枝是横着平行于主干的部分，对应“中原因”；小枝是在中枝展开平行于主干的大枝，对应“小原因”

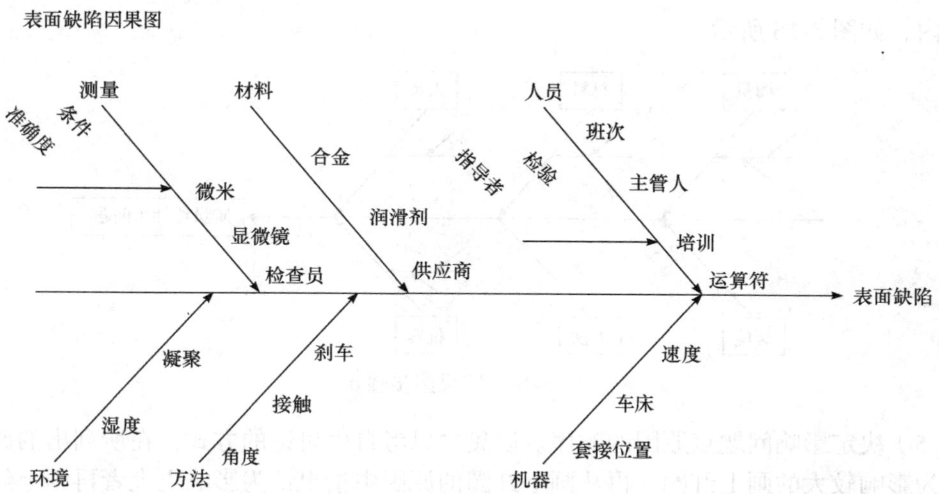

图 5-13　因果图示例

A. 因果图的制作步骤

（1）决定问题或质量的特性。因果图在未画之前应先决定问题或质量特性（结果），如对不良率、停机率、送修率、抱怨的发生、外观不良、尺寸不良等有关质量不良的问题特性加以确定。

（2）绘制因果图的骨架。准备适当的纸张将特性写在右端，自左画上一条较粗的干线（称母线），就是代表过程，并在干线的右端画一指向右方的箭头，在工作现场可用笔画在一张较大的纸上贴于现场，如图 5-14 所示。

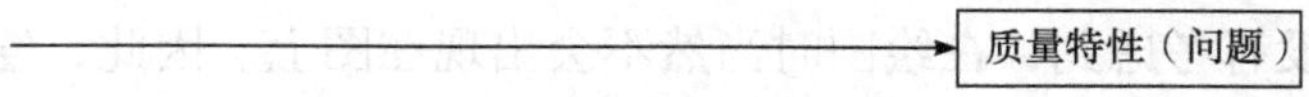

图 5-14　因果图步骤 2

（3）把导致质量特性（或问题发生）的原因分成几个大类，每大类画于中骨上，且用方框圈起来，加上箭头的大分枝，稍斜的（约 60°）插到母线，此大枝称子枝。大的原因可依过程分类，一般分为人员、机器、材料、方法、环境、测量，如图 5-15 所示。

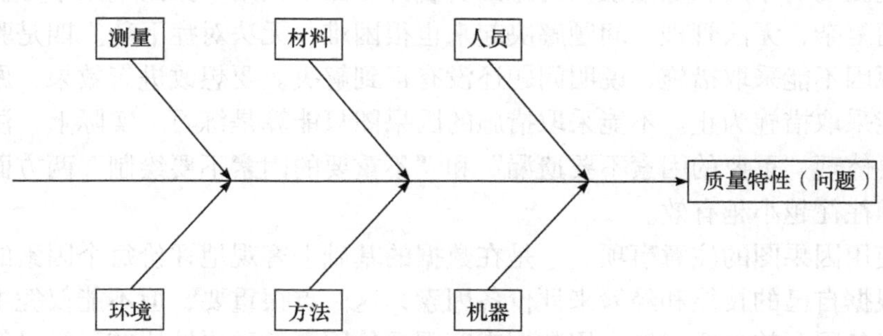

图 5-15　因果图步骤 3

（4）探讨大原因的原因，再细分为中、小原因，将其记入小骨及枝骨上。细分中小原因时，应注意必须以能够采取对策的为主要条件，且将有因果关系者归同于一中、小枝骨内，如图 5-16 所示。

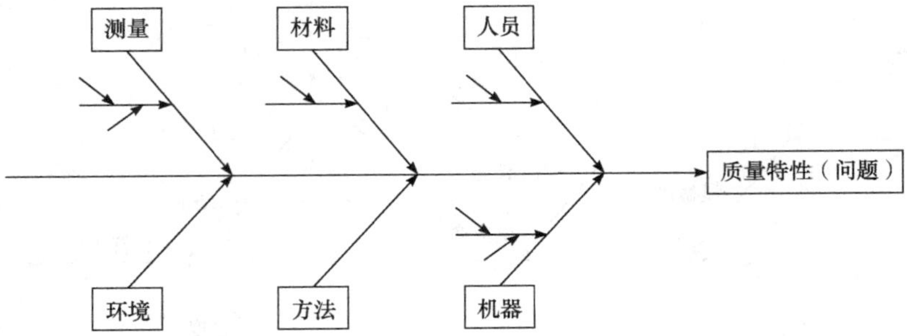

图 5-16　因果图步骤 4

（5）决定影响问题点原因的顺序。以集中思考自由讨论的方式，在所列出的原因中将认为影响较大的画上红圈，再从画上红圈的原因中指出认为影响更大者再画上红圈，一直检讨下去，最后圈选出重要原因 4～6 项。

B. 因果图的制作方法

一是逻辑推理法，当要画某种不合格的因果图时，通过观察结果从逻辑上分析造成该结果的原因。二是发散整理法，绘制因果图时，尽可能找出所有可能会影响结果的因素，然后对这些因素进行整理。根据对结果影响的重要程度，将认为对结果有显著影响的重要因素挑选出来。在实际操作时，通常将这两种方法联合起来使用。

C. 因果图的注意事项

（1）绘制因果图的注意事项。一是确定原因时应通过大家集思广益，充分发扬民主，以免疏漏。通常采用头脑风暴法收集原因，而且必须确定对结果影响较大的因素。如果某因素在讨论时没有考虑到，在绘图时当然不会出现在图上。因此，绘图前必须让有关人员都参加讨论，这样因果图才会完整，有关因素才不会疏漏。二是确定原因时应尽可能具体化质量特性。如果很抽象，分析出的原因只能是一个大概。尽管这种图的因果关系，从逻辑上虽说没有什么错误，但对解决问题用处不大。三是有多少质量特性，就要绘制多少张因果图。比如，同一批产品的长度和重量都存在问题，必须用两张因果图分别分析长度波动的原因和重量波动的原因。若许多因素只用一张因果图来分析，势必使因果图大而复杂，无法管理，问题解决起来也很困难，无法对症下药。四是验证。如果分析出的原因不能采取措施，说明问题还没有得到解决。要想改进有效果，原因必须细分，直至能采取措施为止。不能采取措施的因果图只能算是练习。实际上，注意事项的内容分别要体现“重要的因素不要遗漏”和“不重要的因素不要绘制”两方面要求。最终的因果图往往越小越有效。

（2）使用因果图的注意事项。一是在数据的基础上客观地评价每个因素的重要性。每个人要根据自己的技能和经验来评价各因素，这一点很重要，但不能仅凭主观意识或印象来评议各因素的重要程度。用数据来客观评价因素的重要性比较科学又符合逻辑。二是因果图使用时要不断改进。质量改进时，利用因果图可以帮助我们弄清楚因果图中哪些因素需要检查。同时，我们对客观的因果关系认识的深化，必然导致因果图发生变化。例如，有些需要删减或修改，有些需要增加，要重复改进因果图，得到真正有用的因果图，这对解决问题非常有用。同时，还有利于提高技术熟练程度，增加新的知识和解决问题的能力。

因果图是一种现场解决问题的工具，有时也会将绘制出来的图形整理到电脑上或者直接采用电脑绘图。由于因果图结构较为简单，并且不属于量化的图形，在绘制的过程中不需要进行计算，因此大部分的文字处理软件如 WORD、WPS、POWERINT 或绘图软件 PHOTOSHOP、VISIO 都可以很容易地绘制出因果图。常用的质量统计软件 MINITAB 同样也提供了因果图绘制的功能，不过用 MINITAB 制图一般不会用方框将要素框出来。

2）矩阵图

矩阵图是通过多因素综合思考，探索解决问题的方法。借助数学上矩阵的形式把影响问题的各对应因素列成一个矩阵图，再根据矩阵的特点找出确定关键点的形式。矩阵图示例如图 5-17 所示。

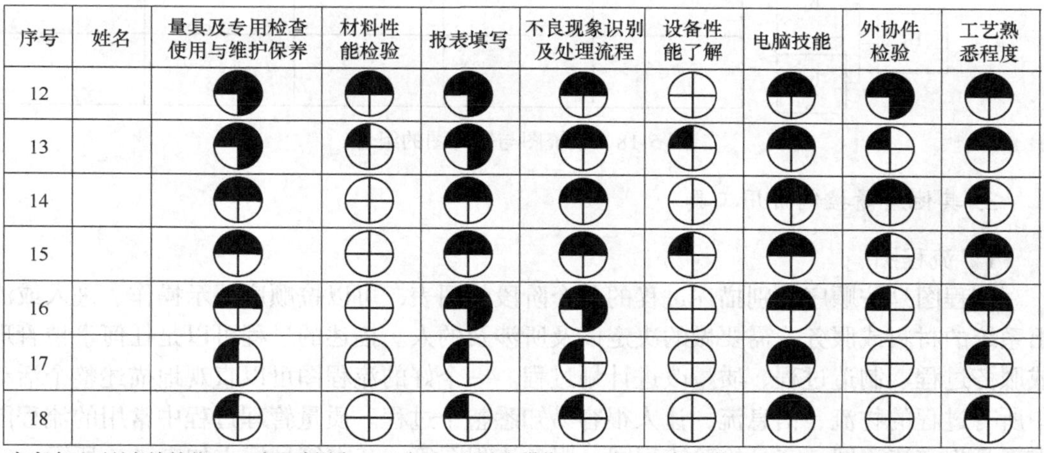

空白表示不具备该技能，1/4表示培训中，2/4表示可以独立操作，3/4表示可当师傅，4/4表示可当师傅且能对不良现象进行原因分析并提出较好的处理意见

图 5-17 质量部检验员员工技能矩阵图

绘制矩阵图的步骤如下：一是确定事项，确定需组合的事项和解决的问题；二是选择对应的因素群，找出与问题有关的属于同一水平的对应因素；三是选择适用的矩阵图类型；四是根据经验、集思广益、征求意见、展开讨论，以理性分析和经验分析的方法用符号在对应的因素群交点上做出相应关联程度的标志；五是在列或行的终端，对有关系或有强烈关系、密切关系的符号做出数据统计，以明确解决问题的着眼点和重点。

矩阵图的用途很广，一般在具有两种以上的目的和结果，并要使其手段和原因相应展开的情况下均可应用。有时可将矩阵图与系统图结合起来使用，如图 5-18 所示。如果做矩阵图所需对应的事件，如 A、B 两对应事件确定了，则可将每一事件的要素利用系统图予以展开，直到得出具有意义的末级水平的要素，再将两事件的各要素对应起来，即可做出系统图与矩阵图组合使用的矩阵图。

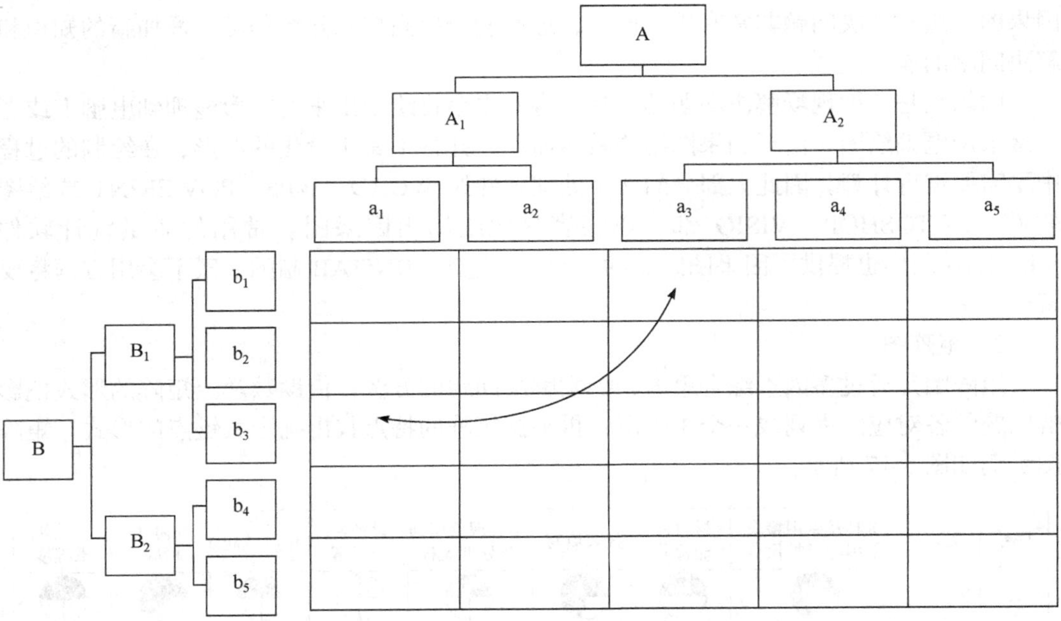

图 5-18　系统图与矩阵图的组合

3. 其他质量控制常用工具

1）流程图

流程图是按顺序分别描述过程的各个阶段的图表，可以按顺序展示操作、进入或流出系统的材料或服务、需要做的决定以及所涉及的人。描述的过程可以是任何事情管理或服务过程、制造过程、质量改进计划过程。一个好的流程图可以直观地描述整个活动中所有过程的物流、信息流，让人很容易知悉整个过程。质量管理过程中常用的流程图有产品生产流程图、产品检验流程图、服务流程图等。基本符号标志如表 5-7 所示，银行 ATM 机流程示例如图 5-19 所示。

表 5-7　流程图基本符号标志

序号	符号标志	表示内容
01		开始和结束
02	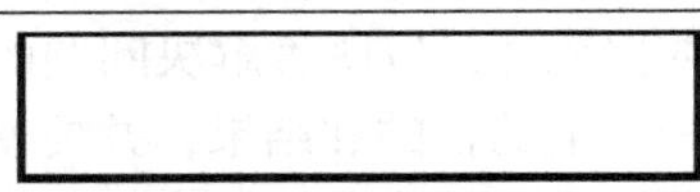	活动说明
03	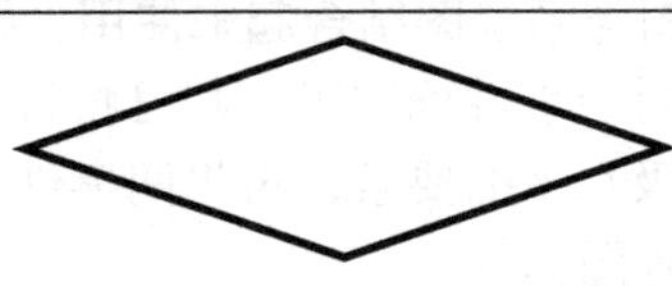	判断决策
04		过程流程的走向

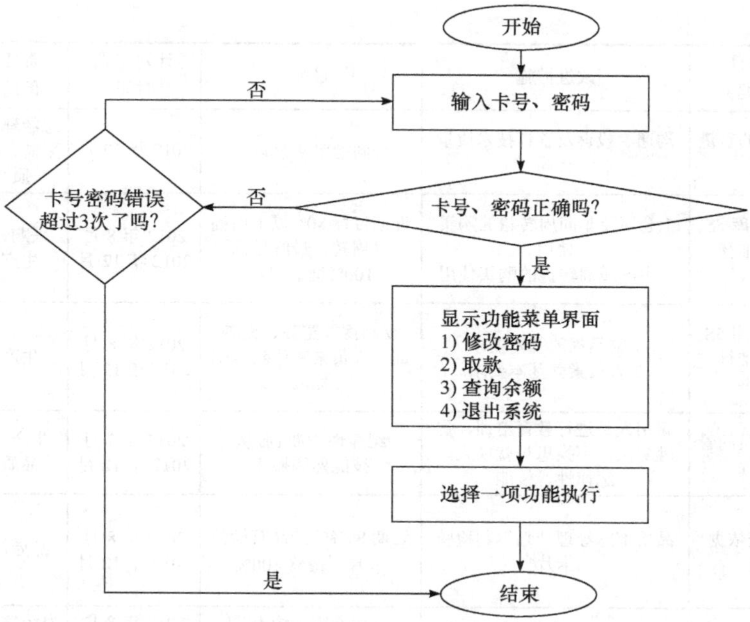

图 5-19　银行 ATM 机流程图示例

流程图的目的是用图形描述与过程有关的要素、组成或任务。流程图有助于记录目的，并通过标准化的符号促进对过程和相互关系/过程间步骤相互依赖的统一理解。在高层次应用中，流程图目的在于让使用者理解一个复杂的过程是什么样的，而不是提供那些不必要的或者是可能引起混淆的细节。

流程图用于质量改进工作过程时，具体做法为先画出项目应该怎么做，再将其与实际情况进行分析，从而确定质量改进的关键环节。

2）措施计划表

措施计划表又称对策表，是针对质量问题的主要原因制订的应采取措施的计划表。与排列图、因果图一起被称为质量管理活动的“两图一表”。措施计划表既是实施计划，又是检查依据，是 PDCA 循环 P 阶段第四步——制定决策的产物。该表为矩阵式，包括序号、改进项目（管理类）、改进措施、目标、计划完成时间等项目，如表 5-8 所示。其具体的应用步骤如下：一是用统计分析表和排列图相结合找出主要质量问题；二是用因果图列出影响质量的因素；三是用排列图确定主要原因；四是针对主要原因利用措施计划表制定对策。

表 5-8　措施计划表示例

序号	改进项目（管理类）	改进措施	目标	计划完成时间	责任部门	备注
1	来料检验依据不足	技术部安排编制检验文件	近期 70%的产品有检验文件，最终 100%的产品有检验文件，并且 90%以上的产品可执行	2012 年 7 月	技术部	按计划进行中

续表

序号	改进项目（管理类）	改进措施	目标	计划完成时间	责任部门	备注
2	重点供方的质量提升	沟通、投诉及签订技术质量合同	合同批率 96%以上	2012 年 12 月	总经理、采购、品质	目前平均水平为 92%
3	车间和仓库 5S 管理的推行与改善	1.仓库及车间周转箱的购买使用 2.生产线周转盘的购买使用	近期目标 80%以上用桶盘周转，最终目标 100%桶盘周转	2012 年 8 月 2012 年 12 月	采购、生产	已经购买部分，注塑车间等缺口还不少
4	车间和仓库 5S 管理的推行与改善	1.物品摆放基本要求 2.人员素养基本要求	物品摆放整齐、无脏乱；人员素养达到基础标准	2012 年 8 月 2012 年 12 月	生产	进行中，7 月与 6 月比目视有较大进步
5	成品检验员的管理加强	新招人员进行教育培训，优胜劣汰，不换思想就换人，纪律性、技能	纪律性 100%服从 技能熟练操作	2012 年 7 月 2012 年 12 月	生产、品质	招人与培训进行中
6	成品检查依据不足	品质部陈经理计划编制检验卡片	近期 80%的产品有检验卡片，最终 100%	2012 年 8 月 2012 年 12 月	品质部	截至 7 月 6 日已完成 12 款产品编制
7	宿舍管理的改善	制定管理制度并监督执行	初期制度约束 最终自我管理	2012 年 8 月 2012 年 12 月	办公室、宿舍长	已制定宿舍管理条例
8	全公司厂牌厂服的规范	厂牌厂服的到位及管理条例的落实监督	99%以上有穿戴，精神面貌及形象良好	2012 年 7 月	总经办、办公室	截至 7 月 7 日基本到位
9	相关产品认证的跟踪	建立及时有效的管理及分钟机制，快速应对，分解到人	快速应对，及时完成	2012 年 11 月	总经办、各部室	
10	8 月中旬，如何应对体系外审，资料几乎都严重缺失	临时性组织小组应对，查漏补缺	能顺利应对体系外审	2012 年 8 月	总经办、各部室	7 月 9 日启动体系应对项目
11	质量管理体系和流程的整改	制定结合实际的体系与流程	建立切合实际的质量管理体系，90%以上可行（表单为例）	2012 年 12 月	总经办、各部室	逐个部门进行程序细化商讨定稿
12	各工序员工缺乏自检意识与实际操作要求	培训与制度的形式强化要求	100%执行	2012 年 12 月	生产部、品质部	如自检记录、仪器设备点检表等的记录

注：5S 指整理（seiri）、整顿（seiton）、清扫（seiso）、清洁（seiketsu）和素养（shitsuke）

3）超级媒体

超级媒体是把所有质量控制工具连接在一起的一种方法。使用超级媒体接口，若发现当时的变量就是事故的原因，分析人员就可以使用因果图（或各种圆饼图、直方图和散布图），也可以选择三维矩阵的排列图观察分析。在这种情况下，该变量的水平按出现频率而被重新排列。控制图提供了基于全过程单一控制变量跟踪异常的一种方法，控制范围也可以扩展到三维，失控数据点可以最亮。

在先进的超级媒体接口中，当数据随时间变化时可得到动态显示的控制图，犹如一部动画片。动画片将全过程合成图像，当一个质量控制工程师正在观察曲线或图形时，最为基本的就是能够将屏幕上的某一部分图像放大或缩小，从而取得反馈和关于项目的超级文本信息。例如，当一个质量控制专职人员从软盘驱动的扫描图像分析中提取软盘驱动数据时，他可以通过观察原始检查单据来确保选择的数据真实可信。

5.3 质量管理与价值提升

本节为质量管理与价值提升，质量管理体系应具有长远计划，确保各个阶段目标能够顺利完成，提高质量控制方法的合理性，构建完善的质量管理价值体系。第一部分为价值链管理概述，主要为价值链定义、价值链管理定义。第二部分根据价值链理论的一般分析，阐述制造企业产品价值链的形成主要包括研发、生产、营销等三大基本环节。各环节的价值链地位与其质量管理效能存在密切的耦合契同，制造企业价值链地位的改善与质量管理水平能力的提升可以实现殊途同归。

5.3.1 价值链管理

1. 价值链定义

价值链是哈佛大学商学院教授迈克尔·波特于1985年提出的概念。波特认为，“每一个企业都是在设计、生产、销售、发送和辅助其产品的过程中进行种种活动的集合体。所有这些活动可以用一个价值链来表明”。价值链即从原材料加工到产成品到达最终用户手中的过程中，“所有增加价值的步骤”所组成的一系列活动。

价值链的各环节之间相互关联，相互影响。一个环节经营管理的好坏可以影响到其他环节的成本和效益。比如，如果多花一点成本采购高质量的原材料，生产过程中就可以减少工序，少出次品，乃至缩短加工时间。

在一个企业众多的价值活动中，并不是每一个环节都创造价值。企业所创造的价值，实际上来自企业价值链上的某些特定的价值活动，这些真正创造价值的经营活动才是企业价值链的战略环节。

2. 价值链管理定义

价值链管理的概念源于这样一种观点，即企业应该从总成本的角度考察其经营效果，而不是片面地追求诸如采购、生产和分销等功能的分化。价值链管理就是改变作业管理策略和将组织调整到具有有效性和高效率的战略位置，以利用产生的每一个竞争机会。在价值链管理中，最终客户掌握着权力。他们定义什么是价值以及怎样制造和提供价值。

价值链管理的目的是协调价值链各个环节，实现最佳业务绩效，从而增强整个公司业务的表现。高效的价值链设计、价值链成员之间的信息共享、库存的可见性和生产的良好协调，会使库存水平降低、物流作业更为有效，并能改善订单实现以及其他一些关键的业务功能。

5.3.2 质量管理与价值链提升

根据价值链理论的一般分析，制造企业产品价值链的形成主要包括研发、生产、营销等三大基本环节。各环节的价值链地位与其质量管理效能存在密切的耦合契同，制造企业价值链地位的改善与质量管理水平能力的提升可以实现殊途同归。二者的具体耦合对接如表5-9所示。

表5-9 制造企业价值链地位与质量管理效能的耦合对接

价值链环节	价值创造-地位	耦合对接	管理效能-地位	质量管理活动
研发	大-高	围绕产品的质量策划开展研发，以质量策划的整体性、先进性、协同性效能提升产品的价值链地位	大-高	质量策划
生产	较小-较低	依托产品的质量控制开展生产，以质量控制的精准性、稳定性、一致性与可靠性效能提升产品的价值链地位	较小-较低	质量控制
营销	大-高	凭借产品的质量改进开展营销，以工艺、功能、流程、组织等方面的质量改进效能提升产品的价值链地位	大-高	质量改进

从价值创造和管理效能的内在逻辑来看，制造企业价值链地位与质量管理效能之间存在密切的耦合关系。研发、生产、营销等价值链环节的不同，使价值创造差异很大，价值链地位高低不同；质量策划、质量控制、质量改进等质量管理活动的不同，使管理效能差异也很大，管理地位高低也不同。管理创造价值，管理效能的差异创造高低不同的价值。质量管理活动效能的价值创造与价值链环节的价值创造具有内在的一致性，通过充分发挥二者之间的有机联系，制造企业从产品的质量管理活动出发，借助质量管理效能提升其价值链地位，同时也为制造企业的战略发展指明了富有启发性的方向。

1. 价值链分环节的提升

结合价值链价值创造的三大基本环节，基于中小制造企业的实际情况，其价值链地位的提升可以优先从某一具体环节开始运筹实施。

具体而言，价值链的上游研发环节，对接质量管理的质量策划阶段。中小制造企业应该注重产品整体的质量策划，推广运用质量功能展开、面向质量的设计、质量工程、试验设计等先进的质量策划开发工具，努力切入价值链的上游研发环节。一方面，充分发挥作为大型成品制造企业配套厂商的作用，积极参与主机厂商产品的早期研发设计，积累管理、技术、经验和人才等高级价值创造所必需的要素。另一方面，立足自身现有基础，瞄准某一重点领域，将零部件或成品向中高端零部件、核心零部件、高等级产品、新产品等未来趋势性方向寻求点的突破。

价值链的中游生产环节，对接质量管理的质量控制阶段。中小制造企业应该强化生产现场管理工序的过程质量控制，提升控制图、过程能力分析、抽样检验等统计过程质量控制的精准度，确保产品质量精度达标、性能稳定、功效一致、运行可靠。当产品的质量控制真正做到高标准的稳定一致后，即使从事初级零部件或产品的制造，仍然可以获得价值链地位的大幅提升，创造出广阔的市场、利润和价值增值空间。

价值链的下游营销环节，对接质量管理的质量改进阶段。中小制造企业应该树立精益生产的工匠精神，运用PDCA循环从事质量改进工作，积小步以成大功，以不断改进和不断创新的实际行动、产品形象和企业文化，提升产品精致品质和营销品牌地位，实现产品向价值链高端层次的梯度转移。

2. 价值链全链条的提升

价值链某具体环节地位的提升有助于企业价值链地位的改善，环节地位提升到一定程度，具备推动富有变革性的全链条升级的可能。根据国内外学者的研究，价值链的升级可以分为工艺升级、产品升级、功能升级和链条升级等四种类型。工艺升级、产品升级、功能升级大多侧重于价值链某环节的升级，例如，可以通过质量控制实现工艺升级，通过质量策划、质量改进实现产品升级或功能升级等。显著不同的链条升级是制造企业整个价值链的跃迁，是一个系统的台阶性升级，例如，由低端配套升级到高端配套，由普通零部件供应升级到核心零部件供应，从低端产品升级到高端产品，从引进升级到自主研发，不是在研发、生产和营销某环节的提升，而是在研发、生产和营销等价值链的三大环节上有一个整体性的上升，是价值链条的整体向上平移，否则仍然只是工艺、产品或功能升级。显然，价值链具体环节地位的提升是链条升级的基础，链条升级是节点升级后追求更大、更高价值目标精进的结果。链条升级对于当前很多中小制造企业的现实而言是一个长期的系统工程。从系统的质量管理视角出发，完成链条升级需要制造企业树立强大、持久的工匠式的质量文化观，以精益质量为产品制造的中心，运用全面质量管理理念，实施全过程、全方位、全员参与的质量策划、控制和改进。追求卓越的质量经营是链条升级的基石路径。

5.4 研发项目管理概述

本节讲述研发项目管理。第一部分为项目，包含项目的内容、特性、生命周期，以及项目与运营的区别。第二部分为项目管理，包含其三个约束条件、特征和原则。第三部分为研发项目管理，研发项目与一般的项目相比具有不确定性（风险性）、探索性、创造性。

5.4.1 项目

一般来说，项目是指在一定的组织内部，在规定时间范围内，在明确的工作目标和有限资源下，由专门组织起来的人员共同完成的一次性工作。

1. 项目的内容

项目至少包含四个基本内容：项目是由一系列具体工作所组成的；项目是一种一次性或临时性的工作；项目都有一个明确的目标；项目受各种有限资源的限制。

2. 项目的特性

（1）目的性。任何项目都是为实现特定的目标服务。

（2）独特性。项目的产品或服务都具有独特之处，具体体现在提供的产品或服务有其自身特点，或者提供的产品或服务虽与其他项目类似，但其时间、地点、内外部环境和社会条件是不同的。

（3）一次性。项目有着清晰明确的时间起点和终点，并且没有可以完全照搬的先例。因此，项目是不可复制的。项目并不是正在进行的工作，而是一个有明确起点和终点的一次性任务，即项目一旦完成，就不可逆。

（4）制约性，指每个项目都在一定程度上受客观条件的制约。最主要的制约是自愿的制约。

（5）其他特性，包括项目的不确定性、项目的风险性、项目的渐进性、项目成果的不可挽回性、项目组织的临时性和开放性等。

3. 项目的生命周期

不同类型的项目具有不同的生命周期，但一般来说包括四个阶段：启动项目阶段、组织与准备阶段、执行项目工作阶段、结束项目阶段，如图 5-20 所示。

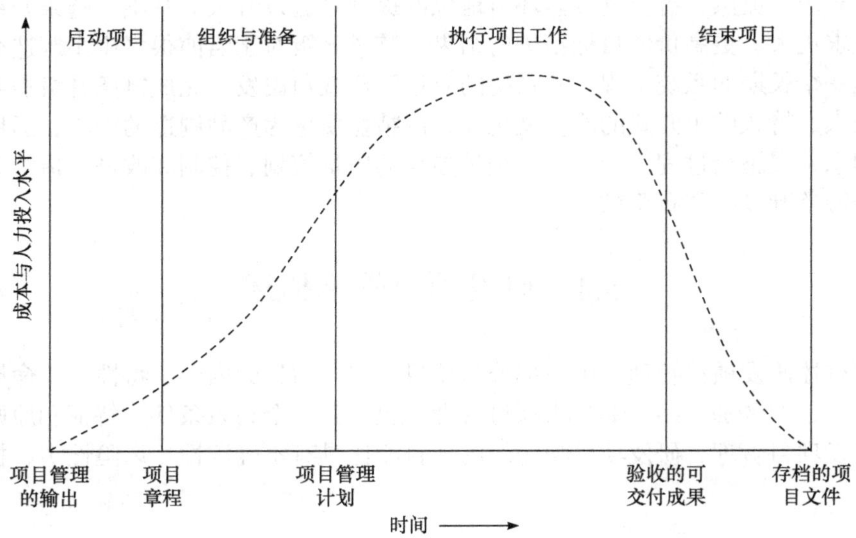

图 5-20　项目的生命周期

4. 项目与运营的区别

项目与运营的区别，从工作性质、工作环境、管理组织、目的、责任人、实施组织、时限性、目标和管理追求上各有区别，如表 5-10 所示。

表 5-10　项目与运营的区别

比较项	项目	运营
工作性质	独特、创新	常规、重复
工作环境	开放、风险	封闭、确定
管理组织	临时、变化	稳定、持久
目的	实现目标结束项目	维持经营

续表

比较项	项目	运营
责任人	项目经理	职能经理
实施组织	项目组	部门
时限性	一次性	持续不断
目标	独特性	重复性
管理追求	效果	效率

5.4.2 项目管理

项目管理是运用各种知识、技能、方法与工具，为满足或超越项目有关各方对项目的要求与期望所开展的各种计划、组织、领导和控制等方面的活动。

项目管理包括资源、目标、项目组织和项目环境四个要素。资源是项目实施的最根本保证，目标和需求是项目实施的基本要求，项目组织是项目实施运作的核心实体，项目环境是项目取得成功的可靠基础。

1. 项目管理的三个约束条件

质量、时间、资源。

2. 项目管理的特征

项目管理的特征主要体现在以下几个方面。

1）复杂性和系统性

项目管理是一项跨专业、跨部门的综合工作，而且没有可以完全照搬的项目管理经验可供借鉴。同时，项目所需的资源会涉及人力、财力、研发、采购、质量等多方面，项目管理跨越了多个组织并运用了多种学科知识来解决遇到的各种问题。由于项目管理的复杂性，在对项目进行管理时，应把项目看成一个完整的系统，依据系统论“整体—分解—综合”的原理，将系统分成多个责任单元，按要求完成目标，然后汇总成最终的成果。

2）创造性

项目的一次性活动决定了项目的不可复制性，因此必须根据每个项目的不同目标和要求，制订有针对性的项目计划与管理方案来确保项目的顺利完成。因此，项目管理具有创造性。

3）先进性

尽管项目管理学科历史不长，但项目管理常用的许多工具和方法都是比较科学和先进的，并且随着各种基础理论的发展和成熟，项目管理理论也更加充实。例如，在项目管理中经常会用到工作分解结构、线性责任图、甘特图、网络计划技术等这些先进的管理方法和技术。

3. 项目管理的原则

1）科学性原则

科学性原则是指在项目决策过程中必须尊重客观规律，坚持“先论证后决策”原则。决策前须予以充分调查和论证，坚决杜绝“边投资边论证”，更不应“先决策后论证”。

2）系统性原则

系统性原则是指从整个系统角度看待项目的可行性与实际效用，从项目内部各要素之间的相互关系中寻求其总体效益的最优化。尤其在项目管理的前期论证中，要全面系统评价项目及所需的相关投资，考虑投资主体的投资承受力和项目投产后的协作配套能力等。

3）资金的时间价值原则

项目管理过程中应重视资金的时间价值，考虑机会成本。不仅要从静态角度分析评价项目的投资利税率的高低、投资回收期的长短，还要从动态角度分析资金利率变动后资金的总收益情况，从而推断项目在经济上的可行性，使资金利用效果达到最大。

4）质量、利益、风险相协调原则

项目管理的责任、利益、风险是相协调的。只有责任与利益相统一，项目主体才能真正承担投资风险。因此，应赋予投资主体严格的经济责任，明确“谁决策谁负责”。同时，作为投资主体应是形成的新资产的所有者和受益者，做到“谁投资谁受益”“谁受益谁承担风险”，使项目主体真正以自身经济生命承担投资风险。这样，才能真正调动投资者、项目管理者等各方的积极性，使项目取得预期效果。

5.4.3 研发项目管理

研发项目管理，实际上是项目管理在研发管理领域的应用。由于研发工作的独特性，研发项目管理的具体方法与其他领域的项目管理工作存在较为明显的区别，因此在众多公司经过多年实践后，研发项目管理成为一个独立的研究领域。

与一般的项目相比，研发项目有不确定性（风险性）、探索性、创造性，尤其是在VUCA（volatile, uncertain, complex, ambiguous，易变、不确定、复杂、模糊）时代，这种不确定性更突出。一方面，目标不明确，研发人员根据易变的顾客来确定目标，项目目标存在易变性，而项目需求、目标的易变性导致使用的技术以及实现的过程难以把握与预测，随着项目的进行和变更，迭代是常态，直至项目结束；另一方面，研发项目目标的实现存在很大的不确定性，是对未知领域的探索与研究，新产品的研发项目管理尤其需要关注风险管理。

研发项目管理全过程包括：研发战略管理、研发项目规划管理、研发项目可行性管理、研发项目立项管理、研发过程管理。

研发项目管理控制的重要性在于产品研发决定了产品的固有质量水平；研发阶段决定了产品80%的成本。首先，需促进跨部门协作，确保涉及跨部门配合的研发项目能够有序开展并推进。其次，梳理研发项目管理流程，使各部分流程集合成一个有机的整体，这样才能有效提升研发项目管理流程的效率，同时精简相应流程，识别工作中的浪费，砍掉未能起到增值作用反而对研发项目产生负面影响的部分。再次，降低项目研发风险，建立健全研发项目风险的反馈机制，落实项目风险解决措施。最后，秉持服务客户原则，提升客户满意度，客户需求才是研发项目管理的原动力，应着力提高客户问题响应效率。

5.5 质量管理仿真实践

在企业运营仿真系统中，产品研发相关规则如表 5-11 所示。研发投入包括产品设计、制造工艺流程、部品检验流程、管理流程等内容。公司筹建期（第 0 季度）研发投入不得低于 50 万元，才能保证研发出合格产品。投入研发费用可以提高产品质量，费用投入遵循边际效用递减规律。一般来讲，产品质量水平越高，市场需求越大，产品质量水平越低，市场需求越小。研发费用存在递延效果，20%的研发效果在本季度产生，80%的研发效果则在下一季度产生。

表 5-11 企业运营仿真系统产品研发主要规则

序号	产品研发主要规则
1	第 0 季度研发投入不得低于 50 万元
2	投入研发费用遵循边际效用递减规律
3	研发费用存在递延效果，遵循 80/20 法则

发展潜力由研发投入、营销投入和市场占有率三项指标衡量。其中研发投入效果通过产品质量水平高低来衡量。研发投入效果以产品质量指数衡量，质量指数越高，研发投入效果越好，评分越高。如果该公司第 n 季度末质量指数等于 0 或者第 n 季度末最高质量指数等于 0，则研发投入评分为 0。

生产研发部主要职责是根据市场销售计划，制订相应的产品研发和生产计划，保证研发产品能够满足市场销售需求。研发投入可以提高产品的质量，只有根据市场销售计划、竞争对手情况等，合理投入研发费用，才能保证产品质量达到一定水平；另外，还可适当考虑按照研发投入占市场销售额一定比例进行研发投入。

在模拟实战中，销售规模的控制，即销量的控制和质量的控制，也就是品质的控制尤为重要。因为系统是对复杂的社会环境和事件的抽象建模，所以在运营模拟中，竞争战略的选择，实际上是产品的品质和销售的数量，也就是质和量权衡，进行产品定位，即竞争战略选择的最重要部分。

产品的质量也就是产品的研发，而产品的数量主要来自设备、材料和员工。产品的质量和数量作为两项最大的投资，并且互为资金投入的机会成本。在模拟实战中，企业的财务资源是极其有限的。企业初始资金是 650 万元，在筹建期限制不能借款。规模扩张的机会成本主要是质量的提升，那质量提升的机会成本主要是规模的扩张。在较常规的六线开局中，公司筹建第 0 季度的研发投入建议在 80 万～90 万元。在后续经营中经过各企业的研发和营销投入后，质量和品牌知名度会出现差异。每个企业有自己的质量和品牌知名度图标，决策人员可通过大数据平台分析产品质量和品牌知名度，找到自身的优劣势，进行相应的研发和营销策略调整。

如何做好质和量的权衡成为竞争的关键之一。理论上当分别投入到规模扩大和质量提升的边际效益相等时，即可实现平衡，但实际上无法量化这个分析。因此往往需要定性分析以及直觉和经验的判断。其中对未来市场的组织分析尤为重要，需做到产供销的平衡，即产品的生产、原材料的供应、市场的销售达到一个很好的平衡状态。这不仅需要详细的定量数据分析，也需要对未来做定性的研判。

阅读材料

匹克集团的价值链管理

福建匹克集团有限公司（简称“匹克集团”）是一家以“创国际品牌，做百年企业”为宗旨的企业，创立于1989年，主要从事设计、开发、制造、分销及推广“PEAK 匹克”品牌的运动产品，包括运动鞋类、服装及配饰。匹克集团通过价值链管理的实践，不仅提升了自身的品牌价值和市场竞争力，也为企业的长期发展奠定了坚实的基础。

一是品牌建设与市场定位。匹克自成立以来，始终坚持打造民族品牌，通过专业化的篮球运动装备起家，逐步发展成为综合性体育用品品牌。匹克集团通过精准的品牌定位和营销策略，如赞助国内外篮球赛事、签约NBA球星作为代言人等，使匹克成为首个进入NBA赛场的中国品牌，成功塑造了“中国篮球装备第一品牌”的品牌形象，并在国际化战略中取得了显著成效。

二是质量管理与认证。匹克集团高度重视产品质量，早在1996年就通过了ISO9002质量体系认证，成为国内同行业首家通过质量体系认证的企业。通过建立产品质量实验室和严格执行质量管理标准，确保产品从原材料到成品的每个环节都符合高标准，从而提升了品牌形象和市场竞争力。

三是研发创新。匹克集团注重科技创新和产品研发，通过自主研发和与国际技术合作，推出了多项具有自主知识产权的运动鞋和服装产品。匹克在全球多个关键地区设立了研发中心，包括洛杉矶、北京、厦门、泉州以及西安等地，形成了强大的研发网络。这些研发中心不仅加强了匹克在新材料研发方面的能力，还推动了公司在自主研创设计、3D打印智能制造、运动科学实验、产品检测等多个领域的综合科技创新能力。

四是产品升级。匹克集团自主研发的态极科技以其鞋底瞬间软弹的特性受到市场热捧，打破了国际技术垄断。除了跑鞋，态极自适应科技还被应用到篮球鞋、排球鞋、休闲鞋、拖鞋等多个领域，甚至首次被运用到服装领域，推出了匹克态极纱线自适应运动服装。态极系列产品在全球市场取得了显著的销售业绩，提升了品牌的国际影响力。

五是数字化转型。匹克集团在信息化建设的基础上率先启动数字化转型，目前已成功构建起了企业数字化底座，正加速推进数字化在管理、研发、营销等各大业务场景中的应用和赋能，提高了企业的运营效率和市场响应速度。例如，数字化转型使得匹克集团能够更精准地进行库存管理，通过实时监控和预测销售趋势，有效控制库存水平，减少积压，提高资金周转率。

六是渠道拓展与销售网络。匹克集团建立了覆盖国内外的销售网络，拥有5000多家零售网点，产品远销欧、美、亚、非、澳等五大洲，实现了从商品输出到品牌输出的跨越式发展。通过与经销商的紧密合作和品牌运营体系的建设，匹克能够更有效地控制销售渠道，提升顾客体验和品牌忠诚度。面对电子商务的发展，匹克制定规范化的网上商店销售原则，建立网上商城并打造会员制度，同时探索O2O（online to offline，线上线下商务）的销售模式，通过网络下单、实体店配送的方式实现线上线下销售的一体化。匹克集团成立了终端零售管理中心，对终端网点的店面规范、形象统一、科学管理、特色经营等方面进行科学、有针对性的指导。匹克还推进了“第七代店面”的试点和更新换代，以提升品牌形象和顾客体验。

七是社会责任与可持续发展。匹克集团在追求经济效益的同时，也积极承担社会责任。匹克自2008年起每年发布企业社会责任报告，向公众公开展示其在社会责任方面的努力和成果，涵盖了公司在经济、社会和环境等多个方面的表现和贡献。匹克通过支持教育、慈善等公益事业，树立了良好的社会形象。与此同时，匹克聘请了著名演员和国际艺人作为“匹克有爱”公益品牌形象大使，共同推广体育公益事业，传递正能量。此外，匹克还注重环境保护和可持续发展，通过绿色生产和环保材料的使用，推动企业的绿色发展。

资料来源：根据福建匹克集团有限公司官网及相关资料整理。

拓展阅读

一、质量管理经典人物

1. 朱兰

约瑟夫·M. 朱兰（Joseph M.Juran）博士是举世公认的现代质量管理的领军人物。他所倡导的质量管理理念和方法始终深刻影响着世界企业界以及世界质量管理的发展。他的“质量计划、质量控制和质量改进”被称为“朱兰三部曲”。他最早把帕累托原理引入质量管理。《管理突破》（*Management Breakthrough*）及《质量计划》（*Quality Planning*）二书是他的经典之著。由朱兰博士主编的《质量控制手册》（*Quality Control Handbook*）被称为当今世界质量控制科学的名著，被誉为“质量管理领域的圣经”。为奠定全面质量管理的理论基础和基本方法做出了卓越的贡献。

2. 戴明

威廉·爱德华兹·戴明（William Edwards Deming）于1900年10月4日生于美国艾奥瓦州，奠定了日本企业界良好的质量管理基础。戴明博士不但具有学问上的成就，对世界各国品质经营的推动更有功不可没的伟大贡献，称得上质量管理的一代宗师。

第一阶段为对美国初期SQC推行的贡献。戴明博士在为美国政府服务期间，为了人口调查而开发新的抽样法，并证明统计方法不但可应用于工业，还用于商业方面。到第二次世界大战期间，他建议军事有关单位的技术者及检验人员等都必须接受统计的质量管理方法，并给予实际教育训练。另外在通用电气公司开班讲授统计质量管理并与其他专家联合起来在美国各地继续开课共计训练了包括政府机构在内的31 000多人，可以说对美国SQC的基础及推广有莫大的贡献(当时戴明博士已将统计的质量管理应用到工业以外的住宅、营养、农业、水产、员工的雇用方面，其涉及面极为广泛）。

第二阶段为对日本的质量管理贡献。戴明博士从1950年到日本指导质量管理后持续长达近40年，且前二三十年几乎每年都去，可以说日本的质量管理是由戴明博士带动起来都不为过。戴明博士在日本虽然也教统计方法，但他很快就发觉光教统计质量管理可能会犯了以前美国企业界所犯的错误，因此他修正计划而改向企业的经营者灌输品质经营的理念及重要性，而使日本早期的经营者几乎都见过戴明博士且受教于他，并实践戴明博士的品质经营理念，奠定了日本TQC或CWQC的基础。戴明博士早期辅导日本企业的质量管理时曾经预言，日本在五年内其产品必将雄霸世界市场，而果然不出其所料，其预言被证明正确，且提早来到，难怪日本企业界对戴明博士怀有最崇高的敬佩而称其为日本质量管理之父了。

第三阶段为对美国及全世界推行全面质量管理的贡献。由于戴明博士对日本指导质量管理的成功，让美国人惊醒原来日本工商经营成功的背后竟然是一位美国人居功最大，故开始对戴明博士另眼看待。而于1980年6月24日全国广播公司(National Broadcasting Company，NBC）在电视播放举世闻名的“日本能为什么我们不能”，使戴明博士一夜成名。从此以后由于美国企业家重新研究戴明的质量管理经营理念，加上戴明博士继续在美国及各国积极讲授他的14点管理原则以及实际为美国各大公司如福特或AT&T公司提供品质经营的顾问工作而收到了实质上的效果。事实上戴明博士的14点管理原则就是美国在1980年开始盛行迄今的全面质量管理的基础，所有全面品质经营所包含重点，几乎都可以在戴明博士的14点管理原则里面找到相同类似甚至相同的诠释。现在在美国及英国都已成立有Deming Institute（戴明研究所），其所宣称的基本精神也都是全面质量管理的精神，也就是说戴明博士对全面质量管理的影响是直接的。

3. 石川馨

石川馨（Ishikawa Kaoru），QCC（quality control circle，品质管理圈）之父、日本式质量管理的集大成者。出生于日本，毕业于东京大学工程系，主修应用化学。石川是20世纪60年代初期日本“质量圈”运动的最著名的倡导者。他认为推行日本的质量管理是经营思想的一次革命，其内容归纳为六项：质量第一；面向消费者；下道工序是顾客；用数据、事实说话；尊重人的经营；机能管理。

石川馨的名字是与戴明和朱兰访日后1955～1960年发起“全面质量控制”运动相联系的。在此系统下，日本从高层管理人员到底层员工都形成了质量控制的观点。质量控制的概念和方法可用于解决生产过程中出现的问题;用于进料控制和新产品设计控制;用于分析、帮助高层管理人员制定和贯彻政策；用于解决销售、人员、劳动力管理和行政部门问题。此项活动之中还包括质量审核——内部审核和外部审核。

石川馨强调有效的数据收集和演示，以促进质量工具如帕累托图和因果图（石川或鱼骨图）用于优化质量改进而著称。石川馨认为因果图和其他工具一样都是帮助人们或质量管理小组进行质量改进的工具。也因为如此，他主张公开的小组讨论与绘制图表有同等的重要性。石川图作为系统工具是有用的，可以用它查找、挑选和记录生产中质量变化的原因，也可以使它们之间的相互关系更有条理。

二、质量管理网站

1. 六西格玛品质网 https://www.6sq.net。
2. 中国质量协会官方网站 https://www.caq.org.cn。

三、国际质量组织网站

1. 美国质量学会 https://asq.org/。
2. 日本科学技术联盟 https://www.juse.or.jp。
3. 韩国标准协会 https://www.ksa.or.kr/ksa_kr/index.do。
4. 欧洲质量组织 https://www.eoq.org。
5. 芬兰质量协会 https://www.excellencefinland.fi。
6. 德国质量协会 https://www.dgq.de/en/。

四、基于全价值链的质量管理模式推动箭牌家居向大智慧家居转型升级

箭牌家居集团作为建材家居行业的民营企业代表，主要致力于高端卫浴、瓷砖、定制家居等多样化家居品类的研发和生产。在改革开放的优越环境下，经过几十年的发展，在规模、管理、技术、成本、市场、效益等方面成为行业知名企业。随着建材行业自身的发展和所处经济、政策环境的不断变迁，以及新一代市场消费主体的崛起，市场的整体需求已经从被动接受转变为主动需要，个性化、智能化、定制化需求给家居建材市场带来一定的冲击，人们对产品和服务质量提出了更高的要求，亟须企业快速适应市场需要，紧抓市场发展的重要节点，更快、更好地响应市场需求。

在竞争环境日益激烈的背景下，为了持续保持竞争优势，经过多年的质量管理摸索与实践，结合美国经济学家迈克尔·波特的价值链和费根鲍姆的全面质量管理理论，箭牌家居集团以董事长谢岳荣先生提出的“产品领先，品质制胜”为战略指引，提出将价值链嵌入企业经营的主要过程，从向顾客销售产品转变为以顾客需求为导向开发产品，最终为顾客创造价值的“全价值链”质量管理模式，取得的成功经验具有示范性和可复制性。如图5-21所示，该模式以顾客需求作为输入，以KM（knowledge management，知识管理）知识库、大数据为基石，通过研、供、产、销四个维度的质量管控，形成全链条、快速反应的高质量服务能力，为客户提供领先的智慧家居综合服务。

箭牌家居在“产品领先，品质制胜”发展理念指引下，借助技术和理念的创新，不断提升产品品质，提出“合理售价+超强产品力”才是“好产品”的价值理念，持续提升人们的家居生活品质。“超强产品力”应该涵盖“质量+外观+功能”三个方面，这也是箭牌家居赢得消费市场的核心竞争力的重要资本。为保证产品品质，箭牌家居集团以ISO9000质量管理体系作为生产制造管理体系标准，从产品研发、制造到检测，都有严格的操作标准和流程。截至2023年3月，箭牌家居已拥有八大检测中心、1个国家级

CNAS（China National Accreditati on Service for Conformity Assessment，中国合格评定国家认可委员会）认证的中心实验室、1个体验研究中心，掌握大数据健康管理、抗菌材料研发、国家节水标准制定、AI及物联网等尖端技术和多项功能强大的实验能力，遥遥领先同行企业。

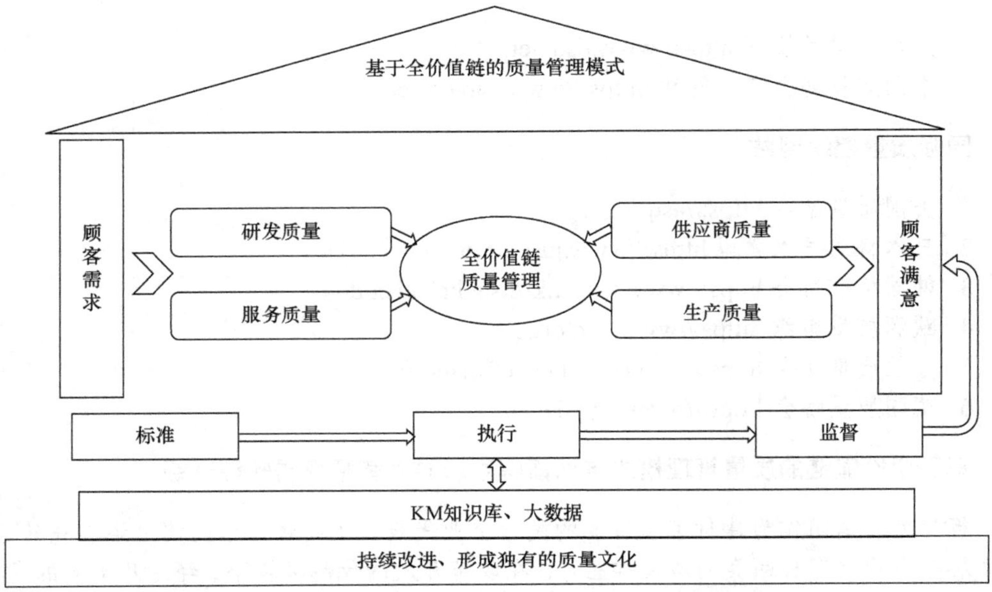

图 5-21　箭牌家居的基于全价值链的质量管理模式

通过持续推进落实“全价值链质量管理模式”和对质量“零文化”的实践，箭牌家居市场客诉率下降、客户满意度和销售额均有较高提升。同时突破了行业核心技术壁垒、攻克行业质量难题，系统解决了从顾客需求获取到最终顾客满意的全流程节点问题，从而引领行业管理水平的持续提升。在不断为用户提供高品质产品与服务的同时，也获得了行业的认可与赞誉。据悉，箭牌家居集团获得了“2021年佛山市政府质量奖”，2022年又获得“第七届广东省政府质量奖提名奖”。

箭牌家居以高质量思维严控产品标准，积极履行社会责任，不断推动企业自身从传统家居向智慧大家居领域的转型升级。经过多年的探索发展与实践，箭牌家居已发展成为国内陶瓷卫浴行业的头部企业。

思考与练习

1. 用关联图制作一个全面质量管理的示例图。
2. 简述PDCA循环中七种质量控制工具的应用。
3. 请选择一个服务行业或服务企业，思考如何从质量维度提高服务质量。
4. 论述研发投入与质量提升的关系。

第6章

人力资源管理

学习目标

1. 了解人力资源战略规划的内涵及特点。
2. 掌握人力资源管理的基本内容。
3. 学会企业人力资源配置方法。
4. 学会制订企业员工开发与培训计划。
5. 掌握如何对企业员工进行绩效评价。

引导案例

华为公司的“选育用留”四部曲

任何一家成功企业的战略执行都离不开优秀的人才，所有的管理都是围绕人来进行的，因此，管理的首要任务便是寻找优秀的人才。同样，一个企业要想在市场竞争中立于不败之地，吸引和留住人才是关键。那么，企业如何吸引并留住人才？结合华为的人才管理体系，分享华为公司人才管理中的“选育用留”四部曲。

一、严格把关，精准“选”才

纵观中外企业家，每一个成熟的CEO（chief executive officer，首席执行官）都是一名优秀的人力资源管理者，早早练就了一双选人“慧眼”。日本索尼公司用人要求尽量多元化，要求团队成员有不同的思维，不同思维的人聚集在一起才会产生火花，团队才更具有活力；字节跳动总裁张一鸣，亲自面试字节跳动前100名员工；小米公司总裁雷军，创办小米公司第一年，80%的时间用在招聘上。而华为同样也有自己的核心用人观——最合适的才是最好的。把优秀的人用到合适的位置上，才是一种人力资源的有效利用。可见，成功的企业组织团队，更侧重于人才的素质和能力。

二、重视培养，“育”才有道

古往今来，人才都是富国之本、兴邦大计。北宋教育家胡瑗提出“致天下之治者在人才，成天下之才者在教化”，这也正是中国传统教育理念对人才培养的深刻阐释。

华为素有业内“黄埔军校”之称，其员工培训体系一直也享有盛名。华为公司不断挖掘培训人才的“路子”，不断提升员工的能力和素质成为其他企业竞相追逐学习模仿的对象。经过二三十年的发展与完善，华为的培训体系更加系统化，除了创办华为大学，还成立了华为信息与网络技术学院，华为公司的培训体系具有以下四大特点。

（1）培训规模大，系统日益完善。

（2）培训方式多元，讲究“训战结合”。

（3）培训内容兼备广度和深度。

（4）保证培训质量，做好闭环。

华为公司用实践证明了一个道理：企业的成功，首先是人的成功，只有拥有优秀的人才战略和管理机制，才能打造出卓越的企业。

三、知人善任，合理“用”才

华为公司的核心用人观一直是把优秀的人用到合适的位置上，只有把合适的人放在合适的岗位上，做到精准用人，人岗匹配，善其能，才能释其才。

为了实现合理“用”才，企业更加注重制度的建设。做好人才盘点，企业要想打胜仗，首先要知道自己手上有哪些人，手里有什么牌，之后才能有的放矢地把手里的牌打好。

在做人才盘点时，通常会进行员工的信息收集，包括：员工近两年的绩效结果怎么样？未来两年的潜力如何，竞争的可能性有多大？要通过哪些方面的辅导才能晋升，适合做什么样的业务？

四、激励保障，注重“留”才

企业要想留住人才，就要思考：人才需要什么？

华为公司任正非先生曾说：“我不懂财务，不懂技术，不懂管理，我只有靠利益分享机制把 18 万人黏在一起。”这背后是华为系统化、完善的人才激励政策。华为人才激励的整体框架主要分为物质激励层面和非物质激励层面。

物质激励层面：华为成功的很重要的一个因素，就是“分钱分得好”。高收入是第一推动力，重赏之下，必有勇夫。比起全球同行业企业，华为的工资定位较高，但对华为员工来说，工资只是零花钱，高额的奖金和分红才是大头。

非物质激励层面：华为公司注重人才能力的提升，一方面设计了任职资格双向晋升通道，解决技术和管理两个领域人才的晋升问题；另一方面，华为通过向员工颁发荣誉奖、报道先进典型事件、邀请专家对员工进行辅导等方式，不断地使员工融入企业文化，激发员工的工作热情。

华为正是懂得与员工分享企业的发展成果，聚集各路英才，最大限度地发挥他们的聪明才智，源源不断地给华为注入强大的生命力，才有了华为高增长历程。

资料来源：摘自乔诺整理《华为人才管理的“选育用留”四部曲》（有改动）

6.1 人力资源管理与企业核心竞争力

6.1.1 人力资源管理的内涵

人力资源管理是指企业运用现代管理方法，对人力资源的获取（选人）、开发（育人）、保持（留人）和利用（用人）等方面进行的计划、组织、指挥、控制和协调等一系列管理活动，最终实现企业目标的一种管理行为。这些行为活动主要包括人力资源规划、员工的招募与选拔、培训与开发、员工关系管理、员工职业生涯管理、绩效管理、薪酬管理等环节。

6.1.2 企业核心竞争力的特征

企业核心竞争力是指企业独有的、能为企业带来消费剩余的、支持企业可持续性竞争优势的核心能力。确切地说，企业的核心竞争力是在企业长时间发展过程中形成的，蕴含于企业内质的，企业独有的，能为企业带来价值性的，支持企业过去、现在、未来竞争优势，并使企业长时间内在竞争环境中取得主动的核心能力。

企业核心竞争力具备以下几个主要特征。

（1）价值性。核心竞争力富有战略价值，使企业在创造价值、降低成本上优于对手，促进企业效率的提高。它能为顾客带来长期利益，为企业创造持续竞争的主动权，为企业创造超过同业平均利润水平的超额利润。

（2）稀少性。企业核心竞争力为企业独自拥有，是在企业发展过程中长期培育和积淀而成，孕育于企业文化，深深融合于企业内质之中，为该企业员工所共同拥有，难以被其他企业所模仿和替代。

（3）延展性。企业核心竞争力可以有力地支持企业向更有生命力的新事业领域延伸。企业核心竞争力是一种基础性的能力，是一个坚实的“平台”，是企业其他各种能力的统领。企业核心竞争力的延展性保证了企业多元化发展战略的成功。

（4）不可替代性。与某企业相比，其他企业不具有战略对等的资源。竞争对手难以模仿它的战略产生价值。

（5）难以模仿性。在企业发展中，不断地积累那些独特的、能反映企业特有的历史路径的能力和资源。这种能力和资源可以成为企业的核心竞争力，它产生的价值是独特的、难以模仿的。

6.1.3 人力资源管理与企业核心竞争力的关系

人力资源管理是企业核心竞争力的关键。企业核心竞争力包括企业的反应能力、生产制造能力、市场营销能力、组织管理能力等，企业各种能力的状况与增强又取决于人力资源的状况与开发。因此，企业核心竞争力的关键在于企业人力资源管理。离开了企业人力资源管理，企业核心竞争力便会成为无本之木，无源之水。

1. 企业核心竞争力的强弱取决于企业人力资源的状况

人力资源是企业首要的能动性生产要素。企业的生产要素有人力资源、生产资料、资金、技术等，这些要素在企业正常运营中缺一不可。但人力资源是起决定性主导作用的第一要素，是能动性要素，生产资料、资金、技术等均被动地由人力资源使用与推动。企业技术人员的能力与水平决定了企业技术创新能力的强弱，企业经营管理人员的能力和水平决定了企业反应能力、市场营销能力和组织管理能力的强弱，企业生产工人的能力和水平决定了企业生产制造和连带服务能力的强弱，企业全体员工的整体素质和能力决定企业核心竞争力的强弱。例如，海信集团成功的根本就是对人力资本的重视及其制度支持，海信一开始就注意到人力资本产权的重要性，尤其为科研部门设立了有效的激励机制。如提供良好的工作环境与待遇，激发了人力资本的积极性，正是技术、治理机制和学习能力整合而形成的核心能力为海信创造了竞争优势。

2. 企业核心竞争力的培育过程是企业人力资源管理的过程

一般来说，企业核心竞争力的整个培育过程就是企业获得核心技术、核心产品市场份额等，核心技术强，核心产品市场份额高，企业的核心竞争力就强。而这个过程中，离不开足够数量的高素质人才。因此，管理企业人力资源自始至终贯穿于企业核心竞争力的培育过程。

3. 企业核心竞争力的增强是企业人力资源管理的根本目的

不断增强企业核心竞争力既是企业自身发展的迫切愿望，又是市场经济条件下企业生存与发展的客观要求。企业必须找到增强企业核心竞争力的有效措施，从一些成功企业的实践经验来看，全面、系统地进行企业人力资源管理是增强企业核心竞争力的重要措施。

企业人力资源管理的根本目的是通过对科技人员的管理增强企业技术创新能力，通过对经营管理人员的有效管理增强企业反应能力、组织管理能力和市场营销能力，通过对生产工人的有效管理增强企业生产制造能力和连带服务能力。通过各方面能力的整合增强企业的核心竞争力。在世界经济一体化、知识经济已经出现的当代，企业要生存和发展就要具有自己的核心竞争力，而企业核心竞争力的培育与增加需要企业不断地进行人力资源的开发。企业应高度重视人力资源开发对增强企业核心竞争力的影响，有效地做好人力资源开发工作，为企业核心竞争力的增强奠定坚实的人力资源基础。例如，在麦当劳公司的核心竞争力中，除了具有快捷的服务体系之外，还有公司的价值观念和文化等深层次的内容。正因如此，企业的核心竞争力很难被竞争对手轻易复制，从而成为企业独特的战略性资源。

6.2 做一个懂业务的 HR

企业的高管团队通常主要由首席执行官、首席财务官、首席运营官、首席营销官四个角色组成，而近年来，首席人力资源官（chief human resource officer，CHO）这个角色逐渐走进人们视野。

“我们公司马上启动上市计划，你有好的人力资源总监推荐吗？”

“我们公司这两年业务翻倍增长，人才已经成为发展瓶颈，我们需要一个优秀的人力资源总监，能帮我们介绍一个吗？”

“我的人力资源负责人理念和能力跟不上企业发展了，帮我们找个优秀的人力资源总监吧。”

这是许多猎头公司近几年经常会遇到的招聘需求。这么多的企业在寻找 CHO，表明企业对 CHO 的需求已经是目前中国一些企业面临的相当普遍和急迫的问题。

6.2.1 CHO 是什么

相关调查发现在整个中国经济与社会的变革转型期，一些企业度过了生存期，发展到了上亿甚至十亿元营业收入规模后，出现了发展停滞和徘徊的状况，同时也发现不少企业仍保持着持续增长的态势。企业呈现不同的发展趋势，背后的根本原因是企业组织能力的强弱，组织能力弱的企业难以支撑企业战略的发展。组织能力是企业持续发展的关键，而 CHO 恰恰是打造组织能力的关键推动者。企业“做大、做强、做久”的需求，需要强大、专业的人力资源部支撑，而一个企业能否拥有一个强大、专业的人力资源部，取决于企业有没有一个能够胜任的 CHO。就如同一支军队需要一个优秀的政委，每个企业家都需要一个优秀的 CHO。

CHO 是现代公司中最重要、最有价值的顶尖管理职位之一，CEO 的战略伙伴、企业核心决策层的重要成员。作为一名 CHO，必须从战略高度努力构建高效实用的人力资源管理系统，成功进行人才选拔，建立科学的考核与激励机制，最大限度地激发人才潜能，创建优秀团队，塑造卓越的企业文化，推动组织变革与创新，最终实现组织的持续发展。

李祖滨和刘玖锋在《找对首席人才官：企业家打造组织能力的关键》一书中提出 CHO 具有两个特征。一是除公司董事长和 CEO 之外的公司人力资源第一负责人。董事长和 CEO 通常全面负责企业经营管理，即使职责分工中明确公司的人力资源管理由董事长或 CEO 分管或者直接负责，但实际上他们是没有时间和精力对人力资源进行系统、深入和专业的管理，这样的分管或者直接负责等同于“不管”。企业中 CEO 和 CHO 的关系应该类似于《亮剑》中的赵刚与李云龙、通用电气公司的康纳狄与杰克·韦尔奇、阿里巴巴的彭蕾与马云。二是除公司董事长和 CEO 之外排名前五的高管。为什么要强调排名前五，因为如果不是由公司排名前五的高管来负责人力资源工作，这家公司的人力资源管理就不可能上升到战略层面。有些公司除董事长和 CEO 之外的人力资源第一负责人在公司中排到了 10 名以外，有些甚至排到了 20 名以外，这样的公司实质上就是 CHO 严重缺位。

6.2.2 为什么人力资源管理在企业不受重视？

美国当代最具影响力的管理咨询大师拉姆·查兰（Ram Charan）指出：“我与全球那些对 HR 感到失望的 CEO 交谈过。他们希望手下的 CHO 能凭借他们的技能，将员工和业务数据联系起来，从而找出企业的优势和劣势、令员工与其职位相匹配，并为企业战略提供人才方面的建议。然而，很少有 CHO 能担此重任。他们熟知人员福利、薪酬和劳工关系，专注于参与、授权和管理文化等内部事务。但他们没能将人力资源与真正的商业需求结合起来，不了解关键决策是如何制定的，分析不出员工或整个组织为何没能完成企业的业绩目标。”

从理论角度讲，人力资源部的工作内容主要是为高层管理者提供战略执行所需要的组织、人才、文化、制度及变革管理等方面的支持；为中层管理者提供人员管理方面的咨询、辅导和工具；为基层员工解答政策方面的疑问，并提供便捷的服务支持，如劳动合同、入职手续、薪资发放等。同服务外部客户一样，其实最难满足的是定制化需求。而国内企业的人力资源管理目前大多采用人力资源规划、员工招聘、员工培训、绩效管理、薪酬管理、员工关系管理等“六大模块”传统模式，在该模式下，每一模块承担政策制定、监督实施及事务性工作，人力资源工作者多疲于应对各种日常事务和突发事件，无暇从战略角度为各部门和员工提供差异化服务，出台的政策和管理措施多从自身视角出发，较少考虑业务单位和员工的实际，非现实需要的可行性解决方案，无法满足内部客户需求。因此，导致制定的政策与实际脱节，在业务部门难以推行或受到员工抵制，不仅未能实现推动企业发展的目的，反而有可能挫伤员工的工作积极性。

美国密歇根大学罗斯商学院教授戴维·尤里奇（Dave Ulrich）认为人力资源部应该像企业一样去运营，依据客户需求来提供服务。面对不断变化的外部环境，人力资源部不能仅仅是行政支持部门，还应该是企业的策略伙伴、变革先锋、专业日常管理部门和员工的主心骨。为强化结果导向，企业可以尝试将部分人力资源管理活动下移。由此而产生了人力资源管理的新岗位——人力资源业务伙伴（human resource business partner，HRBP）。

美国学者罗宾逊夫妇认为战略业务伙伴的工作是：能够和客户合作，从业务战略和业务目标出发，一起去定义组织业务需求、绩效需求、工作环境需求和能力需求，并紧密围绕这四种需求展开工作。因此 HRBP 是企业派驻到业务单元或事业部的人力资源管理者，主要职责是促进人力资源管理体系与政策的落地与推广、协助业务经理处理人才规划发展、能力素质构建培养等战略性人力资源问题。HRBP 除必须具备精深的专业素养和经验外，还必须了解业务，从业务角度出发解决人力资源问题。

近年来诸多跨国集团如 IBM、惠普等都对 HRBP 进行了不断的实践和探索，中国的华为、联想、阿里巴巴、腾讯等本土企业也纷纷引入 HRBP，尝试对人力资源进行战略转型，已经初见成效。

6.3 人力资源管理的基本内容

企业人力资源管理其基本任务是根据企业发展战略要求，吸引、保留、激励与开发企业人力资源，促成企业目标实现，从而使企业在市场竞争中得以生存和发展。具体表现为选人、育人、用人和留人等，这四个方面的工作又是交叉和相互影响的。以下主要从这四个方面阐述人力资源管理的基本内容。

6.3.1 选人

选人是人力资源开发与管理的第一步，也是十分重要的一步，如果选人选得好，那么育人就较容易，用人也得心应手，留人也方便。

选人过程就是企业员工招聘的过程。其过程要求选人者本身要具有较高的素质和相应的专业知识。如果选人者不知何为人才，他就无法为企业招聘、选拔出优秀人才；同时，被选者的层次结构要适当。因此，选人时应考虑最适合的人，即“最适原则”高于“最优原则”。

招聘包括招募、甄选与录用三部分，招募（recruitment）是企业采取多种措施吸引候选人来申报企业空缺职位的过程；甄选（selection）是指企业采用特定的方法对候选人进行评价，以挑选最合适人选的过程；录用是指企业做出决策，确定入选人员，并进行初始安置、试用、正式录用的过程。

员工招聘就是把从企业内部或外部招聘来的员工安置在合适的岗位上，达到“个人-岗位”匹配。举例来说，企业想招聘市场营销人员，就要强调应聘者一定要具备营销方面的专业知识、技能和经验等这方面的素质。

为了保证招聘工作的科学规范，提高招聘的效果，招聘活动一般要按照下面几个步骤来进行：确定招聘需求、制订招聘计划、招募、甄选、录用、效果评估（图6-1）。

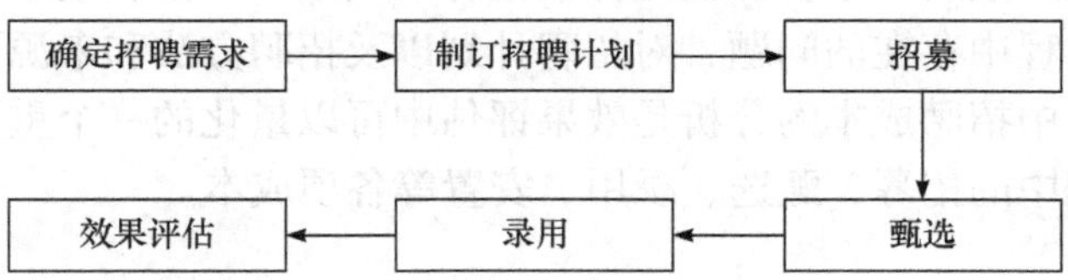

图 6-1 招聘工作程序

1. 确定招聘需求

确定招聘需求是整个招聘活动的起点。招聘需求包括数量（空缺职位）和质量（所需要具备的任职资格与胜任素质等）两个方面。只有明确获知招聘需求，才能够开始进行招聘。招聘需求的确定，要以人力资源规划、职位分析和胜任素质模型为基础。

2. 制订招聘计划

招聘需求明确后，人力资源部门需要制订招聘计划及具体措施。招聘计划的内容一般要完成招聘的规模、招聘的范围、招聘的时间和招聘的预算等工作。

3. 招募

招聘计划完成以后，下一步就是招募，具体包括选择招聘的来源和招聘的方法。招聘的来源是指潜在的应聘者所在的目标群体，招聘的方法则是指让潜在的应聘者获知企业招聘信息的方式和途径。

招聘来源以及招聘方法的选择，对于招聘活动的效果具有非常重要的影响。如果选择的招聘来源不当，目标群体中的人员并不适合从事空缺职位，那么招聘活动就无法吸引到合适的应聘者。例如，企业本来准备招聘熟练技术工人，但是选择的招聘来源缺乏实际操作经验，招聘的效果就会不理想；招聘方法同样如此，如果企业选择的招聘方法并不能让潜在的应聘者及时获知招聘信息，那么也无法吸引到应聘者，例如，企业要招聘市场营销客服人员，对于不同的招聘渠道来说，招聘的来源和招聘的方法也是不同的。

4. 甄选

甄选是员工招聘中最关键的一个环节，甄选质量的高低直接决定选出来的应聘者是否能达到企业的要求；同时也是技术性最强的一个环节。甄选的最终目的是将不符合要求的应聘者淘汰，挑选出符合要求的应聘者供企业进一步筛选。

5. 录用

员工录用决策做得成功与否，对招聘有着极其重要的影响，如果决策失误，则可能使整个招聘过程功亏一篑。这个阶段涉及的主要工作包括录用决策、通知录用者及未录用者、员工入职、试用和正式录用等。

6. 效果评估

整个招聘过程的最后一个步骤就是评估招聘的效果，对招聘效果进行评估，可以帮助企业发现招聘过程中存在的问题，对招聘计划以及招聘方法和来源进行优化，提高以后招聘的效果。其中招聘成本的分析是效果评估中可以量化的一个重要方面。招聘成本包括人员招聘过程中的招募、甄选、录用、安置等各项成本。

1）招募成本

招募成本是为了吸引和确定用人单位所需内外人力资源而发生的费用，主要包括招聘人员的直接劳务费用、直接业务费用（如招聘会议费、差旅费广告费、宣传资料费、办公费、水电费等）、间接费用（如招待费、场地租赁费用、设备使用费等）。

2）甄选成本

甄选成本是指对应聘人员进行鉴别选择，以便最后做出是否录用决定所支付的费用。一般情况下，甄选成本主要包括以下几个方面：①简历及个人申请表筛选，汇总应聘候选人员资料；②进行各种书面测试，评定成绩；③进行面试相关工作，评定成绩；④根据应聘候选人相关资料、各种考核测试成绩，招聘小组讨论做出录用决策方案；⑤背景调查，通知候选人体检；⑥录用面谈；⑦发放录用通知。

3）录用成本

录用成本是指甄选结束后，把录用员工安排至招聘单位所发生的费用。录用成本包括员工调动补偿费、员工安家费等由员工录用引起的相关费用。

4）安置成本

安置成本是指为了安置已录用员工到具体工作岗位而发生的相关费用。一般包括各种行政管理费用、为满足新员工工作所需添加的设备条件购置费用、录用部门因安置工作所耗费的各项成本费用等。

6.3.2 育人

育人，即培育人才，是人力资源开发与管理的主要工作之一。企业的发展主要靠人推动，而育人就是加强推动力。企业如何育人主要有以下几个方面。

1. 以优良的企业品质和文化来同化员工

有这样一句话："性格决定人生，态度决定成败。"人有自己独立的性格和品质，一个企业或组织同样具有独立的性格和品质。在日常管理中，正直、诚信、和谐、友善等应该成为企业文化所倡导的核心内容，通过大环境的影响，带动员工个人的发展。只要企业品质、文化方向正确，那么，所有的员工都会跟随，并且个人素质能够得到提高。

2. 适合员工的培训

企业招聘进来的员工，因每个人的素质、经历不同，缺乏的能力和知识也不同，因此企业要因材施教，针对每个人的特点，做出培训需求分析，安排适当的培训计划；同时，企业育人重点是实用性，要与实践紧密联系，使员工学以致用。

1）培训需求分析

找出差距并确立培训目标。进行培训需求分析时，企业管理层应当确认员工的实际状况同理想状况之间的差距，一是要明确培训对象目前的知识、技能和能力水平；二是分析培训对象理想的知识、技能和能力标准；三是对培训对象的理想和现实状况进行对比分析。同时应明确员工培训的目标与方向，只有准确找出员工的差距，才能更好地实施培训。

进行前瞻性预测分析。随着市场经济的变化，企业发展也是动态变化的过程，其中难免会出现组织变革，如企业技术、人员、产品或服务等，那原先的培训计划都必须做出相应的调整。因此，企业在制定培训需求分析时必须做前瞻性和预测性的分析，以把握未来的发展趋势。

确定培训成本的预算。在进行员工培训开发前，管理层应将成本因素纳入培训需求分析之中，预算培训成本。

2）培训计划制订

培训是提高员工绩效的最直接手段。企业应该对新入职员工或根据员工考核结果在绩效上表现比较差的方面并结合员工的知识结构、专长和专业、员工的个性为员工提供相应的培训计划，并按照培训计划开展培训，培训结束，企业需要对员工的绩效收集信息，比较培训前后绩效的变化情况。如果绩效提高且提高显著，说明培训有效；否则，需要进一步对培训做出调整。此外，公司也应根据员工的个人发展计划提供有关方面的培训，员工培训应该纳入企业的日常工作内容。

3. 人才培养纳入绩效考核

为了激励和约束管理者对员工的培养，企业可以把管理人员对下级的培养作为绩效考核必需的 KPI（key performance indicator，关键绩效指标），下属不成长，负责人就提拔不起来。把对下属培养的实施效果，作为企业选拔和培养管理梯队的一项管理参考标准；对员工培养中表现优秀的管理者，企业根据情况对其进行精神表彰和给予较为丰厚的物质奖励等。

6.3.3 用人

用人是人力资源开发与管理的一个主要目标，只有用人用得好，企业的工作才能卓有成效。企业管理层应树立“以人为本，效能优先”的管理观念，把人用好、用活、用到最适宜发挥作用的地方，制定与之相适应的制度，建立公平、公正的员工绩效管理，真正做到“能者上，庸者下”，调动员工的积极性，发挥员工的创造潜能。

企业用人最重要的是根据人才的能力和特点，为其分配适合的工作岗位。这一过程，企业需要考虑以下四个方面的因素。

1. 人才的专业技能和工作经验

企业需要根据人才的专业技能和工作经验，为其分配与其专业相关的工作岗位。这样能够充分发挥人才的专业优势，提高其工作效率和质量。如亚马逊公司在用人方面，非常注重人才的专业技能和工作经验，除为员工提供丰富的培训和学习机会，如在线课程、实践项目、行业交流等来提高员工的专业技能外，还注重员工的实际工作经验，为员工提供各种项目和实践机会，使员工积累丰富的实际工作经验和提升实践能力，为亚马逊公司的发展提供有力的支撑。

2. 人才的性格和能力特点

企业需要了解人才的性格和能力特点，为其分配适合的工作岗位。例如，某些人才可能性格内向，不善于与人沟通，那么可以将其安排在相对独立的工作岗位上，以免出现摩擦和矛盾。企业在用人方面非常注重人才的性格和能力特点，为员工提供了个性化的培训计划、团队建设活动等，如谷歌公司也非常注重员工的团队合作和沟通能力，为员工提供了多样化的团队建设和沟通机会，以提高员工的团队合作和沟通能力。

3. 人才的职业规划

企业需要了解人才的职业规划，为其分配与其职业规划相符的工作岗位。这样可以帮助人才实现自己的职业目标，提高其工作积极性和满意度。如腾讯公司在人才的培养和发展方面，注重员工的职业发展和规划，为员工提供了多样化的晋升和发展机会，以满足员工的职业需求和发展期望，从而建立了稳定而优秀的企业团队。

4. 工作岗位的要求

企业需要了解工作岗位的要求，为人才分配与其工作能力和经验相符的工作岗位。这样能够确保人才能够胜任工作，提高其工作效率和质量。

每个成功的企业，都会在用人方面有独特的理念和方法。在我国电商领域，京东集团的成长与发展颇有传奇色彩。下面以“京东用人法则”为例来谈谈企业如何用人。

1）24 小时原则

凡是京东管理层的干部，无论是谁，只要接到了下属的请示汇报，24 小时之内就要给出一个明确的回复，也可以明确地授权下级来做，这可以视为一种回复，但是绝不能不回复，或者给个含糊的回复，或者推诿扯皮。

2）备份原则

刘强东要求，如果副总监以上的职位，在同一个职位干了两年，必须找一位继任者，这个继任者就相当于备份，同时，继任者的人品、业务能力等核心指标方面还必须是公司认可的。如果你在一个管理职位干了两年，还没找到公司认可的备份，公司就会请你离开管理岗位。身为管理干部，除了带领下属完成团队目标，还有一个重要使命就是为公司培养人才，这也是管理者应该具备的重要素质和能力。

3）拖一带二原则

有时，一个“空降兵”管理干部到来时，考虑到原单位的下属不用磨合，沟通交流成本低，可以快速上手，会把原单位的下属也带过来。对此，京东规定，一个管理干部最多可以带两个下属，从而避免公司内部形成派系。

4）不能随便说“不”的原则

在京东，有两种情况不能说“不”：一是要求每个管理人员列一个表，把和自己需要配合的其他部门都列出来，如果需要配合的部门没有足够的事实或数据证明对方的需求是不正确的，那么就必须配合，不能拒绝；二是如果有一个部门提出希望几个部门配合自己做一件事，而且这件事做好后，用户体验会更好，那么任何人、任何部门都不能拒绝。

5）两级管理原则

京东的人员管理实行两级管理机制，无论是新聘任一位员工，还是提拔一位员工，或是开除辞退，都要由这个员工的直接上级和该直接上级的上级共同决定。如果员工的这两级上级做出任免、晋升的决策，人力资源部门将不能拒绝。但是，如果人力资源部门发现不符合公司人事制度，人力资源部门有权不同意，并给出处理意见。这个原则的核心，一是为了照顾业务部门的用人实际，二是避免管理者一个人说了算，三是促进人力资源部门和用人部门的有机协调。

总之，企业在用人方面需根据人才的能力和特点等，为其分配适合的工作岗位，以充分发挥人才的专业优势和工作积极性，把人用好、用活，制定与企业战略目标相适应的制度及法则，就会提高企业核心竞争力，实现企业可持续发展。

6.3.4 留人

留人，即留住人才，同样是人力资源开发与管理的主要工作之一。为了吸引、留住人才，企业可以从事业、感情、职务、薪酬等多个方面入手。同时为了使人才流失降到最低，企业还应该制定合理的转换成本政策，并在制定薪酬政策时充分做好薪酬管理工作。

1. 事业留人

员工进入企业之后，企业管理者可根据员工的个人条件和知识背景与员工一起探讨，帮助员工做好自己的职业规划。让员工在企业有明确的发展方向，与企业一起成长、一起发展，既可以增强企业的凝聚力，又可以让员工为自己有良好的发展前景而不愿离开企业。例如，美国微软公司是全世界最能吸引人才、留得住人才的公司之一。微软公司的人力资源部制定了“职业阶梯”文件，其中，详细列出员工从进入公司开始，一级一级向上发展的所有可选择职务，以及不同职务需具备的工作能力和经验，包括相对应的薪金待遇，使员工在来到公司之初，就对今后的职业发展心中有数，目标明确。

2. 感情留人

人才的管理一直是企业管理的核心。企业人力资源管理部门要经常与员工保持联系，加强交流，要了解员工的困难和苦衷，如员工的衣食住行等，尽可能做好他们的后勤工作。往往在员工的生日或节日之时，打一个问候电话，可以展现企业管理者对员工的重视和尊重，用充满温情的方法，将“以人为本”的理念落到实处，用真诚留住员工。

3. 职务留人

企业职位的高低往往能衡量员工能力水平的高低。业绩突出的人员总是不断产生升职的念头，业务人员想升主管，主管想当经理，所以，对业绩突出的人员“封爵”，给他们荣誉和表扬。

4. 薪酬留人

金钱是人们生存的基本条件和工作动力，也是所有企业吸引人才、留住人才的“硬件”。越有能力和经验的人员，他们获得的报酬也应当越高。薪酬是人才的价值，是人才发挥能力的物质动力。下面具体从企业的薪酬遵循的原则方面来谈企业如何用“薪”留住员工。

一般情况下，企业以薪留人应遵循以下几个原则。

1）薪酬策略要与企业发展战略相匹配

员工的薪酬结构要科学合理，与企业的发展战略相匹配。企业做什么样的定位，就应该付给员工什么样的薪水。如果企业还处于发展阶段，迫切需要取得业绩的突破，应当用高奖金的方式来激励员工，而且这些奖励要及时兑现；如果企业的定位是行业领跑者，给出的薪酬就应该是行业的上等水平，如果低于这个标准，战略目标就没法实现。如果企业的定位是要做百年老店，其薪酬结构就要偏长期激励，如年终分红、员工持股等，还要设置薪酬每年递增制度，保持同行业具有竞争力的薪酬福利。如果没有明确的薪酬增长预期，员工看不到希望，流失率必然是居高不下。

2）薪酬给付要体现出员工的价值

制定公司薪酬制度时，企业必须衡量公司不同职位和不同员工之间的薪酬差异，减少因人员偏好而产生的薪酬不公平，此外，每次进行薪酬调整时也必须进行纵向和横向的薪酬水平衡量，既要保证外部竞争性，又要保证内部公平性。

3）薪酬要保持动态平衡

企业应建立企业效益与员工收益的动态平衡机制。企业可以结合自身历史数据，通过多维度指标综合加权，构建一个较为公正的员工薪酬动态增长测算模型。只有建立企业效益与员工收入分配之间的动态关系，才能确保企业内部运营效率提高与外部劳动力市场价格上涨等因素能够定期向员工收入分配机制传导。

4）薪酬要满足员工期望

企业必须了解清楚员工薪酬偏好，并考虑公司的薪酬制度能否满足员工的期望。在现实的管理中，企业不能为了完成业绩目标，给员工“画饼充饥”。此外如果把绩效目标定得非常高甚至根本达不到，员工年底实际上拿不到薪酬的期望值，那么，企业想长期留住人才则不太可能。

另外，许多企业为了留住高端人才，还会制定不同级别的薪酬激励机制，以此来留住核心人才。第一，针对管理人员实施的激励机制。一般会采用短期激励和长期激励。短期激励是对管理人员完成短期（通常是年度）目标的奖励。长期激励是奖励为企业长期绩效做出贡献的管理人员，长期激励计划可以弥补短期激励计划带来的短期利益行为，使管理人员更注重企业的长期发展。短期激励通常采用年度发放奖金的形式，长期激励计划的形式主要有股票期权、股票增值权、受限股票、虚拟股票、绩效计划等。第二，针对销售人员实施的激励机制主要有佣金制、基本工资加佣金制、基本工资加奖金制、基本工资加津贴制、基本工资加红利制等多种形式。第三，针对专业技术人员实施的激励机制。专业技术人员是指那些用其所掌握的专业知识为企业的发展解决问题或是从事专业技术研究的员工，主要是指企业中的研发人员、技术人员等。对专业技术人员除了用奖金支付、利润分享以及企业股票认购等计划进行激励之外，企业还为其创造良好的工作条件和提供多种学习和培训等机会。

总之，薪酬不是万能的，但具有竞争力的薪酬可以吸引和留住人才。因此企业的薪酬设计不仅要做到内部公平公正，更要做到外部竞争有力，这样才能对人才的加盟和留下有足够大的吸引力。同时薪酬的设计要多种多样，机动地进行合理调配，不仅能激励员工，更能稳定员工并使其安心工作。员工有了安全感，才能全身心投入工作，充分施展潜能，做到人尽其才。

6.4 人力资源管理仿真与实践

6.4.1 企业团队建立

在企业运营仿真系统中，企业应明确所需的工作岗位，遵照结构合理、能岗匹配、动态调节的资源配置原则，进行合理的人力资源配置、建立企业团队，将企业不同素质和技能的员工配置到不同职位上，打造一支结构合理、协作密切的合作团队。

在企业运营仿真系统中，企业需要组建团队，而团队成员分别扮演虚拟公司的总经理、生产研发经理、采购经理、财务经理、市场经理等七个角色。人力资源部主要负责每个市场的客服和技术工人，做好与他们的沟通工作，并签约合同。

6.4.2 员工招聘策略

企业团队组建后，人力资源部应根据公司发展战略，分析公司现有人力资源状况，预测人员需求，制订公司人力资源计划，并按照计划进行企业员工招聘。员工招聘就是把从企业内部或外部招聘来的员工安置在合适的岗位上，达到“个人-岗位”匹配。在企业运营仿真系统中，企业主要完成生产技术工人和市场营销人员的招聘。

1. 生产技术工人招聘策略

在企业运营模拟仿真实践中，人力资源部根据生产计划，制订合理的人员招聘和解聘计划。根据生产线的配置情况确定招聘相应的技术工人，负责生产设备的操作和产品的生产。以企业筹备期阶段为例，人力资源部门根据企业生产线配置，做出生产技术人员招聘计划，做到技术工人配置与生产线相匹配，即根据企业生产线购置的条数，合理匹配技术工人。每条生产线需要配备 3 个熟练的技术工人（正式员工），最多可以进行 3 个班次的生产，最大生产量为产能的 3 倍。新招聘技术工人（新员工）在培训期间不能操作生产线，只能做一些辅助性工作，包括协助老员工生产、产成品检验、物料盘点、车间整理等相对简单的工作。如果一条生产线无法配齐 3 个熟练的技术工人，则该生产线不能开启，无法进行产品生产。以筹备期上 6 条生产线为例，1 条生产线需要熟练技术工人的数量为 3 个，在筹备期需要招聘技术工人为 18 人。如果企业在运作过程中没有招聘技术工人，或人员配置不到位，将直接影响到生产线的投入运营。

在运营中需要考虑的一种情况是模拟企业在当季度有可能会因为操作失误而在某一个或几个市场产生库存，如果没有提前预料到这种情形，可能就会出现既有销量远大于市场的销售人员的能力，因此企业就需要在满足销售能力需求的情况下，适当多招聘 1～2 个客服人员，以防止当季度产生的库存而导致下季度销售能力无法满足而出现减产的情况。

2. 市场营销人员招聘策略

在企业运营仿真系统中，人力资源部根据企业战略制定中的市场定位进行客服人员分配，负责市场订单的处理和销售工作。客服人员也根据产品分配情况进行相应的安排。在公司开始筹建阶段，不明确市场销售的情况下，可平均分配市场的产品，同时人员也相应进行平均分配。同时做到销售人员与生产能力相匹配。以筹备期购置 6 条生产线为例，企业的生产能力在第 1 季度为 30 万个，30 万个的生产能力生产的最大产品数量为 90 万个，如第 1 季度预计在 4 个市场销售的产品总数量为 90 万个，每 10 万个的产品需要 1 个客服人员来销售，那就需要 9 位客服人员，因此，根据目标市场合理分配 9 位客服人员。以筹备期目标市场 4 个为例，可将 9 位客服人员合理分配到这 4 个市场，如表 6-1 所示。

表 6-1　市场客服人员招聘情况

<table>
<tr><td colspan="3">生产线购置</td><td>6 条</td></tr>
<tr><td colspan="3">购买原材料</td><td>1 215 000 个</td></tr>
<tr><td rowspan="5">人员招聘</td><td colspan="2">技术工人</td><td>18 人</td></tr>
<tr><td rowspan="4">客服人员</td><td>华北市场</td><td>3 人</td></tr>
<tr><td>华中市场</td><td>3 人</td></tr>
<tr><td>华南市场</td><td>3 人</td></tr>
<tr><td>华东市场</td><td>0 人</td></tr>
</table>

为保障市场营销，人力资源部门需要招聘足够的市场客服人员，客服人员数量越多，销售的产品越多。如果市场需求足够大、生产的产品数量足够多，但是客服人员数量匹配不足，那么也无法保证能够销售更多的产品。

这里需要注意的是，有些企业为了降低成本，第 0 季度只选择 3 个市场销售产品。如果进入的 3 个市场竞争都相对激烈，那么企业可能会考虑进入第四个市场，这实际上就涉及新进市场。对于新进的市场，企业需要提前 1 个季度进行客服人员招聘，一般情况下客服人员招聘数量与另外 3 个市场相比数量较少，因为企业在刚进入一个新市场的时候，还需要让大众逐渐了解到品牌以及产品，因此新开拓的市场无法具有像另外 3 个市场一样的市场需求量。

6.4.3　员工培训与开发策略

企业在完成员工招聘并进行合理配置后，为了更好地提高员工工作积极性，提高员工的工作业绩，改善企业绩效，提高企业核心竞争力，一方面使员工及时掌握新知识、新技术，提高员工的知识技能水平，确保企业拥有高素质的人才队伍；另一方面也可以营造出员工积极向上的良好学习氛围，制订有效的培训与开发计划。

在企业运营仿真系统中，企业每招聘一个工作人员，需要产生人员招聘费用 500 元。人员培训主要包括客服人员和技术工人的培训，对于新入职的客服人员和技术工人需要进行为期一季度的培训，每人的培训费用为 1000 元。每招聘一名员工，需要产生一次性生活安置费，其中：客服人员 6000 元，技术工人 5000 元。

6.4.4 员工薪酬策略

表 6-2～表 6-4 是 A 企业第 5 季度的运营状况表，根据模拟运营规则，观察表 6-3 发现 A 企业第 5 季度有原材料库存 2 248 547 个，这些原材料可以生产出产品 2 248 547÷1.35=1 665 590 个；再考虑生产线的生产能力，12 条生产线三个班次最多能生产出 555 197×3=1 665 591 个产品。根据原料要与生产数量相匹配，取最小的规则，A 企业第 5 季度的计划生产量应该是 1 665 590 个产品。

表 6-2 A 企业第 5 季度运营状况（一）

零售渠道	市场需求量/个	销售量/个	市场占有率	产成品库存/个	客服人员/人
华北市场	678 721	500 000	11.97%	0	5
华中市场	939 282	500 000	11.96%	0	6
华南市场	488 643	200 000	5.29%	0	2
华东市场	166 374	166 374	3.2%	133 626	6

表 6-3 A 企业第 5 季度运营状况（二）

本季度需求量/个	本季度生产量/个	本季度销售量/个	产成品库存/个	原材料库存/个	总市场占有率/%
2 273 020	1 246 415	1 366 374	133 266	2 248 547	8.11

表 6-4 A 企业第 5 季度运营状况（三）

下季度产能/个	下季度实际产能/个	生产线数量/条	员工总数/人	技术工人/人	客服人员/人
555 197	555 197	12	55	36	19

但实际上在决策时，A 企业确定的产品计划生产量为 1 500 000 个（表 6-5），无论是原材料还是生产线的生产能力都没有全部用完。在计算人工费用时，根据模拟规则，第一班次（正常上班），单位人工成本为 1.2 元；第一班次（加班），单位人工成本为 1.3 元；第二班次（正常上班），单位人工成本为 1.4 元；第二班次（加班），单位人工成本为 1.5 元；第三班次，单位人工成本为 1.6 元。人工费用=单位人工成本×生产数量。计算 A 企业第 5 季度人工费用时，第一班次的人工费用为 555 197×1.2=666 236.4 元，第二班次的人工费用为 555 197×1.4=777 275.8 元，余下的 389 606 个产品因为不足以满足第三班次生产的产量，因此可以用第一班次加班生产，其人工费用为 389 606×1.3=506 487.8 元。这样预计的总人工费用为 1 950 000 元。

表 6-5 第 5 季度生产计划数量

生产计划	数量
生产计划量/个	1 500 000
研发投入/元	2 000 000

这里需要注意的是，如果该企业计划第5季度生产产品170万个，无论是生产线的生产能力还是材料都不足以支撑这个计划生产量。

阅读材料

海尔集团企业战略与人力资源战略的契合

海尔集团是世界第四大白色家电制造商，旗下拥有240多家法人单位，在全球30多个国家建立了本土化的设计中心、制造基地和贸易公司，全球员工总数超过5万人，公司重点发展科技、工业、贸易、金融四大支柱产业，目前已发展成全球营业额超过1000亿元规模的跨国企业集团。

一、海尔发展的六个阶段

海尔公司成立至今，其发展经历了六个阶段的战略转型：名牌战略阶段、多元化战略阶段、国际化战略阶段、全球化品牌战略阶段、网络化战略阶段和生态品牌战略阶段。

第一阶段，名牌战略阶段(1984～1991年)。在“要做就做最好的”战略理念指引下，海尔专注于冰箱专业化生产过程，实施“名牌战略”，建立了全面质量管理体系。

第二阶段，多元化战略阶段(1991～1998年)。海尔通过企业文化的延伸及“东方亮了再亮西方”的经营理念，成功地实施了多元化战略扩张，所采取的策略是通过“吃休克鱼”的办法进行业务拓展。

第三阶段，国际化战略阶段(1998～2005年)。海尔实施了以创国际名牌为导向的国际化战略。其基本战略理念是“从海尔的国际化到国际化的海尔”。国际化的指导思想是“先难后易”并以“出口创牌”为目标，取得了成功。

第四阶段，全球化品牌战略阶段（2005～2012年）。2005年海尔集团为了适应全球经济一体化的形势，开始实施全球化品牌战略，确定了“走出去、走进去、走上去”的目标，实现在每一个国家的市场创造本土化的海尔品牌。

第五阶段，网络化战略阶段（2012～2019年）。2012年进入网络化战略阶段。实现网络化企业，企业无边界，管理无领导，供应链无尺度，在企业战略、组织架构、员工、用户、薪酬和管理等几个方面都进行了颠覆性的探索，建立了以用户为中心的共创共赢的生态圈。

第六阶段，生态品牌战略阶段（2019年至今）。2019年海尔进入生态品牌战略阶段，提出了“人是目的，有生于无”的理念。强调“企业即人”，以人的价值最大化为宗旨，贯穿每个战略阶段；有生于无，强调“文化是魂”，海尔的发展在每个阶段都是有生于无，每个阶段的成果都源于文化观念。

二、“OEC管理法”：与名牌战略相契合的人力资源战略

在名牌战略推进阶段，海尔从1989年起，正式实施了“OEC管理法”。OEC是指

overall（全方位）、every（每人、每天、每件事）、control&clear（控制和清理），概括起来就是“日事日毕，日清日高”“人人有事管，事事有人管”。也就是说，今天的事情今天一定要把它做完，今天的事情比昨天要有提高，每天都有提高。为保证“OEC管理法”的贯彻执行，海尔建立了质量价值考核制度，员工收入实行质量否决制，要求员工不但要生产出，而且要生产好每一台产品；考核重点是遵章守法，凡是企业的规章制度，不是摆样子，而是做到建立一项就执行一项、考核一项、兑现一项；分配制度主要同质量挂钩，谁出质量问题，就按考核规定扣谁的工资。

三、“挑战自我”：与多元化战略相契合的人力资源战略

为配合实施多元化的企业发展战略，海尔提出“挑战满足感、经营自我、挑战自我”的人力资源战略管理理念，设计了把“外部市场竞争效应内部化”的市场链机制。其核心思想是，企业有内外部两个市场，内部市场考虑的是怎样满足员工的需求以提高他们的积极性，外部市场考虑的是怎样提高美誉度以满足用户的需求。在海尔内部，“下道工序就是用户”，每个人都有自己的市场，都有一个需要对自己市场负责的主体；每位员工最主要的不是对他的上级负责，而是对他的市场、他的客户（下道工序）负责。每个员工都通过“赛跑”来看是否有能力通过竞争上岗来追求自己的价值，这样才能达到经营自我，不断战胜自我、战胜满足感、超越自我的境界。

四、“国际化的人”：与国际化战略相契合的人力资源战略

海尔集团认识到，在全球化的新经济环境下，要想成为国际化的名牌，每一个员工首先应成为国际化的人才。因此，新时期海尔集团人力资源管理必须适应企业实施国际化战略的大目标要求，为企业提供和培养真正具备国际化素质和国际竞争力的人力资源。在人力资源管理与开发方面，海尔根据“赛马不相马”“人人都是人才”的理念，推出了“部长竞聘上岗”“农民合同工当上车间主任”等大量案例，打造出了“人才自荐与储备系统”、“三工并存，动态转换”（“三工”即优秀工人、合格工人、试用员工。动态转换即干得好可以成为优秀工人，干得不好随时可能变为合格工人甚至试用员工）、“末位淘汰”、“四级动态考核”和“多元化的工资福利激励”等完善的人力资源管理体系和措施。

资料来源：侯光明. 2009. 人力资源战略与规划. 北京：科学出版社.

拓展阅读

陈伟. 2018. 腾讯人力资源管理. 苏州：古吴轩出版社.
姜汝祥. 2015. 请给我结果. 北京：中信出版社.

思考与练习

1. 企业为迎接同行企业的挑战，如何通过内外部环境分析做好企业人力资源战略？

2. 如何理解人力资源管理与企业核心竞争力的关系？要提高企业核心竞争力，应如何做好人力资源管理？

3. 企业如何有效地组建高水准、高素质的队伍？如何根据人力资源规划在选人、用人、育人和留人四个方面进行有效实施？

第7章

财务报表分析

学习目标

1. 了解财务报表分析对企业运营管理的意义。
2. 掌握资产负债表、利润表和现金流量表的主要内容。
3. 了解财务报表分析概述；熟悉财务报表在企业运营管理中的应用。
4. 掌握运用财务报表分析企业运营管理能力；掌握经济增加值的内涵及计算。

引导案例

中国广核集团：财务变革提升经营管理水平和价值创造

中国广核集团有限公司（简称广核集团）是一家全国性大型企业集团，由主要企业中国广核集团有限公司和40多家重要成员企业组成。自2005年以来，广核集团已在风能、太阳能、节能技术、核技术、金融服务、公共服务等新业务部门进行多样化发展。此外，该集团在分布式能源、核技术应用、节能技术服务等领域同样取得了重大进展。广核集团正着重将工业与金融结合起来，发展综合金融体系，实施创新性财务管理，在新的环境下优化财务管理。他们通过综合流程、集中会计、综合预算管理和集中基金付款管理等顶层设计战略来实现财务管理创新，主要体现在以下几个方面。

一、财务系统和财务流程统一化

构成广核集团成员基地的许多国内外企业在各种部门开展业务，如核能、可再生能源、太阳能、金融服务、核技术应用和节能技术等。这些集团组织拥有众多成员和各种部门，想要及时对各个公司部门进行信息获取，必须利用当代信息技术的进步，及时、准确地收集财务数据，了解每个成员公司的情况，以便实现管理目标。为了便于数据获取和财务信息标准化，成员公司的ERP（enterprise resource planning，企业资源计划）软件必须一贯利用 SAP（systems applications and products in data processing，系统分析与程序）软件，同时使用用户配置管理软件进行财务重构。鉴于成员公司之间的差异，在统一的财务流程和 ERP 软件的前提下，成员公司可以根据业务和管理的需要进行个性化开发。例如，会员公司可以开发一些系统，将业务数据与金融数据联系起来，并及时获得三维和全面的金融数据信息。成员公司也可以批准用户配置管理系统上面的所有财务流程。所有相关文件都使用图像系统扫描并上传到用户配置管理系统，审批人员必须按照上传的文件资料线上完成核准程序。经核准后，会计和出纳负责推进用户配置管理流程，最后完成 SAP 会计处理和付款。

二、会计核算集中化

传统的财务大部分时间涉及会计核算，监督和反映作为主要的财务管理任务，业务和财务分割严重。广核集团认识到传统财务的局限性，率先在中国设立了一个财务共享中心。成员公司财务分为两部分：业务财务和战略财务。业务财务是商业与金融之间的联系，有助于推动业财融合，而战略金融主要负责管理预算和执行业务战略。共享中心监督共享业务。通过实现统一的会计标准、会计待遇以及通过财务共享统一资金付款和报表列示，集团业务的财务管理奠定了坚实的基础。与此同时，共享中心在严格遵守经济规章和会计准则的情况下统一了会计账务处理，从而消除了财务风险。为了实现公司的业务目标，会员公司的业务财务和战略财务工作人员可以从复杂的企业会计核算中解放出来，给他们更多的时间和精力，以便致力于创新的财务管理和业财一体化任务。

三、预算管理全面化

预算管理是企业财务管理的重要一环，它需要企业各个部门的共同参与和努力。通过全面预算的制定、监控、执行和反馈优化等措施，企业可以更好地支持企业的战略规划和目标实现，提高企业的竞争力和经济效益。“规划、预算和评估”是广核集团所实施的“三位一体”策略。通过规划进行战略资源配置，实现战略目标，预算作为执行计划的管理工具，用于分配战略资源，以实现战略目标。评估情况同薪酬待遇挂钩，奖优惩劣。

四、企业管理精益化

精益管理是一种以高效、节约和可持续发展为目标的管理方式，旨在优化企业的运营流程，提高生产效率，降低成本，并增强企业的核心竞争力。广核集团积极宣传精细化管理的理念，组织大量人力、物力进行培训，并确定与集团分享的典型案例以促进事业发展。例如，广核集团为推进核电站整修管理标准化，投入了大量时间和精力。通过标准成本核算分析了业务资源分配的合理性，进而对业务活动进行修改和优化。

五、资金支付集中化

随着企业规模的扩大和业务复杂性的增加，资金支付管理的重要性日益凸显传统的分散式资金支付方式已经无法满足企业对资金安全、效率、成本控制等多方面的需求。

因此，企业资金支付集中化成为一种新的管理模式，旨在提高资金使用效率、降低风险、优化资源配置。

首先，广核集团通过将分散在各部门的资金支付集中管理，实现资金的统一调度和分配，确保资金使用的合规性和透明度，从而提高资金的使用效率。其次，资金支付集中化可以降低企业的风险。集中化管理可以减少资金被挪用、盗用的风险，因为所有资金都处于企业的监控之下。集中化的支付系统也可以及时发现并处理异常支付行为，防止欺诈和违规行为的发生。再次，资金集中支付可以帮助企业优化资源配置。通过分析各部门的资金需求和支付情况，企业可以发现资源分配的不足和浪费，进而调整资源配置，提高整体效益。最后，集中化的支付系统还可以为企业提供数据支持，帮助企业做出更明智的决策。

六、启示

企业财务管理的最终目标是通过资源分配和财务控制，支持和指导前端业务发展，发挥财务价值的作用，产业财富合并是抓手。以“产业财富一体化”为重点，开展管理会计实践，促进业财融合，从企业价值的角度融资，推进财务全面融入业务，让财务从企业价值的角度，穿越各个流程，汇聚整合各方数据，分析发现规律。

为了满足时代的发展需要，业务和财务一体化是关键的转型步骤。财务人员今后需要将个人工作与企业发展目标相结合，认真实施企业发展战略，积极应对即将出现的财务工作的新要求，从基层开始，深入一线部门。同时，还需要更好地了解需求，以积极包容的态度，实现业财一体化，实现新的目标，提高企业业务管理水平，助力价值创造，稳步推进企业高质量发展。

资料来源：黄随生. 2017. 中广核集团战略财务管理模式探索与实践. 会计师，（3）：77-78.（有改动）

7.1 财务报表分析概述

财务报表是企业运营管理的重要依据，通过对财务报表相关数据信息的分析，企业能比较全方位地了解到运营管理现状，并以此为基础评估企业发展前景。本章以财务报表分析为研究对象，阐述如何运用财务报表对企业的经济行为进行规范约束和评价，从而不断健全企业内部管理机制，提升企业运营管理效率，助推企业高质量发展。

7.1.1 财务报表是企业运营管理的晴雨表

财务报表是反映企业一定时期资金、利润、现金流量等情况的会计报表，是企业商业活动与生产经营工作的总结，主要包括资产负债表、利润表以及现金流量表。财务报表是连接企业经营管理层和相关利益者的有效渠道。财务报表分析以企业基本活动为对象、以财务报表为主要信息来源，系统分析和评价企业财务状况、经营成果和未来发展趋势。企业需要结合现阶段生产经营情况，依据财务报表会计科目之间的勾稽关系，做好偿债能力分析、营运能力分析、盈利能力分析以及发展能力分析，建立综合的企业财务报表分析体系，以此反映企业在运营管理中的利弊得失，为优化企业经济决策提供理论支撑。同时，财务报表分析应从市场角度出发，结合行业特点和企业实际，参照行业基准值开展结构性分析，寻找与所属行业以及行业主要竞争对手之间的财务指标差异，从企业核心竞争力、发展模式、经营管理水平、产品质量和差异性等方面进行有侧重点的对比分析，从而了解企业在行业中所处位置，以及与同行业其他企业相比经营的优劣势。分析企业财务报表能够系统地总结企业历史、反映企业现状、预测企业前景，成为企业健康稳定发展的重要抓手。财务报表分析常见的方式有比较分析法和比率分析法。比较分析法根据对两个及以上的可比数据信息开展比照，挖掘公司财务状况与运营成效之间存在的问题。比较分析法可以将企业自身作为研究对象，将不同时期的经营数据进行纵向比较，反映企业在不同时期的发展趋势，即趋势分析法；或者将企业生产经营情况与所属行业平均水平或业内其他企业进行横向比较，即横向比较法。比率分析法是经过测算同一阶段有关指标值比率，来明确生产运营和会计活动变动。其中，构造比率体现一部分与总体的关系，可以调查总体中各部分的分配是不是有效，例如，流动资产占总市值的比例等；效率比率体现了资金投入与生产的关系，是所费与所得的比率，可以通过比较得失考察企业生产经营成果，如成本费用利润率等；相关比率可以反映有关经济活动的相互关系，考察企业相互关联的业务配置情况，如流动比率、资产负债率等。

7.1.2 财务报表分析对企业运营管理的意义

财务报表分析是通过对财务数据和相关信息的汇总、计算、对比和说明，借以揭示和评价公司的财务状况、经营成果、现金流量和公司风险，为报表使用者的投资、筹资和经营决策活动提供财务信息。

1. 财务报表分析是企业经营决策的依据

企业负责人和经营管理团队通过对财务报表进行分析，能够客观评价企业资金利用、资金周转、成本升降、利润率变动等财务状况，考核企业经营管理业绩，总结经营管理经验，明晰企业生产经营活动特点，洞察企业内在价值、战略目标、运营机制、风险效益等，发现经营过程中存在的问题并提出改进措施，不断提高企业治理能力，切实改善企业日常运营管理效率。同时依据宏观经济发展趋势和行业发展前景，结合企业财务报表分析结果评价企业的发展路径，谋划切实可行的生产经营活动，为企业的重大经营决策提供依据。

2. 财务报表分析有利于股东掌握企业动态

股东通过对财务报表进行分析，能够较为系统地了解企业生产经营情况。一是企业盈利能力，企业的利润实现和利润分配情况有助于展示企业投资收益效果，股东作为企业的投资方，较为重视企业盈利能力和资本保值增值能力。二是企业偿债能力，企业资产数额表明企业是否拥有足够的能力偿还负债，有无资金使用风险隐患，以证明股东投入资金的安全性。三是企业成长能力，通过了解企业的经营管理情况、创造利润情况、企业未来发展空间，进而明确企业经营方针和投资计划。四是企业经营管理效率，股东作为企业所有者，一般并不直接参与企业的生产经营活动，通过对财务报表进行分析，能够监督企业的经营管理团队是否合理地利用企业现有资产实现效益最大化。

7.2　财务报表在企业运营管理中的应用

7.2.1　资产负债表在企业运营管理中的应用

资产负债表（the balance sheet）也称为财务状况表，表示企业在一定日期（通常为各会计期末）的财务状况（即资产、负债和业主权益的状况）的主要会计报表。资产负债表利用会计平衡原则，将合乎会计原则的资产、负债、股东权益交易科目分为“资产”和“负债和所有者权益”两大区块，在经过分录、转账、分类账、试算、调整等会计程序后，以特定日期的静态企业情况为基准，浓缩成一张报表。其报表功用除企业内部除错、经营方向、防止弊端外，也可让所有阅读者于最短时间了解企业经营状况。

1. 资产负债表的基本结构

资产一般是按变化的先后顺序逐一列在表的左方，反映单位所有的各项财产、物资、债权和权利；所有的负债和所有者权益则逐一列在表的右方。负债一般列于右上方分别反映各种长期和短期负债的项目，所有者权益列在右下方，反映业主的资本和盈余。左右两方的数额相等，如表 7-1 所示。

表 7-1　资产负债表示例

编制单位：　　　　　　　　　20　年　月　日　　　　　　　　　　　　　　　　单位：万元

资产	期末余额	期初余额	负债和所有者权益	期末余额	期初余额
流动资产：			流动负债：		
货币资金			短期借款		
交易性金融资产			交易性金融负债		
应收票据			应付票据		
应收账款			应付账款		
预付款项			应付职工薪酬		
其他应收款			应交税费		
存货			其他应付款		
一年内到期的非流动资产			一年内到期的非流动负债		
其他流动资产			其他流动负债		
流动资产合计			流动负债合计		
非流动资产：			非流动负债：		
债权投资			长期借款		

续表

资产	期末余额	期初余额	负债和所有者权益	期末余额	期初余额
其他债权投资			应付债券		
长期应收款			长期应付款		
长期股权投资			递延所得税负债		
投资性房地产			其他非流动负债		
固定资产			非流动负债合计		
在建工程			负债合计		
无形资产			所有者权益（或股东权益）：		
研发支出			实收资本（或股本）		
商誉			其他权益工具		
长期待摊费用			其中：优先股		
递延所得税资产			资本公积		
其他非流动资产			减：库存股		
			其他综合收益		
			盈余公积		
			未分配利润		
非流动资产合计			所有者权益合计		
资产总计			负债和所有者权益总计		

资产负债表必须定期对外公布和报送外部与企业有经济利害关系的各个集团（包括股票持有者，长、短期债权人、政府等有关机构）。当资产负债表列有上期期末数时，称为“比较资产负债表”，它通过前后期资产负债的比较，可以反映企业财务变动状况。根据股权有密切联系的几个独立企业的资产负债表汇总编制的资产负债表，称为“合并资产负债表”。它可以综合反映本企业以及与其股权上有联系的企业的全部财务状况。

2. 资产负债表的组成

1）资产

按资产的流动性大小不同，分为流动资产和非流动资产两类。

流动资产类由货币资金、交易性金融资产、应收票据、应收账款、预付账款、其他应收款和存货和待摊费用等项目组成。

非流动资产类由持有至到期投资、可供出售金融资产、长期股权投资、固定资产、无形资产和长期待摊费用等项目组成。

2）负债

按负债的流动性不同，分为流动负债和非流动负债两类。

流动负债类由短期借款、应付账款、预收账款、应付职工薪酬、应交税费、应付股利、其他应付款、预提费用等项目组成。

非流动负债类由长期借款和应付债券等项目组成。

3）所有者权益

按所有者权益的来源不同，由实收资本、资本公积、盈余公积和未分配利润等项目组成。

3. 资产负债表的分析

资产负债表是用以表达一个企业在特定时期的财务状况，财务状况是指企业的资产、负债、所有者权益及其相互关系。资产负债表是以“资产=负债+所有者权益”这一等式为理论基础的，据此可以分析公司的财务状况。

1）揭示公司的资产及其分布结构

通过考察流动资产可以了解公司在银行的存款以及变现能力，掌握资产的实际流动性与质量；通过分析长期投资，可以掌握公司从事的是实业投资还是股权债权投资，以及是否存在新的利润增长点或潜在风险；通过固定资产工程物资与在建工程的同期比较，可以掌握固定资产消长趋势；通过了解无形资产与其他资产，可以掌握公司资产潜质。

2）揭示公司的资产来源及其构成

根据资产、负债、所有者权益之间的关系，如果公司负债比重高，相应的所有者权益即净资产就低，说明主要靠债务“撑大”了资产总额，真正属于公司自己的财产（即所有者权益）不多。如果短期负债多，若对应的流动资产中货币资金与短期投资净额以及应收票据、股利、利息等可变现总额低于流动负债，说明公司不但还债压力较大，而且借来的钱成了被他人占用的应收账款与滞销的存货，反映了企业经营不善、产品销路不好、资金周转不灵。

3）有助于评价公司的盈利能力

通常情况下，资产负债率应当控制在适度的比例，如工业生产类企业以低于60%为宜，不过，过低（如低于40%）也不好，说明公司缺乏适度负债经营的创新勇气。结合资产收益率，还可评价公司的资产创利、盈利能力。

4）分析公司经营管理水平及发展前景与后劲

资产负债表包含“资产”和“负债及所有者权益”两大区块，以特定日期的静态企业情况为基准，客观反映企业现有资产的构成情况和资金来源情况，是企业在某一时点财务状况的准确反映。一是通过对资产类项目的构成进行分析，可以不断优化企业资产结构，提高各类生产要素的配置效率和效益。企业应依据行业特征和自身发展情况，使有形资产和无形资产、流动资产和固定资产等根据生产经营实际保持合理的比例，减少企业内部生产要素配置比例失当，造成的某类要素的短缺和其他要素的浪费。二是资产、负债和所有者权益的构成关系以实现财务风险可控和资本成本最低为目标，由于债务成本和权益成本不同，企业管理团队需要评估企业生产经营情况，以适应市场变化为目标及时调整企业经营战略，合理配置负债与所有者权益的比例，力求在加权资本成本最小时实现企业价值最大化。

7.2.2 利润表在企业运营管理中的应用

利润表是指反映企业在一定会计期的经营成果及其分配情况的会计报表，是一段时间内公司经营业绩的财务记录，反映了这段时间的销售收入、销售成本、经营费用及税收状况，报表结果为公司实现的利润或形成的亏损。利润表是以权责发生制为基础的经营成果，表现了企业的财务形象，如表 7-2 所示。

表 7-2 利润表示例

编制单位： 20 年 月 日 单位：万元

项目	本年累计数	上年金额
一、营业收入		
减： 营业成本		
税金及附加		
销售费用		
管理费用		
研发费用		
财务费用		
其中：利息费用		
利息收入		
加：其他收益		
投资收益		
公允价值变动收益		
二、营业利润		
加：营业外收入		
减：营业外支出		
三、利润总额		
减：所得税费用		
四、净利润		
按经营持续性分类：		
持续经营净利润		
终止经营净利润		
五、其他综合收益的税后净额		
归属于母公司所有者的其他综合收益的税后净额		
归属于少数股东的其他综合收益的税后净额		
六、综合收益总额		
七、每股收益		
基本每股收益（元/股）		
稀释每股收益（元/股）		

本年利润可以体现企业在一定会计期间的经营状况与运营成效，根据掌握企业主营业务收入完成、营业成本及期间费用开支、运营外收支、所得税费用缴纳等状况，最后

得到企业生产运营盈利成果即纯利润的完成。对利润表进行分析能够客观评价企业资本获利能力，全面掌握企业收益增长趋势，合理定位企业发展前景，理性做出投资决策。企业以利润实现为基础，其销售收入也应当保持持续稳定增长，而且净利润增长原则上快于销售收入的增长时，才能说明企业具有长期向好的发展态势。对于高新技术企业来说，研发费用占销售收入比值即研发投入强度也是衡量企业成长性的重要指标，通过对比销售费用和研发费用的增幅，也可以评估企业采取的是营销战略还是研发战略。

1. 企业利润的确认原则

企业利润的确认原则是权责发生制。权责发生制是指凡是应属本期的收入和费用，不论其款项是否收到或付出，都作为本期的收入和费用处理；反之，凡不属于本期的收入和费用，即使款项在本期收到或付出，也不应作为本期的收入和费用处理。

2. 企业利润的质量分析

1）营业利润实现过程的质量分析

A. 营业收入的产品品种构成分析

占总收入比重大的商品或劳务是企业过去业绩的主要增长点。企业要科学分析能够体现过去主要业绩的商品或劳务的未来发展趋势。

B. 营业收入的地区构成分析

占总收入比重大的地区是企业过去业绩的主要地区增长点。不同地区的消费者对不同品牌的商品具有不同的偏好。不同地区的市场潜力在很大程度上制约企业的未来发展。

C. 营业实现收入的方式分析

分析政府所起的作用。行政手段对企业营业收入所起的作用越大，未来的发展前景越无法肯定。

分析企业与关联方交易状况。关注以关联方销售为主体形成的营业收入在交易价格、交易的实现时间、交易量等方面的非市场化因素。

分析企业市场化运作状况。市场运作越不规范，企业营业收入的发展前景越不确定。

D. 产品的抗变能力分析

产品的抗变能力越强，生命力越持久，营业收入越有保障。

2）利润结构的质量分析

（1）关注利润表本身的质量。关注毛利率走势；注意小项目的大危机，如其他业务利润、营业外收入、营业外支出；注意净利润中投资收益与营业利润的互补性变化。

（2）关注利润的结构与资产结构之间的对应关系。

（3）关注营业利润与投资收益各自带来现金流量的能力。

3）利润结果的质量分析

企业应关注利润对应的资产的质量，如货币资金质量、商业债权质量、存货质量、固定资产质量、长期投资质量等。

7.2.3 现金流量表在企业运营管理中的应用

现金流量表详细描述了由企业的经营、投资与筹资活动产生的现金流量，直观反映出企业在一定时期现金收入支出的动态情况，现金流量表可以对企业偿债能力和支付能力表现出更接近生产经营实际的评价，也是企业是否健康经营的依据。结合企业运营管理现状和资金使用途径，综合分析企业一定阶段内资金来源动向以及未来产生现金流的能力，制定动态监测报表并合理调配现金，为开展经营、投资决策提供资金保障。资产负债表和利润表基于权责发生制，现金流量表基于收付实现制，从长远来看，企业产生利润时应带来现金收益，并且通过将经营活动产生的现金净流量和净利润进行比较，企业可以了解其现金收益质量。

现金流量表是以现金为基础编制的、综合反映企业一定会计期间内现金的流入和流出及其增减变动情况的报表。我国企业的现金流量表属于年度报表，由正表和补充资料两大部分组成。正表采用报告式，按照现金流量的性质，依次分类反映：经营活动产生的现金流量、投资活动产生的现金流量和筹资活动产生的现金流量。现金流量表是以收付实现制为基础的经营成果的体现，可以用来表明企业的支付能力，如表 7-3 所示。

表 7-3 现金流量表示例

编制单位： 20 年 月 日 单位：万元

项目	本期金额	上期金额
一、经营活动产生的现金流量：		
销售商品、提供劳务收到的现金		
收到的税费返还		
经营活动现金流入小计		
购买商品、接受劳务支付的现金		
支付的各项税费		
经营活动现金流出小计		
经营活动产生的现金流量净额		
二、投资活动产生的现金流量：		
收回投资收到的现金		
处置固定资产、无形资产和其他长期资产收回的现金净额		
投资活动现金流入小计		
购建固定资产、无形资产和其他长期资产支付的现金		
投资活动现金流出小计		
投资活动产生的现金流量净额		

续表

项目	本期金额	上期金额
三、筹资活动产生的现金流量:		
吸收投资收到的现金		
取得借款收到的现金		
筹资活动现金流入小计		
偿还债务支付的现金		
分配股利、利润或偿付利息支付的现金		
筹资活动现金流入小计		
筹资活动产生的现金流量净额		
四、汇率变动对现金及现金等价物的影响		
五、现金及现金等价物净增加额		
加:期初现金及现金等价物余额		
六、期末现金及现金等价物余额		

1. 现金流量影响因素与调整

1)现金流量分析的对象

分析对象=期末现金及现金等价物–期初现金及现金等价物

2)从净收益到经营活动现金流量净额的调整过程

在净收益的基础上,加上非经营活动损失(筹资和投资活动的损益);加上不支付现金的费用;加上非现金流动资产减少,减去非现金流动资产增加;加上经营性应付项目增加,减去经营性应付项目的减少等。

2. 现金流量比率分析

1)流动性分析

反映公司流动性的指标主要有现金流量负债比率、现金利息保障倍数和到期债务偿付比率,其计算公式分别为

$$现金流量负债比率=\frac{经营现金净流量}{流动负债}$$

$$现金利息保障倍数=\frac{经营现金净流量+利息费用+所得税}{利息费用}$$

$$到期债务偿付比率=\frac{经营现金净流量}{到期债务本息}$$

2）财务弹性分析

反映公司财务弹性的指标主要有现金流量适合比率。

$$现金流量适合比率=\frac{近5年经营现金净流量}{近5年资本支出、存货增加、现金股利之和}$$

3）收益质量分析

反映收益质量的指标主要有每股经营现金净流量和现金收益比率，其计算公式为

$$每股经营现金净流量=\frac{经营现金净流量}{普通股股数}$$

$$现金收益比率=\frac{经营现金净流量}{净收益}$$

4）现金流量结构百分比分析

现金流量结构百分比分析是以现金流入总额作为100%，分别计算经营活动、投资活动和筹资活动现金流入量、流出量占现金流入总额的比重，分别反映公司现金的来源与用途，以便分析公司现金流入量与流出量的匹配程度。

3. 现金流量质量的分析方法

1）经营活动现金流量的质量分析

经营活动现金流量小于零，不能维持货币运行，应通过其他活动补偿；经营活动现金流量等于零，恰好维持经营活动，但不能补偿应计和摊销性费用；经营活动现金流量大于零，但小于应计和摊销性费用，只能部分补偿应计和摊销性费用；经营活动现金流量大于零，且等于应计和摊销性费用，可以全额补偿应计和摊销性费用，但不能为扩大再生产提供货币；经营活动现金流量大于应计和摊销性费用，能部分为企业扩大再生产提供货币。

2）投资活动现金流量的质量分析

对内投资活动现金流量先流出，流出应由经营活动补偿，速度取决于折旧速度，补偿时间滞后；流出量为负数，一般表明企业在扩张。

3）筹资活动现金流量的质量分析

筹资活动完全取决于前两项活动具体情况的变化。

7.3 运用财务报表分析企业运营管理能力

7.3.1 企业偿债能力分析

偿债能力就是指企业偿还本身欠付债务的能力，债务依照期满时间分成短期债务和长期债务。短期偿还债务能力是指企业偿付流动资产的能力，考量标准具体有现金比率、流动比率和速动比率等。长期偿还债务能力就是指企业在很长的期限内偿还债务的能力，可以体现企业会计平稳情况和财产经营安全性，衡量的是总资产水平对总负债的偿还能力，反映了资产、负债、所有者权益之间的关系。衡量指标主要有资产负债率、产权比

率、权益乘数等。资产负债率现已成为评价企业综合管理水平的关键指标之一。从经营管理层面来看，企业进行负债配置时更关注风险和收益的平衡。资产负债率较高，表明企业有很大的财务风险，但盈利能力也相对提升；资产负债率较低，表明企业偿债能力有保证，但资产的利用效率尚需提高。选择高的负债水平还是低的负债水平，要根据所属行业性质，结合企业自身的营业周期、资产构成、经营状况等对资产来源进行调配，选择适合企业现阶段生产经营特点的资产负债率。在衡量负债水平时，还需要关注有息负债的比重。有息负债是企业在银行及其他金融机构以有偿方式取得的借款，无息负债是在企业生产经营过程中占用供应商、经销商等的货款，若企业的有息负债水平保持不变，资产负债率的提升则意味着企业在上下游产业链中的议价能力和谈判水平提升。

7.3.2 企业营运能力分析

营运能力是指公司资产应用和循环系统效率的多少，根据在生产经营全过程中配备与协调有关资源，以实现投入产出效率的最大化。营运能力指标具体指出资产在规定时期内的周转率，资金周转速率越快表明企业资金管理水准和利用效率越高，公司可以以小资金投入取得大盈利，证实了公司的生产制造营销与管理能力。考量指标有总资产周转率、存货周转率、流动性资产周转率、固定不动资产周转率等。总资产周转率体现总资产和销售收入的投入产出关系，对于销售收入增长乏力的行业和企业，经营管理层应有效控制企业资产规模的增长，寻找好的方法“瘦身健体”，加大现有产能释放，达到提质增效的目标，而不是盲目扩张和投资导致资产规模迅速膨胀。“存货和应收账款占流动资产的比重”也是反映企业资金运营管理水平和财务风险情况的重要监测指标。一般来说，存货的流动性直接影响企业的流动比率，但应结合实际分析企业存货储备是战略主动还是经营被动，若是管理层看准原材料涨价趋势主动而为，存货高的劣势则有可能转变为效益。

7.3.3 企业盈利能力分析

盈利能力就是指企业得到利润、完成资产升值的能力，增加利润是企业进行企业经营活动的关键所在。利润是投资人获得长期投资、债务人扣除等额本息贷款、企业扩大再生产的自有资金，是经营人经营业绩和管理方法效率的总体主要表现。盈利能力指标可以体现收益与利润之间、财产与利润之间的相互关系，因此，在充分考虑营业收入、利润总额、归母净利润等绝对值指标的基础上，企业往往会更加留意营业毛利率、净资产收益率等相对值的指标。营业毛利额表明营业收入扣除营业成本后能够弥补各项费用形成的利润剩余，营业毛利率越大可以理解为企业的差异性和市场竞争能力越强。将企业的营业毛利率与所属行业基准值进行对比，可以反映企业产品在行业中的定位。高于所属行业平均毛利率的企业意味着在技术、资源等方面具有优势。净资产收益率是杜邦财务指标体系的核心，综合反映了权益资本的盈利能力。在企业财务风险可控的前提下，净资产收益率在一段时间内持续增长说明权益资本盈利能力稳定提升。该指标反映了企业筹资、投资、资产运营管理等各项财务及其管理活动的效率。

7.3.4 企业发展能力分析

发展能力就是指公司资产规模、盈利能力、市场份额持续增长的能力，是公司根据生产运营活动不断扩大累积产生的发展潜力，是企业具有成长性的表现。企业健康稳定发展取决于外部经济环境和企业自身资源条件，关键是企业内在价值持续稳定的增长。衡量指标有营业收入增长率、总资产增长率、资本保值增值率和所有者权益增长率等。营业收入增长率反映了企业营业收入增长情况，是考量企业生产经营能力、销售市场占有能力和预测分析企业运营业务流程发展趋向的主要指标。企业运营收入增长率越高，则表示企业拥有良好的销售水平和充足的发展动能，企业未来发展前景越好。总资产增长率反映了企业资产经营规模扩张情况，企业需要持续关注资产规模扩张的质量，避免资产盲目膨胀。资本保值增值率和所有者权益增长率综合反映了企业的持续发展能力，企业资本积累越多，应对风险和扩大再生产的能力就越强。

7.3.5 运用财务报表综合评价企业运营管理能力

应用财务报表分析的目的是全方位、精确、客观地揭示和披露公司经营状况，并借此对企业经济效益的优劣进行合理评价。个别指标的高低并不能代表企业经营能力的好坏，仅通过孤立的财务分析指标堆砌也不可能得到正确的结论，因而，必须将公司的偿债能力、营运能力和发展能力等各类剖析指标开展有机结合，建立财务分析管理体系，才可以从总体上完成企业运营成效的综合性点评。常见的综合性统计分析方法有杜邦分析法、经济增加值法等。

杜邦分析（DuPont analysis）法利用关键财务比率之间的相互作用关系，综合系统地分析评价权益投资回报能力。该方法的基本思想是以净资产收益率为起点，以总资产净利率和权益乘数为基础，通过将核心指标逐步分解为多项财务比率乘积，可以深度评价企业经营管理业绩，该方法可以使财务比率分析条理更加明显、层次更加清晰。虽然杜邦分析法是综合性较强的财务分析方法，但是由于其只包含财务指标，反映的是企业历史情况，对于企业品牌、技术创新、客户关系、特色管理等无形资产估值不能给予客观的评价，因此，在全面反映企业的运营管理能力时存在一定的局限性，企业在实际工作中应结合其他重要信息进行统筹分析。

经济增加值（economic value added，EVA）法是指企业从税后净营业利润中扣除全部投入资本成本后的剩余收益，投入资本包括债权资本和股权资本。传统的综合评价方法没有考虑股东投入资本的机会成本，经济增加值法能够真实反映企业的价值创造，从股东角度评价企业管理者运用企业资源效率和为股东创造价值的能力，实现了股东利益和管理者利益的统一，是体现企业最终经营目标的综合评价方法。

经济增加值=税后营业净利润-资本总成本=税后营业净利润-资本×资本成本率

经济增加值为正说明管理者在创造企业价值，经济增加值为负说明管理者在毁损企业价值。但是经济增加值仅适用于评价企业历史和当期价值创造情况，对于企业未来长远发展产生的收益难以衡量；由于行业、规模、发展阶段不同的企业之间加权资本成本也不尽相同，经营增加值作为绝对值指标，也不适用对此进行比较评价。

7.4 财务报表分析仿真实践

企业财务状况的好坏，不仅被企业的每个财务人员所关心，也是投资人、企业管理者、企业的其他利益相关者时刻关心的一件大事。大家都在说：财务管理是企业管理的中心，财务状况的好坏，是企业经营好坏的晴雨表。

7.4.1 财务状况——资产负债表

企业运营仿真系统通过资产负债表重点了解总资产规模，资产负债率两个指标，如图 7-1 所示。

资产负债表

选择季数：第2季 ▼

项目	上季数	本季数
一、资产		
现金	7,248,790	3,593,367
原材料存货价值	2,581,386	4,006,456
产成品存货价值	494,936	2,753,760
生产设备价值	4,425,000	5,814,375
资产合计	14,750,111	16,167,958
二、负债		
正常负债	10,000,000	15,000,000
非正常负债	0	0
负债合计	10,000,000	15,000,000
三、所有者权益	4,750,111	1,167,958

图 7-1 系统资产负债表截图

这张图片是企业运营仿真系统中提供的一张简易的资产负债表，其中关于资产负债率在财务分析中还要详细介绍。在这张报表中，我们要重点关注负债总额和权益总额，控制其在一个合理的可控范围内。因为，企业运营仿真系统最重要的规则为负债是权益的十倍就会破产出局，没有继续运行的可能。

7.4.2 经营成果——利润表

利润表先看主营业务收入和主营业务成本，再看净利润。在模拟系统中，收入全部来自四个市场的销售收入，其中成本费用中材料耗用根据生产数量产生的材料耗用成本，非当期采购原材料的价值；其中产成品存货价值修正额，来源于调整销货量与生产量差额部分，并折算价值。因本期实际销货量与实际生产量不完全相同，同时系统规定先卖存货，故为符合一般会计原则须调整期间因数量不同所产生的差异。同时企业运营仿真系统上期报表会提供下一期市场原材料的单价，大家需要在利润表中查找。

7.4.3 现金流量——现金流量表

现金流量表主要看资金的主要流入和流出方向。

其中，由于产品被陆陆续续地销售，销售现金也被陆陆续续地回收，回收的部分销售收入可以用于本季度的现金支出，所以，系统规定：当季度销售收入的一半可以在当季度直接使用，当季度可用现金等于当季度销售收入的一半和上季度账面剩余现金之和。当可用资金和支出资金出现负数时，就必须使用借款来弥补，同时系统计算相关财务利息。

7.4.4 主要财务指标

利用会计报表可以观察财务结构及负债经营合理程度，了解拥有或控制资源情况及资金实力，观察企业偿债能力和筹资能力，预见未来财务状况。下面结合企业运营仿真系统的特点，介绍几个重要的财务指标。

1. 资产负债率

资产负债率主要考察企业长期债务趋势，是反映长期偿债能力的晴雨表，一般控制在 30%～50%为最佳。其计算公式为

资产负债率=负债总额/全部资产总额

系统中的负债来自公司决策中的银行借款，其中正常负债是决策中的决策值，非正常负债是系统根据现金流计算出来本期短缺的资金，系统自动设定为借款部分，作为一种惩戒措施，该部分的资金成本及利息高于正常负债的利息成本。所以，如果财务能较好地预测现金流入流出，合理编制现金流量表，尽可能地减少非正常负债，从而降低资金成本，增加企业利润，这也是一个开源节流中的细节。如果运营中的对手都是高手，大家的盈利能力和水平旗鼓相当，那么节约一分钱也是第一名和第二名之间的差异。九十九分和一百分相比较，总是有点不尽如人意的地方。在生活工作中，注意细节和宏观战略制定一样重要，而且相辅相成。

2. 负债权益比率（产权比率）

在广义的资本结构含义中，负债权益比率是指企业负债总额与所有者权益（股东权益）之间的比值，又称为产权比率。在狭义的资本结构含义中，负债权益比率是指企业的长期负债与所有者权益（股东权益）之间的比值。其计算公式为

负债权益比率=负债总额（长期负债总额）/所有者权益总额

系统中的负债主要来自银行借款，通过财务杠杆增加资金的融入，能为企业提供充足的资金保障，但是一定要控制好杠杆系数，也就是说财务要做好预判和规划，不要出现重大问题。

所有者权益是指企业资产扣除负债后，由所有者享有的剩余权益。公司的所有者权益又称为股东权益。所有者权益是所有者对企业资产的剩余索取权，它是企业的资产扣除债权人权益后应由所有者享有的部分，既反映了所有者投入资本的保值增值情况，又体现了保护债权人权益的理念。所有者权益的来源包括所有者投入的资本、其他综合收益、留存收益等，通常由股本（或实收资本）、资本公积（含股本溢价或资本溢价、其他资本公积）、其他综合收益、盈余公积和未分配利润等构成。所有者权益的增加，在

系统中唯一途径就是增加利润。

负债权益比率反映企业财务结构的强弱，以及债权人的资本受到所有者权益的保障程度。负债权益比率高，说明企业总资本中负债资本高，因而对负债资本的保障程度较弱；负债权益比率低，则说明企业本身的财务实力较强，因而对负债资本的保障程度较高。

重要规则：系统破产的界定

负债/所有者权益≥10

3. 存货周转率

存货周转率反映企业存货的库存时间和转移速度。该指标直接影响企业获利能力。其计算公式为

存货周转率=产品销售成本/平均存货余额

仿真系统中的存货主要包括原材料存货和产成品存货两类。库存越多，一方面，产生保存存货的费用支出，另一方面，导致资金利用率下降，降低企业整体运营效率。产成品存货越多，不仅收入减少，还反映出企业的生产决策、市场策略等出现问题，需要团队及时调整相应策略，减少生产，加大市场开拓，调整价格等，刺激需求，实现产供销平衡，最好实现产品零库存。

4. 成本费用利润率

成本费用利润率=利润总额／成本费用总额。

其中：成本费用=主营业务成本+其他业务成本+营业费用+管理费用+财务费用+税费。

利润=营业利润+投资收益+补贴收入+营业外收入−营业外支出。

在仿真系统中，从利润表中可以看出：

成本费用=产品成本（研发费用、购买原材料、设备产生的订购成本等）+销售费用（营销费用、运输费用）+管理费用（与员工相关产生的工资、培训、安置等费用、原材料与库存商品的仓储保管的费用）+财务费用（借款产生的银行利息）+税费。

利润等于四个市场的销售收入之和。

考察企业成本费用与利润的关系，说明单位成本实现多少利润。

利润率反映企业一定时期利润水平的相对指标。利润率指标既可以考核企业利润计划的完成情况，又可以比较各企业之间和不同时期的经营管理水平，提高经济效益。该指标越高，表明企业为取得利润而付出的代价越小，成本费用控制得越好，盈利能力越强。

需要说明的是，每家公司战略和策略不同，有的前期投入成本费用较高，在设备购买、市场开拓和产品研发等方面都有较多的投入，这样必然会导致前期成本较高，成本费用利润率较小。如果这种策略支持企业的战略，并在可控的范围内，没必要为当期或者某一期的该指标较小而苦恼，而是需要放在 8 期 4 个季度一年来综合考虑。利润指标在运营结束后，进行综合分析，为下一轮新的运营进行战略和策略调整时有

重要的参考依据。

在财务分析中，有两个重要的名词需要做个简单的说明，即研发费用和存货。

5. 研发费用

研发费用是在仿真系统中用来抽象替代科学研究与试验发展（research and development，R&D）费用的一个决策参数。R&D 指在科学技术领域，为增加知识总量（包括人类文化和社会知识的总量），以及运用这些知识去创造新的应用进行的系统的创造性的活动，包括基础研究、应用研究、试验发展三类活动，可译为“研究与开发”、“研究与发展”或“研究与试验发展”。在企业中 R&D 费支出是衡量一个企业科技水平和创新水平的关键指标。科创板规定在科创板上市的企业，财务指标包括一项重要内容，就是“最近三年累计研发投入占最近三年累计营业收入的比例不低于 15%”。

根据规则，系统投入研发费用可以提高质量，研发费用投入遵循边际效用递减规律。一般来讲，产品质量水平越高，市场需求越大，产品质量水平越低，市场需求越小。其实研发费用的投入，对企业总体科技水平提升，以及损耗的下降都有隐性的作用。研发费用的投入，往往决定企业产品性能、材料消耗、质量与产品的市场价值。研发投入状况要与企业所经营的状况相适应。在模拟运营中，要做好产品的研发投入规划，并认真分析系统提供的品质图，在同业竞争中，每季度做出合理、科学、经济的研发投入决策。但是，也不必一味追求高投入，以免造成浪费，只要与自身所生产的产品市场地位相配套，使用效率高就好。

《周易》中说：“易穷则变，变则通，通则久。”也就是说，只有不断地创新，才有发展，才有进步。创新的意义在于，使用现有的资源去创造新的资源。因此，创新是发展的直接动力来源，有创新，就有发展，就有进步。科技的进步在于创新，企业的核心竞争力也在于创新能力。所以，研发费用在企业实际中很重要，在虚拟运营中也很有用。

6. 存货

创办企业的人都知道，资金是企业的命根子，资金的使用效率如何，关键在其周转速度，而资金周转速度的快慢，在很大程度上决定了企业财务状况的好坏。无论是工业企业还是商业企业，存货都占有企业大量资金，企业对存货风险偏好、存货的多少、存货周转速度快慢，直接关系到企业资金占用量和资金周转速度，企业经营比较保守，存货量可能就大，缺货成本就可能低些，但存货周转速度肯定就慢；企业经营比较激进，存货量控制得就低，缺货成本就会高些，但存货周转速度会加快。企业对存货态度不但关系到企业资金运用效率的高低，还直接关系到企业经营效益，大家都知道，存货的变现能力是所有流动资金中最低的，存货不但需要保管费用，保管不善还可能产生霉变、呆滞、跌价损失，因此存货也是流动资产中持有成本较高、管理难度较大的一项资产，企业对存货的态度与管理能力直接决定了企业财务状况。

在仿真系统中，存货主要包括原材料和产成品库存两类。其中，如果是策略需要的话，可以在价格较低的时候做一些原材料的采购，形成原材料存货，但是数量也需要适量。我们提倡产成品库存最好的状态就是零库存，不仅能节约生产成本，保证资金有效利用，而且体现了虚拟企业在市场上中较好的地位和销售能力。在生产制造型企业中，重要的产（生产）、供（原材料供应）、销（市场销售）三个环节，是模拟过程中策略的重点，也是协调配合是否成功的关键所在。因此，模拟运营的一个重要原则，也就是尽可能保证产（生产）、供（原材料供应）、销（市场销售）平衡。只要在实战中能科学运用这个原则，企业一定会脱颖而出。

总之，企业经营过程反映到财务上就是一个资金的流动过程，从现金开始流到资产（包括固定资产和流动资产），再到现金，周而复始不断循环，循环的好与坏，是获利还是亏损，是顺畅还是梗阻，其反映的都是企业的财务状况，这都是企业各要素共同作用的结果。

阅读材料

全 面 预 算

一家企业只有建立了全面的预算机制，才算有真正的目标，才算有真正的计划：没有预算，就没有目标；没有预算，就没有标准；没有预算，就没有考核；没有预算，就没有检视！有预算，一切用数据说话；有预算，目标清晰，标准明确；有预算，才能保障利润实现！预算——保障利润的关键。

1. 全面预算的六大特征

数据化：这是企业财务的基本特征，一切以数字、数据表达。文字只是分析与补充。

滚动性：预算具有“水”性，可以流动。这个月的目标没有达成，自然滚动到下个月，归结到季或年为单位。

弹性：有的预算项目可以按弹性设置，如定额预算项目，可以设定上下浮动 5%或10%是合理的。有的预算按“%”来预算，则具有天然的弹性。

不可突破：一般有很多费用预算项目，具有不可突破性。一旦突破，就必须走预算外申请的流程。

精细化：如果做不到精细，预算都只是“匡算、估算”，分解越细致，预算管控就越到位。

三事合一：事前编制预算、事中控制预算、事后考核预算。

2. 预算价值实现

预算的价值主要通过做到以下四项工作来实现。

（1）目标分解。通过预算，实现战略目标的逐层逐级、深入细化的分解。

（2）费用管控。每项费用都有两个以上的责任人，并通过激励机制实现主动管控。

（3）责任区分。通过数据化、精细化，做到责任明确、清晰到人。

（4）分析改善。通过在事中与事后的分析、调整，实现改善经营过程的目的。

企业竞争模拟不只是一个生产规划的过程，也不只是一个财务规划的过程，更是一个企业资源规划的过程，企业作为一个整体而存在。能否将企业的生产、市场、财务有机地结合起来，使企业内部各部门、各环节实现统筹规划、协调发展，直接决定着企业在竞争中的成败，故而在模拟中需要对经营的虚拟企业进行全面预算。

全面预算是关于企业在一定的时期内各项经营活动、财务表现等方面的总体预测；是对企业战略规划的一种正式、量化的表述形式。全面预算通过合理分配企业人、财、物等战略资源协助企业实现既定的战略目标，并与相应的绩效管理配合以监控战略目标的实施进度，控制费用支出，并预测资金需求和利润。

滚动预算是常见的全面预算编制方法之一，是指按照“近细远粗”的原则，根据上一期的预算完成情况，调整和具体编制下一期预算，并将编制预算的时期逐期连续滚动向前推移，使预算总是保持一定的时间幅度，凸显了“长计划，短安排”的理念。多期的滚动预算不是为了将每期的决策精确化，而是重点在于对发展战略的导向性指导。

在模拟运营实际操作中，可以通过供应链中与生产、采购、销售相关的数据编制四季度的一个长期的预算，同时每一个季度以三张财务表为基础编制当期的计划预算。编制过程中，每个岗位的负责成员结合市场数据，做好职责范围内的基本数据。

思考与练习

1. 结合运营实践，思考利润表、现金流量表和资产负债表在企业运营中的作用。
2. 分析某一期模拟运营数据，思考现金流量表如何影响企业运营结果。
3. 分析某一期模拟运营数据，思考资产负债表如何影响企业运营结果。
4. 从哪几个方面可以判断利润表中的各项数据是高质量的？

第 8 章

企业运营仿真综合实践

学习目标

1. 理解企业运营仿真竞赛的意义与仿真背景。
2. 熟悉企业运营仿真竞赛的运营逻辑与基本规则。
3. 提升参赛者在企业运营仿真实践中的环境洞察、策略制定与数据分析能力。
4. 学习企业运营仿真决策辅助模型的设计与运用。

8.1 中国大学生工程实践与创新能力大赛企业运营仿真竞赛简介

本节的内容主要分为两个部分。第一部分，介绍中国大学生工程实践与创新能力大赛的活动背景、活动意义与活动内容；第二部分，介绍中国大学生工程实践与创新能力大赛虚拟仿真赛道企业运营仿真竞赛的活动背景与参赛形式。

8.1.1 中国大学生工程实践与创新能力大赛

中国大学生工程实践与创新能力大赛是列入《教育部评审评估和竞赛清单（2021 年版）》（教政法厅函〔2021〕2 号）的重要赛事，是全国大学生工程训练综合能力竞赛的升级和完善。开展中国大学生工程实践与创新能力大赛旨在推动各高校加强工程实践和工程训练教学改革，提升教学水平，培养大学生的创新设计意识、综合工程应用能力与团队协作精神，促进学生基础知识与综合能力的培养、理论与实践的有机结合，培育良好的学风，为优秀人才脱颖而出创造条件。

大赛面向适应全球可持续发展需求的工程师培养，服务于国家创新驱动与制造强国战略，强化工程伦理意识，坚持基础创新并举、理论实践融通、学科专业交叉、校企协同创新、理工人文结合，打造具有鲜明中国特色的高端工程创新赛事，建设引领世界工程实践教育发展方向的精品工程，构建面向工程实际服务社会需求、校企协同创新的实践育人平台，培养服务制造强国的卓越工程技术后备人才，开启中国大学生工程实践与创新教育新征程。以赛促学、以赛促教、以赛促改、以赛促建，打造具有中国特色、世界一流的工程实践与创新教育体系，全面提升工程人才培养质量，推动建设宏大的知识型、技术型、创新型劳动者大军。

大赛重点考查学生利用跨学科基本理论、基本知识，解决面向实际问题的设计、制造与创新能力，强调工程思维、工程创新、工程伦理与团队合作等综合素质，重视挑战性和综合性，是加强新工科人才培养、推动工程科技创新的重要载体。大赛聚焦育人、育才、创新三大核心要素，坚持立德树人，在工程“训练”的基础上，突出“实践”和“创新”，增强工科学生的使命担当，引导学生爱国爱民、实学实干，培养德智体美劳全面发展、堪当民族复兴重任的时代新人。

大赛立足人才培养，突出挑战性；立足工程实际，突出智能化；立足现场实践，突出综合性；立足国际工程教育，突出中国特色。大赛具有“五个新”的特点：一是新高度，展示中国新工科专业建设与创新创业教育改革成果，打造更全面、更中国、更创新、更富感召力和影响力的赛事；二是新维度，拓展多赛道，覆盖多学科，呈现校企协同、多学科交叉的丰富内涵，形成创新驱动与制造强国背景下的大国计、大学科、大融合的工程创新大赛；三是新水平，围绕工程实际和社会需求，夯实工程实践基础，突出多学科交叉协同实现创新创造，以高水准办一流大赛；四是新举措，把大赛作为深化工程教育改革的重要抓手，引导各高校积极推进创新创业教育与新工科专业体系、教学方法和实践教学基地等方面的改革和建设，加快培养卓越工程技术人才；五是新标准，大赛围绕大工程、大智造，体现最新工程教育理念和质量评价体系，注重职业素养、实践创新能力和综合素质的全面考察。

大赛包含了四个赛道：工程基础赛道、“智能+”赛道、虚拟仿真赛道（包括飞行器设计仿真、智能网联汽车设计、工程场景数字化和企业运营仿真等四个赛项）和工程创客赛道。参赛对象为普通高等教育本科院校正式注册的全日制在校学生。所有赛事以团队形式参赛，每个参赛队队员数为 3～4 人。

8.1.2 虚拟仿真赛道企业运营仿真竞赛简介

企业运营仿真竞赛作为中国大学生工程实践与创新能力大赛虚拟仿真赛道竞赛项目之一，在中国大学生工程实践与创新能力大赛组委会统一领导下，设立企业运营仿真竞赛组委会，组委会由国家级实验教学示范中心联席会经济与管理学科组承担，负责赛项的组织与管理工作；竞赛组委会下设专家委员会、办公室、技术支持中心。专家委员会负责赛项命题设计、评审规则制定、赛事监督和申诉受理等工作；办公室负责企业运营仿真竞赛管理工作；技术支持中心负责竞赛技术支持工作。

企业运营仿真竞赛重点围绕“产教融合”“商工结合”“数字经济”等主题内容展开，落实新工科与新文科建设，推进信息技术与实验教学的深度融合，促进学科交叉融合，加强实验教学质量和实践育人水平，实现教学资源共享，全面提升大学生的实践动手能力、创新能力、创业能力，提高人才培养质量。参赛队员在模拟经营实践中，培养其创新精神、创业能力，提升在复杂条件下如何做出科学决策的能力，学会如何培养在困境中生存发展的企业家精神，形成如何建立团队、组织团队实现目标的能力。通过竞赛，全面提升学生发现问题、解决问题、综合分析问题能力；锻炼学生沟通协作、交流应变能力；对学生逻辑思维、开拓创新等综合能力都有一定的锻炼和提升。

参赛队员组建经营团队，每个团队分设总经理、财务总监、生产总监、营销总监等岗位，需要创建一家生产制造型企业，模拟该企业两年八个季度的经营过程。涉及公司创建、材料采购、生产运营、市场营销、财务管理等相关企业经营活动。在企业运营过程中，竞赛团队应充分考虑企业的外部环境和企业内部运营状况，结合竞争对手情况，制定科学合理的企业运营策略，管理企业运营风险，实现企业利润最大化。鼓励学生跨学科、跨专业组队参赛。

在竞赛中，参赛队员将遇到企业经营中出现的各种典型问题以及市场中变幻莫测的各种情况，因此，需要运用经济学、管理学等专业知识进行企业运营管理与经营决策。

本着全面性、科学性和可操作性原则，评价系统将从财务与非财务两个方面考核企业经营绩效。财务类指标从财务管理的视角对企业的经营状况进行综合评价和分析，包括企业盈利能力、偿债能力等；非财务类指标从非财务管理的视角对企业的经营状况进行综合评价和分析，包括企业发展潜力、团队表现等。

赛项为团体赛，以院校为单位组队参赛，不得跨校组队。参赛对象为普通高等教育本科院校正式注册的全日制在校学生，每队 3～4 名队员，1～2 名指导教师，赛项采用校赛、省赛、全国总决赛三级赛制。

8.2　企业运营仿真竞赛实战分析

本节以 2021 年中国大学生工程实践与创新能力大赛企业运营仿真竞赛全国总决赛第 3 组决赛队伍数据做实战分析。第一部分，对竞赛总排行与经营结果汇总分析；第二部分，分析竞赛的运营环境；第三部分，对产品质量水平和品牌知名度进行对比分析；第四部分，对生产计划与生产能力进行分析；第五部分，对人力资源配置情况进行分析；第六部分，对财务状况进行分析。

8.2.1　总排行与经营结果汇总分析

在竞赛过程中，每一季度结算之后都会输出上一季度各企业的经营结果，而在每一场比赛结束后（通常模拟两年八个季度）都会根据各企业的“经营绩效得分”输出最终的排名表。通过对总排行和经营结果进行分析，能够快速地了解整个比赛的局势、竞争的激烈程度以及各个企业之间的运营状况。

1. 总排行分析

以下是对 2021 年企业运营仿真竞赛全国总决赛第 3 组的比赛结果（表 8-1）进行的详细分析。

表 8-1　2021 年企业运营仿真竞赛全国总决赛第 3 组总排名

排名	公司名称	经营绩效得分	盈利能力评分	偿债能力评分	发展潜力评分			团队表现评分	公司状态
					研发投入评分	营销投入评分	市场潜力评分		
1	广西大学	99.80	80.00	5	3.00	3.00	4.00	4.80	正常
2	广东培正学院	98.80	79.46	5	2.84	2.70	4.00	4.80	正常
3	衢州学院	97.22	77.65	5	2.94	2.83	4.00	4.80	正常
4	湖南科技大学	94.12	74.70	5	2.77	2.85	4.00	4.80	正常
5	安阳工学院	89.68	70.05	5	3.00	2.83	4.00	4.80	正常
6	福州大学	84.76	65.52	5	2.71	2.73	4.00	4.80	正常
7	集美大学	79.18	60.15	5	2.96	2.71	3.56	4.80	正常
8	贵州理工学院	73.71	55.28	5	2.78	2.34	3.56	4.75	正常
9	黑龙江工商学院	70.28	51.87	5	2.69	2.56	3.56	4.60	正常
10	安徽理工大学	69.79	51.53	5	2.66	2.74	3.11	4.75	正常
11	武汉科技大学	44.50	28.80	4	2.33	2.10	2.67	4.60	正常
12	武汉理工大学	38.42	21.78	4	2.82	1.96	3.11	4.75	正常

1）经营绩效得分

经营绩效得分由盈利能力评分、偿债能力评分、发展潜力评分和团队表现评分相加而得。如果参赛团队出现破产情况，则经营绩效得分为 0 分。评分指标及指标说明如表 8-2 所示（更详细的评分标准见附录 1）。理解每一项评分的内容和标准，对参赛选手精细化决策、提升细节把控能力大有裨益。

表 8-2　企业运营仿真竞赛评分指标及指标说明（2021 年度竞赛版）

<table>
<tr><th>一级指标（满分）</th><th>二级指标（满分）</th><th>指标说明</th></tr>
<tr><td>盈利能力（80 分）</td><td>净现值（80 分）</td><td>净现值越大，公司盈利能力越强</td></tr>
<tr><td>偿债能力（5 分）</td><td>资产负债率（5 分）</td><td>资产负债率=总负债/总资产，资产负债率高低衡量公司偿债能力强弱</td></tr>
<tr><td rowspan="3">发展潜力（10 分）</td><td>研发投入（3 分）</td><td>研发投入效果通过产品质量水平高低来衡量</td></tr>
<tr><td>营销投入（3 分）</td><td>营销投入效果通过产品品牌知名度高低来衡量</td></tr>
<tr><td>市场潜力（4 分）</td><td>市场潜力通过公司市场占有率高低来衡量</td></tr>
<tr><td rowspan="4">团队表现（满分 5 分，采用扣分制）</td><td>采购表现</td><td>是否出现原材料非正常采购，每次扣 0.2 分</td></tr>
<tr><td>生产表现</td><td>计划生产量与实际生产量不符（偏离量大于等于 10 个）每次扣 0.5 分</td></tr>
<tr><td rowspan="2">财务表现</td><td>非正常负债数值（万元）按区间分次扣分如下：（50，100]扣 0.05 分；（100，200] 扣 0.10 分；（200，+∞）扣 0.15 分</td></tr>
<tr><td>借款剩余值（万元）按区间分次扣分如下：(100，200]扣 0.05 分；(200，300]扣 0.10 分；（300，+∞）扣 0.15 分</td></tr>
</table>

注：团队表现的扣分规则在 2023 年有所调整，提高了采购和财务表现的扣分力度。其中，采购表现修改为“是否出现原材料非正常采购，每次扣 1 分”；财务表现修改为“非正常负债数值（万元）按区间分次扣分如下：（0，50]扣 0.5 分；（50，100]扣 0.9 分；（100，150]扣 1.3 分；（150，200]扣 1.7 分；（200，+∞）扣 2 分；借款剩余值（万元）按区间分次扣分如下：[0，50]扣 0 分；（50，100]扣 0.5 分；（100，150]扣 0.7 分；（150，200]扣 0.9 分；（200，+∞）扣 1.1 分”

2）盈利能力得分

盈利能力得分占比最大，是比赛选手模拟经营能力的直观体现。从这一指标也能看出比赛的竞争激烈程度。一般而言，盈利能力得分差距越大，表明竞争激烈程度越低，盈利能力得分差距越小，表明竞争激烈程度越高。在这场比赛中（表 8-1），可以看到前四名的企业盈利能力得分较为接近，尤其是第一名和第二名仅差了 0.54 分。这说明参赛团队都采取了在现有竞争状况下较优策略，没有人有绝对的领先优势。这种情况更加考验选手对市场的分析与预测能力，以及对细节的把控能力。

3）偿债能力得分

这一项得分大家基本是满分。通常而言，正常经营的企业都能将资产负债率控制在要求的范围之内。同时，也可以看到排名靠后的两家企业，此项得分为 4 分，说明这两家企业的财务状态并不乐观，在经营过程中可能出现了一些问题，所以在总分上也有较大的差距。

4）发展潜力得分

这一项得分包括三部分：研发投入得分、营销投入得分与市场潜力得分。注意这里的研发投入得分和营销投入得分并不是以投入的资金总量为标准，而是以产品质量水平和品牌知名度为标准。研发和营销的投入遵循边际效用递减规律，并不是投入越多越好，而是需要注意平衡资金使用情况与研发和营销的投入时机，避免盲目投入资金去提升产品质量水平和品牌知名度。在这场比赛中，第五名和第七名的研发投入得分都很高，但是他们的盈利能力评分仍有待提高，而影响盈利能力的因素有很多，可以结合企业的历史运营数据做进一步的分析。

5）团队表现得分

这一项得分体现了参赛选手的细节把控能力，需要选手熟悉各项操作，并且对自己的决策做出较为准确的判断和结果预测。在全国总决赛中，大部分选手的团队表现得分都已经做到了极致（最高分 4.8 分，被扣除的 0.2 分是因为出现了原材料非正常采购的问题，这是策略本身的选择而非操作失误；该项扣分的数值在 2023 年被提高至 1 分）。

分析总排行只是第一步。在详细分析总排行的数据之后，可以挑选其中几家企业进行进一步分析和回顾，尤其是将自己运营的公司与排名靠前的公司进行细致的比较与分析，找到排名落后的原因，进而提高自己的运营与管理能力。当然时间充足的同学，也可以对全部企业进行深入分析。学会复盘，通过分析对比自己和对手的策略，才能知道自己的不足，不断优化策略，提升对市场的把控力。

2. 经营结果分析

从每一季度输出的经营结果中，可以查看各公司的净利润、所有者权益、发放红利、销售量和销售收入等数据。第 1 季度的经营结果如表 8-3 所示。

表 8-3　2021 年企业运营仿真竞赛全国总决赛第 3 组第 1 季度的经营结果

序号	公司名称	净利润/元	所有者权益/元	发放红利/元	销售量/个	销售收入/元
1	广东培正学院	−1 627 843	1 872 157	0	1 037 219	8 194 030
2	湖南科技大学	−1 661 221	1 838 779	0	1 034 362	8 171 460

续表

序号	公司名称	净利润/元	所有者权益/元	发放红利/元	销售量/个	销售收入/元
3	武汉科技大学	−1 694 938	1 805 062	0	986 025	7 986 802
4	广西大学	−1 707 488	1 792 512	0	1 045 828	8 157 458
5	福州大学	−1 716 735	1 783 265	0	1 042 444	8 026 819
6	贵州理工学院	−1 723 194	1 776 806	0	1 041 704	8 195 462
7	黑龙江工商学院	−1 736 836	1 763 165	0	1 043 528	8 114 268
8	衢州学院	−1 759 536	1 740 464	0	1 050 000	8 261 000
9	安徽理工大学	−1 775 556	1 724 444	0	1 050 000	8 260 000
10	安阳工学院	−1 779 960	1 720 040	0	1 026 646	8 246 822
11	武汉理工大学	−1 784 286	1 715 714	0	1 044 911	8 254 797
12	集美大学	−1 802 697	1 697 303	0	1 042 140	8 128 692

1）净利润

每一季度的经营结果都是根据净利润的高低进行排序的。前期（如第 1～2 季度）的排名并不能决定最终的排名，因为前期较高的净利润也可能是投入不足的表现。通常来说，净利润在某一季度明显偏高的企业，通常难以在未来的 1 至 2 个季度内保持较高的净利润。因为前期较高的净利润可能意味着该企业的研发投入、营销投入相对较少，那么该企业在竞赛的后期就可能出现竞争乏力的状况。例如，武汉科技大学代表队在第 3 季度的净利润（479 万元）明显高于其他队。而在第 8 季度，各队利润都明显上升时，武汉科技大学代表队反而出现了负利润（负 46 万元）。

图 8-1 绘制了参赛队各期净利润的均值、最大值与最小值。

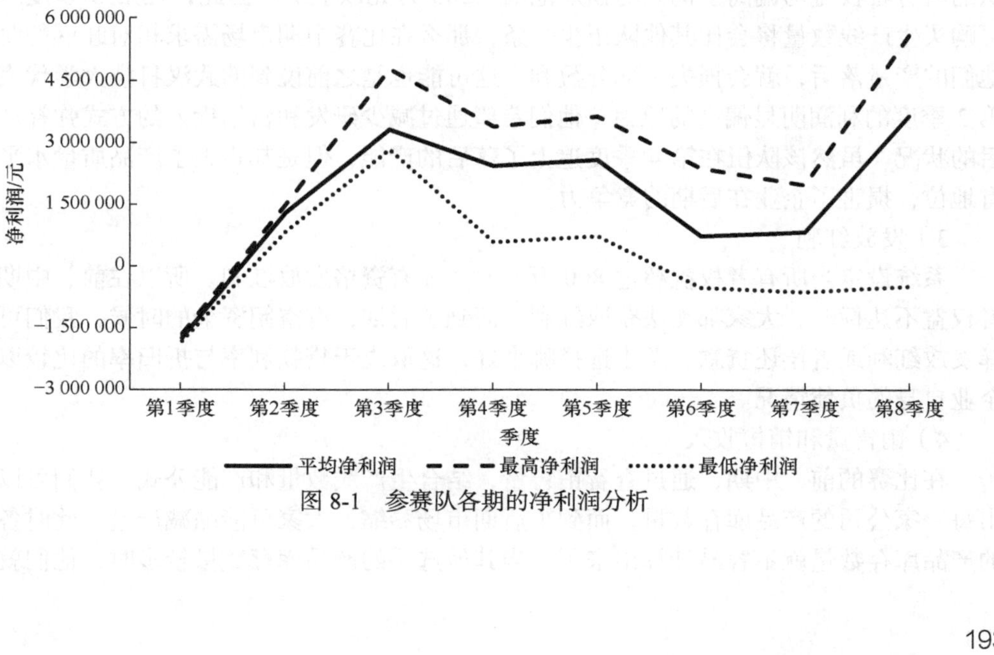

图 8-1　参赛队各期的净利润分析

2）所有者权益

所有者权益是参赛选手最关心的数据，因为它决定了企业能否采购预期数量的生产线。根据比赛规则，从第 1 季度开始，每次购买生产线的投资支出不能超过所有者权益的 1/3，系统设定每条新生产线费用为 50 万元。因此，想要购置一条生产线就需要至少拥有 150 万元的所有者权益。因此，在尽可能通过研发或营销上投入提升企业竞争力的同时，选手在比赛的前期都会将所有者权益维持在 150 万元的倍数之上。但是如果运营结果不符合预期，就可能出现所有者权益低于预期的情况，从而打乱整场比赛的运营节奏。第 2 季度的经营结果如表 8-4 所示。

表 8-4　2021 年企业运营仿真竞赛全国总决赛第 3 组第 2 季度的经营结果

序号	公司名称	净利润/元	所有者权益/元	发放红利/元	销售量/个	销售收入/元
1	安阳工学院	1 512 726	3 232 766	0	1 335 421	11 175 201
2	衢州学院	1 469 816	3 210 279	0	1 321 756	11 191 125
3	贵州理工学院	1 438 287	3 215 093	0	1 332 046	10 922 777
4	安徽理工大学	1 431 731	3 156 174	0	1 280 406	10 755 410
5	武汉理工大学	1 394 545	3 110 258	0	1 288 248	10 652 849
6	湖南科技大学	1 392 195	3 230 974	0	1 339 388	10 807 454
7	广西大学	1 318 671	3 111 182	0	1 312 263	10 891 783
8	福州大学	1 294 518	3 077 782	0	1 221 570	10 139 031
9	集美大学	1 257 398	2 954 700	0	1 237 822	10 404 511
10	广东培正学院	1 193 188	3 065 344	0	1 235 798	10 466 706
11	武汉科技大学	1 165 860	2 970 921	0	1 255 280	10 418 824
12	黑龙江工商学院	854 570	2 617 733	0	1 118 484	9 402 418

由表 8-4 可以看出，集美大学代表队、武汉科技大学代表队和黑龙江工商学院代表队的所有者权益均偏离了他们的预期范围（300 万元以上）。因此，在第 3 季度时他们可购买生产线数量将会比其他队伍少一条，那么在比赛中期市场需求相对旺盛的时候，他们的产量落后，就会损失一部分盈利。这可能也是之前说到的武汉科技大学代表队在第 3 季度的利润明显偏高的原因，他们希望通过减少研发和营销投入的方式弥补产能落后的状况。虽然该队伍在第 4 季度追上了落后的产能，但是却丧失了产品质量水平的原有地位，损害了企业在后期的竞争力。

3）发放红利

系统设定当所有者权益超过 800 万元时，才有资格发放红利。所以在前、中期所有者权益不达标时，大家都无法获取红利。而到了后期，有空闲资金的时候，我们可以选择发放红利或者偿还贷款。至于选择哪个好，这取决于贷款利率与折旧率的比较以及各企业自身的负债情况。

4）销售量和销售收入

在比赛的前、中期，通过查看销售量，结合生产线数量和产能公式，我们可以推算出每一家公司的产品库存数量。而到了后期市场萎缩，大家可能缩减产量，此时各公司的产品库存数量就不容易计算出来了。当其他选手的产品库存数量较多时，他们就更可能大幅度地降价，进而影响到自身产品的销售状况。如何让自己的产品销售符合预期，这需要对市场状况的敏锐认识、分析以及大量实战经验的积累。

8.2.2 运营环境分析

市场运营环境是整场比赛的宏观环境模拟，是筹建期（第 0 季度）最重要的信息，也将影响到所有企业的策略选择。一个优秀的管理者一定要学会根据市场环境选择合适的策略或者及时修正自己的策略。企业运营仿真比赛中设置的市场环境参数包括：经济成长指数、CPI 指数、季节指数、产品生命周期和税率。

1. 经济成长指数、CPI 指数和季节指数

经济成长指数、CPI 指数和季节指数这 3 个参数都是影响市场总需求量的重要参数。如图 8-2 所示，这是 2021 年全国总决赛第 3 组的参数。

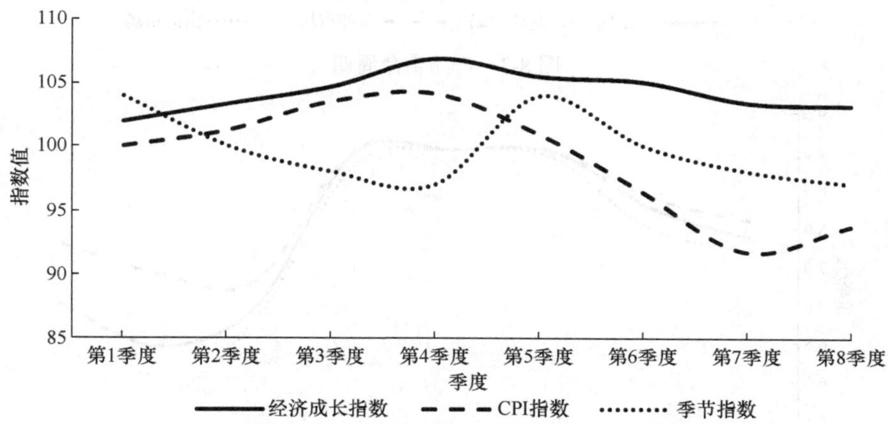

图 8-2 经济成长指数、CPI 指数和季节指数

其中，季节指数、经济成长指数与市场需求呈正相关关系，而 CPI 指数与市场需求呈负相关关系。图 8-2 中的经济成长指数和 CPI 指数的曲线增减相似，有可能两者对市场的影响基本上相互抵消。

2. 产品生命周期

产品生命周期是影响市场总需求的主要因素。每个市场的产品生命周期可能并不相同，如图 8-3 所示。产品生命周期分为：导入、成长、成熟和衰退四个阶段。企业运营仿真系统将产品生产周期按照成长的快慢分为：高成长，中成长，低成长。产品生命周期指数越高，市场需求量相应越大，反之亦然。

如图 8-3 所示，各个市场从第 6 季度进入了衰退阶段，这时参赛选手可能采取降低价格、减少产量的方式应对。以东部市场为例，如图 8-4 所示，选手在第 6 季度都有较大幅度的降价。此后，大家开始缩减产量，降低幅度略有不同，到了第 8 季度价格稍有回升。国赛的选手都经过了长期的训练，对市场价格和需求的把握和预测是相对准确的。现实市场也是如此，一件商品的均衡价格和均衡产量都是在生产者和消费者之间、生产

者和生产者之间的不断博弈中确定的。

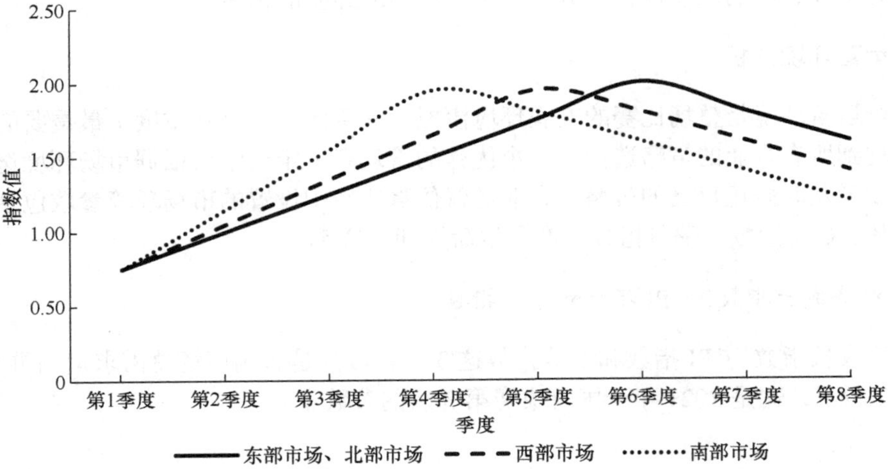

图 8-3　产品生命周期

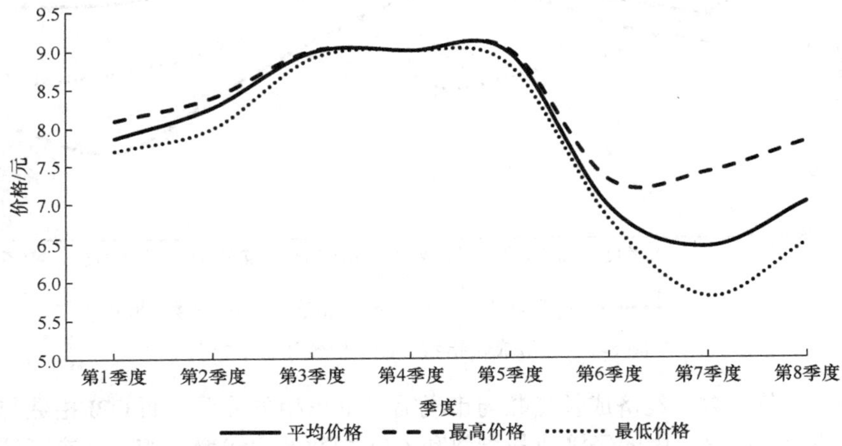

图 8-4　东部市场各队价格对比图

3. 税率

税率是影响企业净利润的重要因素之一。企业运营仿真竞赛一共有 5 种税率，分别为增值税、附加税、企业所得税、贷款年利率和折现率，如表 8-5 所示。

表 8-5　企业运营仿真竞赛全国总决赛第 3 组税率设置

项目	比赛设置数值	系统默认值
增值税	8%	6%
附加税	7%	7%
企业所得税	15%	25%
贷款年利率	5%	4%
折现率	5%	2%

这 5 个税率对净利润的影响是不可忽视的。将比赛设置数值和系统默认值进行比较可以发现，比赛的增值税、贷款年利率和折现率都有小幅的增加，而企业所得税则有较大的减少。上述变化增加了企业筹措资金的成本，可能导致第 1 季度的净利润更低，但企业所得税较低，后几季度比赛的净利润可能会更高。具体地，在第 1 季度大家刚刚进入市场时，公司规模较小，需要扩大产能，又需要大量的资金去做研发和宣传，故而基本是负利润，那么就不用缴纳企业所得税。企业所得税降低的福利在此时并没有体现，而增值税、贷款年利率、折现率的增加会使得第 1 季度的净利润降低。因此，如果忽略税率的变化，以平时的经验来做决策就可能出现失误，甚至可能在第 1 季度破产。

到了第 2 季度之后，各个企业开始盈利，这时企业所得税降低的福利就会体现出来。参赛选手有了更多的资金去扩大公司产能、提升公司竞争力。在制定决策时，要灵活变通，不能生搬硬套。每一场比赛的税率设置都是不一样的，竞争对手也在不断变化，没有什么策略可以一直套用，只有熟练掌握分析、决策方法，应对不同的环境时选择合适的策略才是更为妥当的做法。

8.2.3 质量品牌对比

在市场销售产品的过程中，有许多因素会影响产品的销售情况及其市场占有率。其中，研发和营销投入是企业抢占市场份额的关键，因为它们分别影响产品质量水平和品牌知名度。因此，经验丰富的参赛选手会根据每个季度的市场行情并结合自身的情况选择适当的营销和研发投入，使得企业在市场竞争中处于相对有利的位置。下面我们从产品质量水平和品牌知名度两个部分进行分析。

1. 产品质量水平分析

研发投入包括产品设计、制造工艺流程、部品检验流程、管理流程等内容。投入研发费用可以提高产品质量，费用投入遵循边际效用递减规律。一般来讲，产品质量水平越高，市场需求越大，产品质量水平越低，市场需求越小。研发费用存在递延效果，20%的研发效果在本季度产生，80%的研发效果则在下一季度产生。

1）筹建期研发投入的分析

为了使资源能够充分利用，我们对筹备阶段的资金进行合理利用，可以得出如表 8-6 的筹建期研发投入方案（便于分析，仅列示三种方案）。

表 8-6　筹建期研发投入方案示例

	研发投入/元	第 1 季度、第 2 季度生产线扩建数目/条
策略一（低研发投入）	962 000	8+3
策略二（中研发投入）	1 502 000	8+2
策略三（高研发投入）	2 117 750	7+2

在不同的市场环境下，我们应该采取不同的策略以确保决策的合理性，这就要求参赛选手能够准确分析与把握运营环境与预测竞争对手的策略。在此次竞赛中，该小组所

有团队都选择策略三（高研发投入）作为筹建期的研发投入方案。

2）比赛期间研发投入分析

筹建期之后，各团队都在积极平衡研发投入与生产扩张之间的关系。图 8-5 列示了各团队第 1 季度至第 8 季度的研发投入情况。由图 8-5 可知，在第 1 季度和第 2 季度时，各队伍的研发投入平均值分别为 79.5 万元和 113 万元，且各队伍的研发投入与组内研发投入均值较为接近。

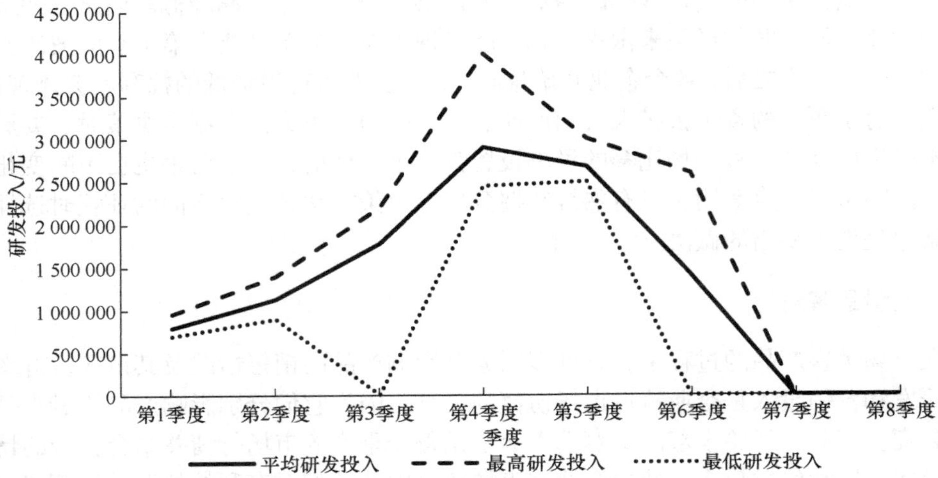

图 8-5　比赛期间各队伍的研发投入分析

而进入第 3 季度后，可以看到第 3 季度的最高研发投入 220 万元与平均研发投入 178 万元的差距较小，但最低研发投入仅为 1 万元。具体回看数据可知，武汉科技大学代表队在第 3 季度的研发投入最低，从而帮助他们获得了 479 万元的高额净利润，且该团队第 3 季度的所有者权益超过了 750 万元，相较于其他企业下一季度可以多购买一台机器。然而，该企业在第 3 季度减少了研发投入，虽然帮助他们追上了落后的生产能力，但也导致该企业的产品质量水平大幅度落后于其他企业，从而在后期与其他企业的竞争中处于劣势。因此，我们在进行决策的过程中应当重视研发投入的持续性，控制好研发投入的节奏，并且，应当兼顾市场行情和竞争者的状况，合理地分析后再做出决策。

比赛期间的研发投入决策往往对比赛的整个过程产生很大的影响，因为存在边际递减规律，所以在后期一次性投入过多的研发费用可能会造成浪费。一般来说，最终排名靠前的比赛选手都会在中期保持研发和营销的优势，并根据对手的竞争态势做出相应的决策和调整。

3）比赛期间产品质量水平分析

由于研发投入对于产品质量水平的影响具有较大的滞后性，即使各队伍在第 6 季度开始削减研发费用，但是总体而言各队伍在比赛后期的产品质量水平仍然处于较为稳定的状态。比赛期间各队伍的产品质量的平均水平、最高水平与最低水平如图 8-6 所示。

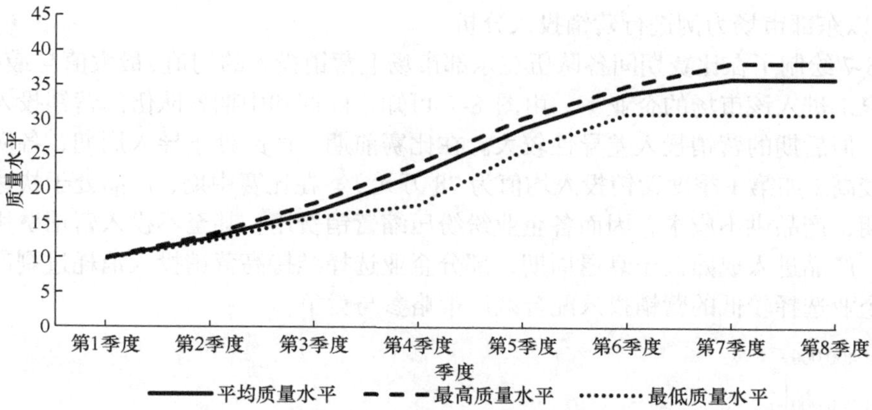

图 8-6　比赛期间各队伍的产品质量水平分析

从图 8-6 中，我们可以看到在第 8 季度时每家企业的产品质量水平差异较大，最高的产品质量水平接近 40，最低约 30，这是因为各企业累计研发投入的不同。第 4 季度的最低质量水平明显偏离组内均值，这是某一企业在第 3 季度减少研发投入所导致的。当研发投入越多时，产品质量水平就会相应地提高。在比赛过程中，产品质量水平的排名往往取决于相对质量水平，而不是绝对质量水平。

4）研发策略、产品定位与市场占有率的关系分析

研发策略、产品定位与市场占有率的关系如表 8-7 所示。

表 8-7　研发策略、产品定位与市场占有率的关系

研发策略	产品定位	市场占有率
高研发投入	高端产品	通常较高
中研发投入	中端产品	通常适中
低研发投入	低端产品	通常较低

高研发投入策略所打造的高端产品定位有助于提高公司的市场占有率，但是高额的研发投入也会大幅度地降低企业早期的净利润，降低所有者权益的提升幅度，减少生产能力扩张的空间。然而，如果不持续和稳定地追加研发投入，也会导致企业的产品质量水平相对于组内其他企业不断下降，导致市场占有率下降、产品滞销等结果，最终导致净利润下降。因此，在进行决策的过程中，需要注重对组内竞争状况的分析，结合自身实际情况决定适合的研发投入策略。

2. 产品品牌知名度分析

投入营销费用可以提高品牌知名度，费用投入遵循边际效用递减规律。一般来讲，产品品牌知名度越高，市场需求越大，产品品牌知名度越低，市场需求越小。营销费用存在一定的递延效果，80%的营销效果在本季度产生，20%的营销效果则在下一季度产生。

1）以东部市场为例进行营销投入分析

图 8-7 绘制了在比赛期间各队伍在东部市场上营销投入的均值、最大值与最小值（已剔除两家未进入该市场的企业）。由图 8-7 可知，前期和中期各队伍的营销投入策略较为接近，但后期的营销投入差异性较大。在比赛前期，产品处于导入周期，各队伍的营销投入较高（如第 1 季度营销投入均值为 78 万元）；在比赛中期，产品处于快速上升的成长周期，产品供不应求，因而各企业纷纷压缩营销费用，甚至不投入营销费用；在比赛后期，产品进入成熟甚至衰退周期，部分企业选择维持高营销投入消耗过剩产能，也有部分企业选择较低的营销投入配合减产策略参与竞争。

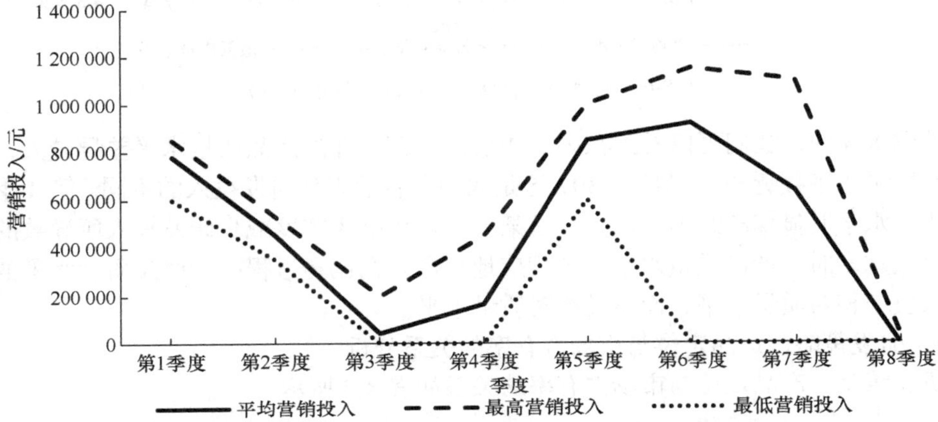

图 8-7　比赛期间各队伍东部市场的营销投入分析

2）以东部市场为例进行品牌知名度分析

图 8-8 绘制了在比赛期间各队伍在东部市场上品牌知名度的均值、最大值与最小值。其中，有两家企业的品牌知名度为 0（已剔除），这是因为这两家企业没有在东部市场投入营销，这也意味着他们没有在东部市场投放产品，因此空出的东部市场将被其他企业所占据。这两家企业采用的就是“三市场”打法，使用该打法应该慎重考虑市场的选择，避免出现企业扎堆的情况。与图 8-7 比较可知，虽然多数企业在第 3 季度大量削减营销

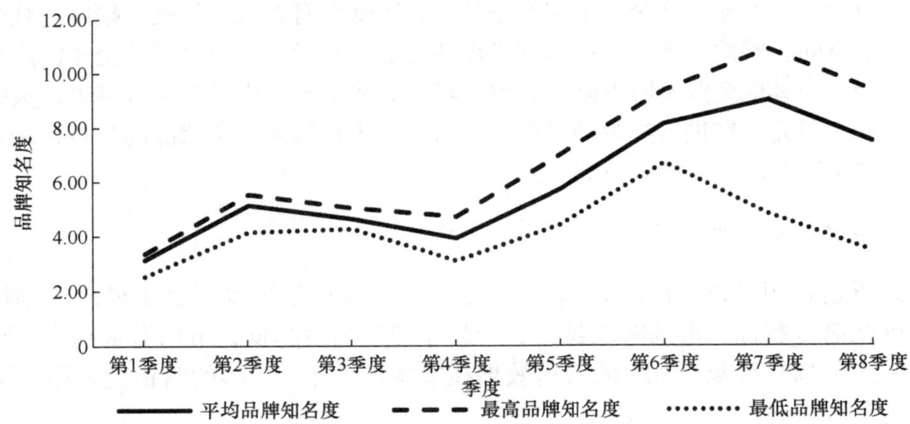

图 8-8　比赛期间各队伍东部市场品牌知名度分析

投入，但品牌知名度仍然保持着稳定、增长的态势，这是因为营销投入对于品牌知名度的影响具有累积性和一定的滞后性。

3）典型营销决策分析

从比赛中挑选三家代表性企业，并将它们的营销投入决策与市场占有率绘制成表格（如表 8-8、表 8-9 所示）。从表 8-8 中可以看到，第 1 季度三家企业的营销投入都在 80 万元左右，这样的决策有助于企业在第 1 季度获得大量的市场需求量，使产品销售符合预期。同时，在第 3 季度三家企业都选择了几乎不投放营销，这是因为在第 3 季度、第 4 季度企业迎来了市场的快速增长，超过了各企业产能的增速，因而即使不投入营销也能获得大量的市场需求。例如，在第 4 季度贵州理工大学选择了不投入营销，广西大学和武汉科技大学都投入了将近 40 万元的营销。结合竞赛数据来看，这 40 万元的营销并没有为企业带来市场占有率的提升，因此在市场高速成长的情况下，营销投入并不能大幅度提高产品的市场占有率，甚至可能造成供不应求的现象。

表 8-8　三家代表性企业在东部市场的各期营销投入　　单位：元

公司名称	第 1 季度	第 2 季度	第 3 季度	第 4 季度	第 5 季度	第 6 季度	第 7 季度	第 8 季度
武汉科技大学	780 000	400 000	10	450 000	1 000 000	100	10	10
贵州理工大学	810 000	530 000	0	0	720 000	1 100 000	200 000	0
广西大学	800 000	500 000	0	400 000	1 000 000	1 000 000	1 000 000	0

表 8-9　三家代表性企业在东部市场的各期市场占有率

公司名称	第 1 季度	第 2 季度	第 3 季度	第 4 季度	第 5 季度	第 6 季度	第 7 季度	第 8 季度
武汉科技大学	9.32%	9.54%	9.72%	9.00%	10.65%	7.67%	3.31%	3.02%
贵州理工大学	10.39%	10.60%	10.35%	10.48%	9.24%	9.35%	10.35%	10.10%
广西大学	10.54%	9.75%	9.31%	9.62%	11.26%	12.35%	14.20%	15.21%

而在比赛后期，各队伍通常选择提高营销投入，以对抗产品的成熟与衰退周期。由表 8-8 可知，后期广西大学仍然持续投入了较高的营销费用，从而在后期东部市场上获得了越来越高的市场占有率。

4）营销投入得分分析

从最终的总排名（表 8-1）中可以看出，排名靠前的队伍在营销投入得分（也包括研发投入得分）上基本处于相对领先的地位，这是因为较高的营销投入可以提升企业在市场上的销售占有率，让企业在每一个季度不至于囤积大量库存，从而使企业在每个季度都能达到理想的销售结果，提高所有者权益。而在比赛中，所有者权益占据得分的一大部分，这就使得企业的总排名普遍偏高。总体而言，营销投入只是提高产品品牌知名度，进而促进产品销售的方式之一，因此，在决策的过程中应当平衡营销投入与其他决策（如研发投入、产品定价）之间的关系，打好市场销售促进的组合拳。

8.2.4 生产计划与生产能力分析

企业的生产活动是按照预定的经营目标和经营计划，充分利用人力、物力和财力，从产品品种、质量、数量、成本和交货期等方面，生产出符合市场需要和用户满意的产品的过程。生产管理就是对这一过程进行计划、组织、指挥、控制和协调。

在比赛过程中，每个季度都需要根据企业的生产线数目、人力资源与财务状况安排生产计划。每个季度的最大生产量可以在运营状况表里分析得到，企业的计划生产量不能超出当季度最大生产量，否则就被系统自动缩减生产计划，并且在团队表现得分中因为生产表现不佳而扣分。而购买生产线需要根据上一季度的所有者权益和市场需求情况做出决定，这就考验参赛选手的市场分析能力，能够准确地分析市场行情，做出合理的决策。

1. 常见开局方式分析

表 8-10 列示了三种常见开局方式的优点与缺点，具体分析如下。

表 8-10　常见开局方式的优点与缺点分析

开局方式	优点	缺点
8+3，四市场	• 产能较高，易满足需求	• 产品竞争力较低，容易破产
8+2，三市场	• 单个市场的占有率更高 • 产品具有竞争力	• 前期产能较低 • 市场调整缺乏灵活性
7+2，三市场	• 单个市场的占有率更高 • 产品竞争力较高 • 不容易破产	• 前期与中期产能较低 • 市场调整缺乏灵活性

（1）“8+3，四市场”的开局方式能够在前期获得较高的产能，从而在第 4 季度、第 5 季度市场需求旺盛时拥有足够的产能供应。然而，这种开局方式在生产线购置上占用了较多资金，产品竞争力较低（筹建期的研发投入较低，如表 8-6 所示），在竞争激烈的市场环境中很容易被淘汰。

（2）“8+2，三市场”的开局方式能够在将营销投入集中在企业选定的市场中，获得更高的市场占有率，并且研发投入较高（如表 8-6 所示），从而在一定程度上减少破产的可能性。然而，这种开局方式需要企业选择特定的市场进行竞争，在与较多竞争对手选择相同市场时将面临激烈的竞争，且不易更换市场。

（3）“7+2，三市场”开局方式能够拥有非常高的产品竞争力，因为此时的研发投入最高（如表 8-6 所示），从而最大限度降低企业破产的风险。然而，这种开局方式在前期与中期的产能较低，并且同时在市场选择与调整上缺乏灵活性。

2. 生产线补充购置的决策分析

生产计划可以保证产品生产过程各阶段、各环节、各工序之间在期量上的协调与衔接，使企业实现有节奏的均衡生产。企业在制订计划时，既要考虑到市场需求和企业内外的生产条件，又要通过综合平衡，做到以最小的消耗和成本实现尽可能优化的生产方案。生产线购买是一个商品交易过程，包括选择供应商、商务洽谈、签订买卖合同、物流发货等，因此当季度购买的生产设备当季度不能使用，下季度才能使用。从第 1 季度开始，每次购买生产线的投资支出不能超过所有者权益的 1/3，并且每条新生产线费用为 50 万元，企业在进行生产计划时需要考虑到上述的各种因素。

表 8-11 列示了比赛过程中生产线补充购置的策略分析。按照最大的购买量进行购买可以最大限度地扩充产能，提高公司的生产能力，但是少买一条生产线，可以追加研发和营销投入以及时地提高产品质量和品牌形象，提高市场占有率。

表 8-11　生产线补充购置的策略分析

策略	优点	缺点
策略 1：少买一条生产线，追加研发和营销投入	可以及时地提高产品质量和品牌形象，提高市场占有率	比对手少买一条生产线，很有可能会在下季度因为产能缺乏的缘故与对手的销售量拉开一定的距离
策略 2：按照最大的购买量购买生产线	能够最大限度地扩充产能，提高公司的生产能力	在产品质量和品牌形象较低的情况下很容易产生大量库存

假设在第 1 季度有一家企业没有超过 150 万元权益，那么在第 2 季度该企业将会比其他企业少购买一条生产线，导致第 3 季度该企业的产品生产量会比别的企业少。假如第 3 季度所有企业都能够卖出所有的产品，那么在该季度这家企业会因为产能不足，导致自身的销售量低于其他企业，从而影响自身的销售额。而且后期落后可能是长期的，使得该企业每个季度都比别的企业少一条生产线的生产能力，这也将会极大地影响比赛的名次。因此，在生产线补充购置时，需要企业做出合理的规划和决策，确保企业能在良好的环境下发展。

在比赛的第 2 季度，可能会有一部分选手即使所有者权益超过了 300 万，仍不会选择购买 2 条生产线，而是选择购买 1 条生产线，将省下的资金用于追加研发或者营销，这往往能提高市场占有率，以应对激烈的竞争环境。然而，在相对宽松的市场环境中，上述做法会因为比别人少一条生产线而处于产能劣势。

8.2.5　人力资源配置分析

人力资源管理是运用科学方法，协调人与事的关系，处理人与人的矛盾，充分发挥人的潜能，使人尽其才、事得其人、人事相宜，从而实现组织目标的过程。在系统中，我们会接触到市场人员和市场人员。为保证生产线的正常生产，人力资源部需要招聘技术工人。每条生产线需要配备 3 个熟练的技术工人（正式员工），最多可以进行 3 个班次的生产，最大生产量为产能的 3 倍。新招聘技术工人（新员工）在培训期间不能操作生产线，只能做一些辅助性工作，包括协助老员工生产、产成品检验、物料盘点、车间整理等相对简单的工作。如果一条生产线无法配齐 3 个熟练的技术工人，则该生产线不能开启，无法进行产品生产。为保障市场营销，人力资源部也需要招聘市场人员，市场人员数量越多，销售的产品越多，每一个市场人员可以完成 10 万件的市场销售量。

表 8-12 总结了不同人力资源配置策略的优点与缺点。

表 8-12　人力资源配置策略的优、缺点分析

策略	优点	缺点
策略 1：刚好配够市场人员	实现精细化管理，能够节约一些成本，提高净利润以及一小部分所有者权益	当出现产品库存时，容易导致下一季度销售能力不足，进而被迫减产或继续出现库存积压
策略 2：多招一些市场人员	能够在一定程度上防止下一季度因为本季度出现库存而导致的销售能力不足	一方面消耗一些成本，另一方面在后期市场成熟和衰退时，可能出现市场人员过多的情况

在比赛的过程中，市场销售情况变幻莫测。一部分企业可能会仅招聘刚好需要的市场人员数量，也有部分企业会在刚好能清空库存的基础上再多招聘几个市场人员，这是降低市场销售风险的表现，体现了参赛选手求稳的心理。所以在比赛期间，我们要对人力资源进行合理的培训、组织和调配，使人力、物力经常保持最佳比例，充分发挥人的主观能动性，使人尽其才、事得其人、人事相宜，以实现组织目标。

8.2.6　财务状况分析

企业运营仿真系统中给出了各项财务比率，我们可以利用这些数据，对企业的财务状况、经营成果以及选手的能力进行分析。我们选取小组排名第一的广西大学代表队、排名第七的集美大学代表队、排名第十二的武汉理工大学代表队的企业（分别代表高排名、中排名、低排名公司），对他们的销售利润率、总资产周转率、负债股权比例以及资本积累率四项数据进行示例分析，见表 8-13。需要说明的是，实际比赛情况更为复杂（比赛共有 12 家企业参与竞争），此处仅选取了三家企业进行分析。

表 8-13　2021 年企业运营仿真竞赛全国总决赛第 3 组财务状况分析

项目		第 1 季度	第 2 季度	第 3 季度	第 4 季度	第 5 季度	第 6 季度	第 7 季度	第 8 季度
销售利润率	广西大学	–20.93%	12.11%	22.46%	14.5%	13.25%	3.76%	8.80%	29.40%
	集美大学	–22.18%	12.09%	23.03%	17.61%	8.46%	–1.14%	11.13%	31.51%
	武汉理工大学	–21.62%	13.09%	22.19%	19.50%	8.62%	–3.48%	–12.30%	11.46%
	产业平均值	–21.20%	12.31%	23.81%	15.24%	11.03%	3.52%	4.46%	23.78%
总资产周转率	广西大学	0.61%	0.84%	0.68%	0.80%	0.68%	0.78%	0.76%	0.98%
	集美大学	0.58%	0.78%	0.72%	0.78%	0.62%	0.63%	0.51%	0.57%
	武汉理工大学	0.61%	0.82%	0.69%	0.80%	0.58%	0.61%	0.20%	0.36%
	产业平均值	0.60%	0.80%	0.69%	0.79%	0.65%	0.68%	0.61%	0.73%
负债股权比例	广西大学	6.49	3.18	2.17	1.31	1.75	1.20	0.82	0.05
	集美大学	7.25	3.49	2.08	1.12	1.83	1.87	1.54	0.60
	武汉理工大学	6.94	3.18	2.16	1.12	1.90	1.87	2.01	1.69
	产业平均值	6.67	3.30	2.08	1.25	1.73	1.76	1.40	0.63

续表

项目		第 1 季度	第 2 季度	第 3 季度	第 4 季度	第 5 季度	第 6 季度	第 7 季度	第 8 季度
资本积累率	广西大学	−48.79%	73.57%	94.61%	36.75%	32.59%	6.95%	13.90%	43.17%
	集美大学	−51.51%	74.08%	104.89%	41.36%	17.61%	−2.03%	16.84%	40.41%
	武汉理工大学	−50.98%	81.28%	94.65%	49.62%	16.86%	−5.73%	−6.87%	12.31%
	产业平均值	−49.45%	74.20%	102.87%	38.00%	24.52%	−7.61%	8.60%	36.85%

注：销售利润率=（净利润/销售收入）× 100%；总资产周转率=销售收入 ÷ 资产总额；负债股权比例=负债总额 ÷ 股东权益总额；资本积累率=（本期所有者权益增长额 ÷ 期初所有者权益）×100%

由各公司销售利润率的数据对比可以发现，在比赛的前 4 个季度三家公司的销售利润率都相差不多，在产业平均值附近小幅度波动。仅从前 4 个季度的财务数据来看，广西大学代表队并未确认领先优势，甚至在第 4 季度的销售利润率略低于其他两家企业和产业平均值。第 4 季度正是市场繁荣时期，大家都能以最高价格将产品全部卖出。可是当比赛进入后 4 个季度，广西大学代表队就逐渐超越了其他两家企业。观察四个指标对比表，从第 5 季度开始广西大学代表队在各项指标上都慢慢与其他两家企业拉开差距。此时也正是大多数高排名公司开始发力，与其他企业拉开距离的开端。到了第 7 季度，武汉理工大学代表队的销售利润率继续走低，总资产周转率降至 0.2，明显偏离产业平均值，负债股权比例也出现了上升，资本累积继续负增长。各项指标均说明，武汉理工大学代表队有可能出现了较大的失误。

可见，比赛的进行也越来越考验参赛选手的运营能力和决策能力。想要在比赛中获得较高的名次，选手既要保证自己不出现较大失误，也要有对市场准确的分析预测能力。各项财务数据都是有局限性的，仅从财务数据也无法窥见一个企业的全貌。但是这些财务数据也反映了一个企业的发展路程和潜在的问题。赛后复盘时，借助财务数据分析可以帮助我们更全面地了解自己与其他企业之间的差异。

8.3 企业运营仿真决策辅助模型设计

本小节主要介绍决策辅助模型的意义、功能与设计规则等内容。希望能够帮助同学们快速熟悉决策辅助模型，并且建立起自主建模的信心，通过巧妙的模型设计贯彻企业战略的实施。本节主要分为两个部分。第一部分，是对决策辅助模型的建立意义进行一些探讨，并且介绍决策辅助模型的功能；第二部分，介绍一下决策辅助模型的设计原则。

8.3.1 决策辅助模型的意义与功能

1. 决策辅助模型的意义

就如“第 2 章 企业战略管理”开头所提到的那样，随着企业规模与业务范围的扩大，管理的复杂性和困难度也将提升，对企业管理者的经营能力和决策速度提出更高要求。而这些要求构成了一个重要的研究命题：企业管理者如何将有限的时间和注意力集中在最关键的决策上？因此，经营决策者需要具备企业战略管理的思想，从战略的角度思考经营决策的制定，建立、保持和发挥企业的竞争优势。

作为企业的最高管理者或者各职能部门的主要负责人，我们应当从基础与烦琐的计算中解脱出来，将有限的时间用于思考企业战略的制定与实施。因此，我们需要一个简单、实用的决策辅助模型。在这里强调简单和实用的主要原因是，我们需要对决策辅助模型拥有足够多的认识，才能够运用自如，真正地帮助我们提高决策的水平和能力。

2. 决策辅助模型的功能

在企业运营仿真竞赛中，我们会接触到许多结构化的数据。比如，部分影响市场需求的营销数据的时间序列数据。我们可以通过对其进行简单的统计与分析，然后通过一系列图表呈现出影响需求的各因素的作用和参数大小等，并且根据这些参数进行未来市场销售情况的计算预测与分析。因此，决策辅助模型的基本功能包括：数据统计、结果呈现、计算与分析。

（1）数据统计。建立决策辅助模型可以帮助管理者“简化运算过程，提高决策效率”，从而让管理者摆脱复杂冗长的计算过程，将宝贵的时间投入到对企业竞争策略的深入思考中。

（2）结果呈现。建立决策辅助模型可以预测未来的发展状况与经营决策结果，进而帮助企业迎接潜在的机会、应对和规避潜在的风险。

（3）计算与分析。建立决策辅助模型可以通过不断的计算和分析帮助我们理清决策思路，这也是一个不断学习的过程。通过决策模型化，可以将管理者的决策思维方式贯彻于决策辅助模型之中。此外，通过 Excel 表格建立决策辅助模型，也能提高我们的表格建模能力，这点在未来的职场工作中十分受用。

8.3.2 决策辅助模型的设计规则

在决策辅助模型的建立过程中，可以遵循一些简单的规则，以帮助我们建立起一个简单、实用的模型，真正达到提高决策效率和决策水平的目的。我们建议在模型的设计过程中，尽可能地把握“基础性”“区分性”“发展性”“严谨性”这四个一般原则（表 8-14）。下面逐一进行简要介绍。

表 8-14 决策辅助模型的设计规则

一般原则	说明
原则 1：基础性	软件架构，复制架构是学习过程
原则 2：区分性	划分功能，用不同颜色进行标记
原则 3：发展性	逐步完善，融入战略决策的思考
原则 4：严谨性	重视细节，持续地更新辅助模型

（1）基础性原则。决策辅助模型的建立过程，事实上也是我们深度学习企业运营仿真竞赛的过程。因此，决策辅助模型要包括几个基础的工作表，这些工作表来源于企业运营仿真系统本身。比如，“模拟规则”“决策单”“财务三大报表”，这些内容构成了企业运营仿真的基本架构。在模型制作过程中，尽可能遵照模拟企业运营仿真系统本

身的架构对这些工作表进行复制，以便在这一过程中进一步学习和掌握模拟软件本身的机制设计。需要说明的是，尽可能按照企业运营仿真系统本身的架构去设计模型，也能让队内的其他同学更快地学习和适应这一模型。

（2）区分性原则。需要分清楚各工作表中每一个部分的功能和作用。比如，在“模拟规则”工作表中，我们会看到十项有关企业运营的机制介绍，但其中有部分是非结构化的文字描述，也有部分是结构化的数字列表。而我们在每一次比赛中，会遇到不同的场景设定，此时，可能需要输入新的场景设定参数，但并不需要重新建模。因此，我们需要对模型中的主要内容进行一定的划分，并且标记不同的颜色，代表其所承担的不同功能。比如，可以用 Excel 表中单元格的颜色进行标记，将“模拟规则”中需要输入的数据单元格标记为“绿色”；将需要进行决策制定的部分单元格标记为“黄色”；将不需要进行决策制定只承担计算功能，为制定决策提供依据的单元格标记为“灰色”（并且在必要时添加单元格保护）；等等。经过颜色标记，使模型更为清晰，也避免模型被错误使用或者人为破坏。

（3）发展性原则。在建立最基本的模型架构后，对模拟系统本身就有了更为深入的了解。接下来可逐步进入决策制定与思考环节。在这一过程中，我们可能要对企业的生产、运输、营销、研发、财务分析等内容进行决策分析。因此，我们可以将思考过程进行模型化，然后将其以“模块化”的形式加入模型的基础架构之中，以丰富模型的实用性和功能性。此时，我们应当将战略思考过程尽可能地注入模型中。例如，为了制定切实可行的生产计划，我们需要构建一个生产模型，并据此设计出专门的“生产模块”。进一步地，我们可能不仅仅需要生产模型计算出生产是否可行，还需要计算生产是否经济，或者未来的生产计划能否实现，等等。因此，模型可以通过增加模块的形式逐步发展。

（4）严谨性原则。一个简单、实用的模型，应尽可能地准确。比如，在复制模拟系统本身架构时，应尽可能地还原其背后的逻辑和公式。如果对某一个财务数据的计算公式推导错误，那么接下来的很多决策模拟和推测的可信度就将受到很大的质疑。例如，在企业运营仿真竞赛中，对财务计算不清楚，轻则导致团队表现得分中的财务表现被扣分，重则导致企业破产无法挽回损失。因此，需要在细节上多加重视，认真、严谨地对待模型建设中的每一个小问题。事实上，许多企业运营仿真高手所做的决策辅助模型都是持续更新的。

思考与练习

1. 如何根据团队每位成员的特长和经验来分配不同的角色（如总经理、财务总监、生产总监、营销总监等）？如何确保每个角色都能充分发挥其优势？

2. 在企业运营仿真竞赛中，团队可能会遇到哪些挑战和冲突？请提出几个具体的案例，并讨论团队应如何应对这些挑战和冲突。

3. 结合竞赛实战数据，尝试分析团队的盈利能力、偿债能力、发展潜力以及团队表现情况。

4. 设计一个企业运营仿真决策辅助模型，并说明其设计原则与功能。

参 考 文 献

陈荣秋，马士华. 2022. 生产运作管理. 6 版. 北京：机械工业出版社.

褚吉瑞，李亚杰，潘娅. 2020. 人力资源管理. 成都：电子科技大学出版社.

戴维 F，戴维 M. 2004. 战略管理：建立持续竞争优势. 17 版. 徐飞，译. 北京：中国人民大学出版社.

蓝海林. 2015. 企业战略管理：承诺、决策和行动. 管理学报，12（5）：664-667，678.

蓝海林. 2021. 企业战略管理. 3 版. 北京：中国人民大学出版社.

蓝海林，张明，宋铁波. 2019. “摸着石头过河”：动态与复杂环境下企业战略管理的新诠释. 管理学报，16（3）：317-324.

郦巍铭，楼莉萍，章守明. 2017. 现代人力资源管理. 杭州：浙江大学出版社.

刘国强. 2021. 爆款品牌营销: 从零开始打造爆款品牌的七大核心模块. 北京：清华大学出版社.

刘伟. 2022. 引爆内容营销. 北京：中国工人出版社.

马士华，林勇. 2020. 供应链管理. 6 版. 北京：机械工业出版社.

潘颖，周洁，付红梅. 2020. 人力资源管理. 成都：电子科技大学出版社.

王强，陈姚. 2021. 创新创业基础: 案例教学与情境模拟. 北京：中国人民大学出版社.

魏江，邬爱其. 2021. 战略管理. 2 版. 北京：机械工业出版社.

吴奇志，赵璋. 2021. 运营管理. 2 版. 北京：中国人民大学出版社.

徐飞. 2022. 战略管理. 5 版. 北京：中国人民大学出版社.

杨毅玲. 2021. 4 市场营销策划实务. 北京：中国工信出版集团.

姚飞. 2021. 创业营销：前沿、实训与微课. 北京：中国纺织出版社.

张健东，钱堃，谷力群. 2018 . 人力资源管理理论与实务. 北京：中国纺织出版社.

张群，张杰，马凤才. 2019. 运营管理. 北京：机械工业出版社.

附录1

企业运营仿真系统运营规则

一、宏观环境信息

1. 经济成长指数

经济成长指数越高，说明经济环境越好，市场购买力越强，市场需求量相应越大。反之亦然。

2. 季节指数

取值区间[97，104]自由组合，以100为基数，大于100为旺季，小于100为淡季。季节指数越高，说明该季节越是销售的旺季，市场购买力越强，市场需求量相应越大。反之亦然。

3. CPI 指数

CPI 指数越高，说明市场物价越高，将会影响消费者的购买热情，市场购买力下降，市场需求量相应减少。反之亦然。

4. 产品生命周期

产品生命周期分为：导入、成长、成熟和衰退四个阶段。按成长快慢分为：高成长，中成长，低成长。指数区间[0，2]，初始值为0.75。产品生命周期指数越高，说明产品越成熟，市场购买力越强，市场需求量相应越大。反之亦然。

5. 增值税

增值税又称为正税或主税，分为小规模增值税和一般纳税人增值税，小规模增值税是3个点的增值税，一般纳税人增值税大多数是13个点或是6个点。

6. 附加税

附加税是在增值税基础上附加的税种，只有交了增值税才需要交纳附加税。附加税主要包括城建税、教育附加和地方教育附加、排污费（或河道工程修建维护管理费），不同区县城建税的标准不同，有的是7%，有的是5%，有的是1%。其他几项附加税率恒定不变。所以，各区附加税的税率不同，可能是13%，可能是11%，也可能是7%。

7. 企业所得税

企业所得税是以企业的总收入扣除成本、费用和各项支出之后的利润总额为征税基数征收的税，国家规定的税率是 25%，对于小微企业可以申请低至 10%。

8. 贷款年利率

贷款利率的高低直接决定着利润在借款企业和银行之间的分配比例，因而影响着借贷双方的经济利益。贷款利率因贷款种类和期限的不同而不同，同时也与借贷资金的稀缺程度相联系。贷款年利率可以根据实际情况个性化设置，默认情况下贷款年利率为 4%。

9. 折现率

折现率是指将未来有限期预期收益折算成现值的比率。可根据具体情况进行设置，建议值为 2%～8%。

二、公司筹备

第 0 季度为公司筹备阶段，该阶段不能生产销售产品，主要进行公司正式运营前的各项准备工作，可用资金为 650 万元，第 0 季度不能贷款，第 0 季度原材料单价为 1.5 元，主要工作如下。

1. 生产线购置

（1）购买一条新的生产线需要花费 50 万元。

（2）一条新的生产线产能为 5 万个产品。

（3）产能指在一个季度的生产周期内，所有生产线每天工作 8 小时（上白班）的总生产量，在原材料和工人充足的情况下，最大生产量为产能的 3 倍。

（4）一条生产线的订购成本为 10 万元。

（5）一条生产线需要配备 3 个技术工人，无论何种班次生产，一条生产线都由 3 个技术工人灵活负责白班、中班和晚班的生产工作。

（6）当季度采购的生产线，当季度不能使用，下一季度才能使用。

2. 购买原材料

（1）生产一个产品需要 1.35 个原材料。

（2）公司筹备阶段（第 0 季度）原材料单价为 1.5 元，之后每季度原材料价格将受市场供求关系影响随机波动。

（3）购买原材料需要相应的原材料订购成本。

（4）当季度采购的原材料，当季度不能使用，下一季度才能使用。

3. 人员招聘（包括招聘技术工人和市场人员）

1）技术工人

（1）一条生产线需要配备3个技术工人。

（2）当季度招聘的工人，当季直接进行培训，不能参与生产工作，当季度为试用期，季度末由试用期员工转为正式员工。

（3）招聘费：一个工人500元。

（4）培训费：一个工人1000元。

（5）工资：试用期工人月工资1250元，季度工资3750元；正式工人月工资2500元，季度工资7500元。

2）市场人员

（1）每个季度每个市场的一个市场人员最大销售能力为10万个商品。

（2）当季度招聘的市场人员，当季度直接进行培训，不能参与市场工作，当季度为试用期，季度末由试用期员工转为正式员工。

（3）招聘费：一个市场人员500元。

（4）培训费：一个市场人员1000元。

（5）工资：试用期市场人员月工资1500元，季度工资4500元；正式市场人员月工资3000元，季度工资9000元。

4. 产品研发

（1）投入研发费用可以提高产品质量，费用投入遵循边际效用递减规律。

（2）公司筹备阶段（第0季度）至少投入50万元研发费用，才能保证研发出合格产品，进入市场进行销售。

（3）一般情况下，产品质量水平越高，市场需求越大，产品质量水平越低，市场需求越小。

（4）研发投入存在递延效果，20%的研发效果在本季度产生，80%的研发效果则在下一季度产生。

第0季度的生产线购买支出、原材料购买支出、员工工资、招聘费、培训费、研发投入、生产线订购成本、原材料订购成本等所有投资之和不能超过650万元。

三、公司正式运营与管理

从第1季度开始，公司进入正式运营阶段。

1. 总经理办公室

1）主要职责

（1）负责组建团队，确定公司各部门人员分工与岗位职责。

（2）制定公司发展战略及各阶段具体经营目标。

（3）组织团队开展讨论，并协调各个部门之间的关系，引导各部门制定相应决策，总经理具有最终决策的提交权。

（4）负责带领公司团队高效稳健地开展经营，规避经营风险与陷阱，对公司绩效总体负责。

2）具体规则

A. 制定战略

在前面分析完宏观环境信息后，我们对市场环境有了清醒认识，接下来，我们就需要结合公司自身实际情况，召集公司股东，坐在一起，共同制定公司发展战略。

在企业运营仿真系统中，制定公司发展战略主要包括以下几个方面的内容：确立团队口号和基本经营战略、市场定位、产品定位、价格定位、销售目标定位等。

制定战略模块属于平台提供的决策辅助工具，不是必填项。

B. 公司破产规定

当公司负债/所有者权益大于等于 10 时，公司宣告破产，原则上不得继续参与企业经营。

C. 决策值单位说明

价格、费用投入、借还款和红利的单位是元，计划生产量、产品投放量和原材料采购数量单位是个，员工数量单位是人，生产线单位是条。

D. 净现值

$$净现值=\sum_{i=1}^{n}\frac{第i季度发放红利}{(1+k/4)^i}+\frac{第n季度末所有者权益}{(1+k/4)^n}-第0季度初所有者权益$$

式中，k 为折现率，由指导教师根据具体情况设置，n 为经营季度数。

2. 市场部

1）主要职责

（1）负责公司的市场调研、市场环境分析和竞争态势分析等工作。

（2）负责公司市场定位和产品定位工作。

（3）负责制订公司各个阶段的市场销售计划。

（4）负责制订公司各个阶段的广告促销计划。

（5）负责制定公司各个阶段的营销策略，包括：价格策略、产品策略、促销策略和渠道策略。

2）具体规则

A. 市场分布

平台中一共有 4 个市场可以进行市场推广与销售，分别是东部市场、西部市场、南部市场和北部市场，每个企业可以根据自身情况和实力选择其中的部分市场或全部市场开展经营活动。

B. 市场规模和容量

平台中每个市场的规模和容量受外部和内部多重因素的影响而不断发生随机波动。其中，外部因素主要包括：经济成长指数、季节指数、CPI 指数（居民消费价格指数）、产品生命周期指数、其他外部突发随机事件等；内部因素主要包括：产品价格、产品质量、产品品牌知名度、市场份额等。由于各个市场的影响因素数值不同，所以各个市场的市场规模一般也不相同。

C. 产品定位

产品定位为三个层次，分别为高端产品、中端产品和低端产品，其中高端产品为高品质、高品牌知名度的产品，中端产品为较高品质、较高品牌知名度的产品，低端品牌为较低品质、较低品牌知名度的产品。

D. 价格制定

各个市场产品价格可以根据产品单位成本和竞争对手情况合理制定，各个市场价格可以不同，产品的价格区间为[5元，9元]。在此区间范围内，企业可以自主定价，一般来讲，价格越高，市场需求越小，价格越低，市场需求越大。

E. 产品质量

投入研发费用可以提高质量，费用投入遵循边际效用递减规律。一般来讲，产品质量水平越高，市场需求越大，产品质量水平越低，市场需求越小。研发费用存在递延效果，20%的研发效果在本季度产生，80%的研发效果则在下一季度产生。

F. 品牌知名度

投入营销费用可以提高品牌知名度，费用投入遵循边际效用递减规律。一般来讲，产品品牌知名度越高，市场需求越大，产品品牌知名度越低，市场需求越小。营销费用存在一定的递延效果，80%的营销效果在本季度产生，20%的营销效果则在下一季度产生。

G. 市场占有率

市场占有率分为各个公司总的市场占有率和各个公司各个市场的市场占有率，按照销量计算。上季度市场占有率对本季市场需求量有影响，上期市场占有率越高，本季度市场需求量将会越多，反之越少。

H. 销售量

销售量大小取决于三个方面：市场需求量、实际产品投放量和库存量、市场人员数量。比较三个因素大小，以影响因素数值小的为依据计算相应的销售量。本季度销售总量等于四个市场的销量之和。

3. 生产研发部

1）主要职责

（1）负责根据中标情况和市场销售计划，制订产品的生产计划。

（2）负责公司产品的生产制造工作。

（3）负责根据生产计划，安排产品相应的生产班次。

（4）负责根据生产计划，提出原材料和生产设备的采购需求。

（5）负责根据生产计划，提出技术工人招聘需求。

（6）负责合理安排生产，控制生产成本工作。

（7）负责研发新工艺和新产品，提高产品的功能、性能等质量技术指标。

2）具体规则

A. 生产计划制订

生产部门根据市场销售计划，制订合理的生产计划。生产出来的产品满足各个市场上消费者的购买需求。产品生产出来后，按照各个市场的需求预测，将适当数量的产品运往相应市场，生产工厂在西部地区，设有原材料仓库，各个市场设有产成品仓库，仓库将产生相应的仓储费用。

B. 产品生产

生产一个产品需要 1.35 个原材料，一条生产线的产能[一个季度的生产周期内生产线每天工作 8 小时（白班）的总生产量]是 5 万个，在使用一个季度后产能将减少 2.5%。

C. 生产班次

公司采用轮班制方式进行生产，即 3 个生产班次轮流生产。第一个班次（白班）工作时间为 8：00～16：00，第二个班次（中班）工作时间为 16：00～24：00，第三个班次（夜班）工作时间为 00：00～8：00。每个班次的正常工作时间都是 8 个小时，若 1 个班次生产无法完成生产任务，可以加班，但是加班时间最多 4 个小时，夜班不允许再加班，如果加班超过 4 个小时，则加班取消，需要另外启动下一个班次进行生产，各个班次的管理费用和人工费用不同；如果启动 2 个班次（白班、中班），则第一个班次无须加班，如果启动 3 个班次（白班、中班和夜班），则各个班次都无须加班；生产部门可以按照市场需求开展大规模生产，但是每天最多只能按照 3 个班次轮流生产，在生产周期内最大生产量为产能的 3 倍。

产能指在一个季度的生产周期内所有生产线每天工作 8 小时（白班）的总生产量；实际产能指在考虑技术工人和生产线的匹配后，可启用生产线的产能，实际产能=产能×（可启用的生产线数/生产线总数）

① 班次管理费用

各个生产班次有相应的固定管理费用，具体如下所示：

如果 0<生产量≤1.5 倍产能，那么启动一个班次（白班），相应的班次管理费用为 10 000 元；

如果 1.5 倍产能<生产量≤2.5 倍产能，那么启动两个班次（白班、中班），相应的班次管理费用为 15 000 元；

如果 2.5 倍产能<生产量≤3 倍产能，那么启动三个班次（白班、中班和夜班），相应的班次管理费用为 20 000 元。

② 人工费用

为生产本季度产品所花费的人工成本，不同班次的单位人工成本不同，单位成本指在某一班次生产单位产品的人工成本，具体如下所示：

第一班次（正常上班），单位人工成本为 1.2 元；第一班次（加班），单位人工成本为 1.3 元；

第二班次（正常上班），单位人工成本为 1.4 元；第二班次（加班），单位人工成本为 1.5 元；

第三班次，单位人工成本为 1.6 元。

人工费用=单位人工成本×生产数量。

D. 产品研发

为了满足市场上消费者日益增长的需求，生产部门需要通过投入研发费用不断改进生产工艺、产品设计方案进而提高产品的功能、性能等质量技术指标，研发费用的投入遵循边际效益递减规律，研发费用存在递延效果，小部分的研发效果在本季度产生，大部分的研发效果则在下一季度产生。

企业要生产产品，需要先投入基本的研发费用，保证产品质量达到基本等级要求，成为合格产品，否则不能进入市场进行销售。在公司筹建阶段需要投入基本研发费用 50 万元，保证产品能够顺利研发出来，达到合格产品的要求。

4. 物流部

1）主要职责

（1）负责根据市场销售计划和生产能力，制订相应的产品投放和运输计划。

（2）负责各个市场之间的协调工作，制订相应的产品紧急调拨计划。

（3）负责全面物流管理工作，合理进行仓储管理和运输调度，控制物流成本。

2）具体规则

（1）物流部根据市场销售计划和生产能力，将生产的产品投放到相应市场进行销售，这个过程会产生运费。

（2）从西部地区的生产工厂到各个市场产生运输费用，东部、西部、南部和北部市场的单个产品运费分别为：0.5 元、0.1 元、0.4 元、0.4 元。

（3）如果产品在某个市场销路不好，出现大量库存，可以将产品紧急调拨到其他市场进行销售，但是会产生紧急调拨费用。

（4）如果某个市场某种产品出现紧急调拨，说明该市场该产品出现大量库存销售不出去，所以不允许继续向该市场投放该新产品；同理，如果向某市场投放某产品，说明该市场该产品销售情况良好，所以不允许紧急调拨，即某市场某产品投放和紧急调拨不能同时进行。

（5）某市场某产品的紧急调拨总量不能超过该市场该产品的库存量。

（6）各个市场之间的紧急调拨费用包括固定费用和变动费用，只要有产品调拨到其他市场，就会产生固定费用，变动费用是单个产品的紧急调拨费用。

具体费用如附表 1-1 所示。

附表 1-1　各个市场之间的紧急调拨费用

项目	东部市场	西部市场	南部市场	北部市场
固定费用/元	10 000	10 000	10 000	10 000
变动费用/元	东部-北部：0.8 东部-西部：0.5 东部-南部：0.4	西部-北部：0.4 西部-南部：0.4 西部-东部：0.5	南部-北部：0.7 南部-西部：0.4 南部-东部：0.4	北部-西部：0.4 北部-南部：0.7 北部-东部：0.8

5. 采购部

1）主要职责

（1）负责根据生产计划制订相应的原材料采购计划。

（2）负责根据生产计划制订相应的生产线采购计划。

（3）负责全面采购工作，把握采购时机和采购数量，控制采购成本。

2）具体规则

A. 原材料采购

（1）原材料价格不是一直不变的，它受市场供求关系的影响不断发生波动，第 0 季度原材料的初始价格为：1.5 元；

（2）原材料的订货提前期（T）为一个季度，即本季度初购买的原材料，本季度末才能到货，本季度不能使用，下一季度才能使用；如果当季度缺少原材料可申请紧急采购，但是紧急采购原材料的成本较高，每个原材料在当前市场价格的基础上需要额外支付紧急采购费用 1.0 元，紧急采购的原材料当季度可以使用。

（3）根据产品生产计划，制订相应的原材料采购计划。

（4）原材料采购后由原材料供应商负责运输，不需要支付运费。

B. 生产线采购

（1）生产线价格一般不会发生较大波动，购买一条新生产线需要花费 50 万元，一条新生产线的产能是 5 万，生产线使用一个季度后，产能会在之前的基础上减少 2.5%。具体公式：第 n+1 季度产能=第 n 季度产能×0.975+第 n 季度生产线购买数量×50000。

（2）生产线的订货提前期（T）也为一个季度，即：本季度初购买的生产线，本季度末才能到货，本季度不能使用，下一季度才能使用。

（3）生产一个产品需要 1.35 个原材料。

（4）根据产品生产计划，制订相应的生产线采购计划。

（5）生产线采购后由生产线设备供应商负责运输、安装和调试，不需要支付运费。

（6）投入使用的生产线每一季度需要进行设备维修和保养，将产生设备维护费用。

（7）从第 1 季度开始，一次购买生产线的投资支出（一条 50 万元）不能超过所有者权益的 1/3。

6. 人力资源部

1）主要职责

（1）负责根据公司发展战略，分析公司现有人力资源状况，预测人员需求，制订公司人力资源计划。

（2）负责员工招聘、入职、晋升、激励、离职等管理工作。

（3）开展员工培训，关注员工发展，做好人才的考察、培养。

（4）负责公司薪酬福利管理工作。

（5）及时与各部门沟通、协调，协助各部门做好员工管理工作。

2）具体规则

A. 人员招聘

招聘的人员包括两类：市场人员和技术工人，市场人员主要负责产品销售之前的咨询服务和销售之后技术支持（售前售后服务），进而提升公司的整体服务水平；技术工人主要进行产品生产和生产设备的维修保养工作，保证按时按质按量地完成生产计划任务。每招聘一个工作人员，需要支付人员招聘费用500元。

B. 人员培训

人员培训主要包括市场人员和技术工人的培训，对于新入职的市场人员和技术工人需要进行为期一季度的培训，每人的培训费用为1000元，之后变成具备正常工作能力的正式员工。

C. 人员配置

（1）市场人员。市场人员数量越多，就越能够为更多的消费者提供售前售后服务，进而能够保证公司向消费者销售更多的产品。如果市场需求足够大、生产产品数量足够多，但是如果市场人员数量不够，那么也无法保证能够销售更多的产品。市场预计销量和所需市场人员（正式员工）数量之间的对应关系，如附表1-2所示。

附表1-2 市场预计销量和所需市场人员（正式员工）数量之间的对应关系

市场预计销量/个	所需市场人员（正式员工）数量
0～100 000	1
100 001～200 000	2
200 001～300 000	3
300 001～400 000	4
400 001～500 000	5
⋮	⋮

（2）技术工人。一条生产线需要配备3个熟练的技术工人（正式员工），最多可以进行3个班次的生产，最大生产量为产能的3倍；新招聘技术工人（新员工）在培训期间不能操作生产线加工产品，只能做一些辅助性工作，如：协助老员工生产、产成品检验、物料盘点、车间整理等；如果一条生产线无法配齐3个熟练的技术工人，则该生产线不能开启、无法进行产品生产。

D. 薪酬福利

各个地区市场人员（正式员工）的工资为3000元/月，一个季度的工资为9000元；新市场人员在培训期间的工资为1500元/月，一个季度的工资为4500元，下一个季度转为正式员工。

熟练的技术工人（正式员工）的工资为2500元/月，一个季度的工资为7500元；新技术工人在培训期间的工资为1250元/月，一个季度的工资为3750元，下一个季度转为正式员工。

E. 员工解聘

（1）如果决定要招聘员工，就不能再解聘员工，同样，如果决定要解聘员工，就不能再招聘员工，招聘和解聘不能同时进行。

（2）企业可以根据发展情况，解聘员工，但需要给解聘的员工支付一次性生活安置费，具体费用见附表 1-3。

附表 1-3　一次性生活安置费

人员类型	一次性生活安置费/元
市场人员	6000
技术工人	5000

7. 财务部

1）主要职责

（1）负责公司财务管理方面的工作，核算成本，控制财务风险，防止出现破产情况。

（2）负责编制财务预算报表，包括预计利润表、预计现金流量表和预计资产负债表。

（3）负责根据编制的财务预算报表，核算成本，评估计划和决策是否可行，同时计算出是否借、还款以及借多少、还多少。

（4）负责解读财务报表，分析财务指标，透过财务数据发现管理决策问题，提出改进建议，为其他部门提供决策支持。

（5）负责根据公司的发展目标和财务状况，合理发放红利。

2）具体规则

A. 借款、还款

（1）每一季度缺钱时可以根据需要借钱，有钱时可以根据需要还钱；当借款未还时，每一季度会产生银行利息；当有闲置资金时可以还款时，还款后银行利息将会相应减少。

（2）当季度的借款直接到达公司账户，可以在当季度直接使用。

（3）借款和还款发生在季度初，银行利息在季度末结算，还款的金额只能从公司账面剩余现金中支出。

（4）借款时不能还款，还款时不能借款，借款和还款不能同时进行。

B. 正常和非正常负债

正常负债指通过正常的借款渠道（系统决策），获得的借款；非正常负债指当借款数额不够时，系统自动给的借款，非正常负债的利息较高，非正常负债在下一季度按照非正常负债利率计算一次利息之后，非正常负债归为正常负债，之后按照正常负债的利率计算银行利息。

C. 可用现金

由于产品是陆陆续续地销售，销售现金也是陆陆续续地回收，回收的部分销售现金可以用于本季度的现金花费，所以，系统规定：当季度销售收入的一半可以在当季度直接使用，当季度可用现金等于当季度销售收入的一半和上季度账面剩余现金之和。

当上季度末现金余额+本季度现金流量≥1/2×销售收入时，

非正常负债=0；

本季度末现金余额=上季度末现金余额+本季度现金流量。

否则，

非正常负债=1/2×销售收入–（上季度末现金余额+本季度现金流量）；

本季度末现金余额=1/2×销售收入。

D. 发放红利

当所有者权益超过 800 万时，才有资格发放红利。

E. 破产规定

当公司负债/所有者权益大于等于 10 时，公司宣告破产，原则上不得继续参与企业经营。

3）财务报表

A. 利润表

① 销售收入

某市场销售收入=价格×销售量。

② 其他收入

包括返还的投标保证金、履约保证金。

③ 研发费用

投入研发费用可以提高产品的质量。

④ 班次管理费用

各个生产班次有相应的固定管理费用，具体如下所示：

如果 0<生产量≤1.5 倍产能，那么启动一个班次（白班），相应的班次管理费用为 10000 元；

如果 1.5 倍产能<生产量≤2.5 倍产能，那么启动两个班次（白班、中班），相应的班次管理费用为 15 000 元；

如果 2.5 倍产能<生产量≤3 倍产能，那么启动三个班次（白班、中班和夜班），相应的班次管理费用为 20 000 元。

⑤ 人工费用

为生产本季度产品所花费的人工成本，不同班次的单位人工成本不同，单位成本指在某一班次生产单位产品的人工成本，具体如下所示：

第一班次（正常上班），单位人工成本为 1.2 元；第一班次（加班），单位人工成本为 1.3 元；

第二班次（正常上班），单位人工成本为 1.4 元；第二班次（加班），单位人工成本为 1.5 元；

第三班次，单位人工成本为 1.6 元。

人工费用=单位人工成本×生产数量。

⑥ 原材料耗用

为生产本季度产品所花费的材料成本，原材料耗用=单位材料成本×耗用原材料数量，单位材料成本=（当季度购料金额+上季度原材料存货价值）/（当季度购料数量+上季度原材料存货数量）

⑦ 原材料订购成本

订购原材料过程中所产生的相关费用（含订购手续费、运费等）见附表 1-4。

附表 1-4　原材料订购成本

原材料订购数量/单位	订购成本/元
1～500 000	40 000
500 001～1 000 000	80 000
1 000 001～1 500 000	120 000
1 500 001～2 000 000	160 000
2 000 001 及以上	200 000

⑧ 原材料紧急采购费用

当发生原材料紧急采购时，每个原材料在当前市场价格的基础上需要额外支付紧急采购费用 1.0 元，紧急采购的原材料当季度可以使用。

⑨ 设备维护费用

为保证生产线正常运行所花费的日常维修保养费用，按照生产线数量来计算，设备维护费用=单条生产线维护费用×生产线数量，单条生产线维护费用=12 000 元。

⑩ 设备订购成本

因购买设备所产生的成本（包含运费、保险费、安装调试费等费用）。按照生产线数量计算订购成本，单条生产线订购成本为 10 万元。

⑪ 设备折旧

设备折旧每季度都以 2.5%的比例进行，设备折旧=季度初设备账面价值×2.5%。

⑫ 产成品存货价值修正

产成品存货价值修正=上季度产成品存货价值–本季度产成品存货价值

⑬ 招投标费用

每参加一次招投标会产生相应费用，如：购买标书费、标书打印费、交通费、劳务费等，招投标费用按照一次 1000 元计算。

⑭ 投标保证金

投标保证金一般按照招标项目采购预算金额的 2%收取。

⑮ 履约保证金

履约保证金一般按照中标合同金额的 10%收取。

⑯ 营销费用

华北、华中、华南和华东市场的总营销费用，投入营销费用可以提高产品的品牌知名度。

⑰ 运输费用

从华中地区的生产工厂到各个市场的运输费用，华北、华中、华南和华东市场的单个产品运费分别为：0.4 元、0.1 元、0.4 元、0.5 元。

⑱ 紧急调拨费用

具体费用如附表 1-5 所示。

附表 1-5　各个市场之间的紧急调拨费用

	东部市场	西部市场	南部市场	北部市场
固定费用/元	10 000	10 000	10 000	10 000
变动费用/元	东部-北部：0.8 东部-西部：0.5 东部-南部：0.4	西部-北部：0.4 西部-南部：0.4 西部-东部：0.5	南部-北部：0.7 南部-西部：0.4 南部-东部：0.4	北部-西部：0.4 北部-南部：0.7 北部-东部：0.8

⑲ 招聘费

每招聘一个工作人员，需要支付人员招聘费用 500 元。

⑳ 培训费

人员培训主要包括市场人员和技术工人的培训，对于新入职的市场人员和技术工人需要进行为期一季度的培训，每人的培训费用为 1000 元。

㉑ 员工工资

各个地区市场人员（正式员工）的工资为 3000 元/月，一个季度的工资为 9000 元；新市场人员在培训期间的工资为 1500 元/月，一个季度的工资为 4500 元，下一个季度转为正式员工。

熟练的技术工人（正式员工）的工资为 2500 元/月，一个季度的工资为 7500 元；新技术工人在培训期间的工资为 1250 元/月，一个季度的工资为 3750 元，下一个季度转为正式员工。

㉒ 一次性生活安置费

具体费用见附表 1-6。

附表 1-6　一次性生活安置费

人员类型	一次性生活安置费/元
市场人员	6000
技术工人	5000

㉓ 原材料仓储费用

为保管原材料所发生的成本，原物料库存持有成本=季度初原物料存货价值×10%。

㉔ 产成品仓储费用

为保管产成品所发生的成本，产成品库存持有成本=0.5×季度末产成品存货数量。

㉕ 银行利息

正常负债利息=正常负债×（年利率/4），

非正常负债利息=非正常负债×4×（年利率/4）

㉖ 增值税

增值税=[销售收入/（1+增值税率）]×增值税率

㉗ 附加税

附加税=增值税×附加税税率

㉘ 企业所得税

企业所得税=[销售收入/（1+增值税率）–总成本–附加税]×企业所得税率

其中：总成本=产品成本+销售费用+管理费用+财务费用

㉙ 净利润

净利润=销售收入–产品成本–销售费用–管理费用–财务费用–税费

B. 资产负债表

① 现金

本季度末公司剩余现金，现金=本季度末现金余额

② 原材料存货价值

原材料存货价值=单位原材料成本×本季度末原材料存货数量

③ 产成品存货价值

产成品存货价值=单位产成品价值（一般为 4 元）×本季度末产成品存货数量

④ 生产设备价值

生产设备价值=本季度初生产设备价值–设备折旧+本季度设备投资额

⑤ 负债

正常负债指通过正常的借款渠道（系统决策），获得的借款，非正常负债指当借款数额不够时，系统自动给的借款，非正常负债的利息较高，利息公式详见利润表。

当上季度末现金余额+本季度现金流量⩾1/2×销售收入时，

非正常负债=0；

本季度末现金余额=上季度末现金余额+本季度现金流量。

否则，非正常负债=1/2×销售收入–（上季度末现金余额+本季度现金流量）；

本季度末现金余额=1/2×销售收入。

⑥ 所有者权益

企业资产扣除负债后由所有者享有的剩余权益。

C. 现金流量表

① 现金费用支出

现金费用支出指本季度利润表中所有支出项，除去原材料耗用、设备折旧和产成品存货价值修正。

② 购料支出

购买原材料所花费的现金（不包括原材料订购成本）。

③ 生产线投资支出

购买生产设备所花费的现金（不包括生产线订购成本）。

④ 本季度现金流量

本季度现金流量=流入现金–流出现金

⑤ 季度末现金余额

当上季度末现金余额+本季度现金流量⩾1/2×销售收入时，

非正常负债=0；

本季度末现金余额=上季度末现金余额+本季度现金流量。

否则，非正常负债=1/2×销售收入–（上季度末现金余额+本季度现金流量）；

本季度末现金余额=1/2×销售收入。

四、系统运行流程

1. 公司注册登记

公司具体注册流程（10个步骤）如下。

1）公司取名核名

系统自动比对数据库，完成公司名称审核。

2）选择并租用场地（公司住所）

点击租用场地按钮，进入租赁合同界面，填写合同（合同不用填写），提交。

3）准备并提交公司登记申请材料

填写公司登记申请表和公司章程，提交。

4）领取营业执照

营业执照包括以下信息：统一社会信用代码、公司名称、类型、住所、法定代表人、注册资本、成立时间、经营期限、经营范围等信息。

5）篆刻公章

展现五个章：公司公章、合同专用章、财务专用章、发票专用章、法定代表人章。

6）银行开户

填写银行开户登记表，完成开户。

7）税务登记

国税地税已经合并，直接填写税务登记表，进行税务登记。

8）统计局登记

填写统计登记表，进行统计局统计登记。

9）办理社保（社保登记）

填写社保登记表，进行社保登记。

10）填写公司相关信息

该界面显示公司统一社会信用代码、公司名称，同时需要填写公司组号、竞赛区域码、公司登录密码等信息。

2. 制定战略

包括团队口号、经营战略、市场定位、产品定位、价格定位、销售定位等信息，该部分是公司制定的发展战略和目标，不是必填项目，对公司经营结果不产生直接影响，但是最好经过讨论后填好，用于指导公司的发展大方向。

3. 公司筹建

第0季度为公司筹建阶段，该阶段不能生产销售产品，主要进行公司正式运营前的各项准备工作，可用资金为 650 万元，第 0 季度不能贷款，第 0 季度原材料单价为 1.5 元。

1）生产线购置

2）购买原材料

3）人员招聘（包括招聘技术工人和客服人员）

4）产品研发

第 0 季度研发投入至少 50 万元，这样才能保证产品能够顺利研发出来，达到合格产品的要求。

第 0 季度的生产线、原材料、员工工资、招聘费、培训费、研发投入等所有投资之和不能超过 650 万元。

4. 公司正式运营

从第 1 季度开始，公司进入正式运营阶段。一般一轮模拟经营需要进行 8 个季度。

注意问题如下。

（1）财务部门决策中，财务报表预算不强制要求填写，报表预算只是作为一个财务工具，方便各个公司核算成本、计算费用，不影响公司绩效和排名。

（2）当公司经营完 8 个季度后，教师端点击竞赛控制中的“下一季度”按钮后，直接进行公司最后排名结算。

5. 公司绩效查看

每一季度结束后，可以查看公司季度排名，经营周期结束后可以查看公司最终排名。

附录2

企业经营绩效评价标准

企业经营绩效评分遵循“公平、公正、公开”的原则。每个季度末系统根据运营规则自动评分，无人为因素干扰并实时列出各团队的运营状况，8 个季度运营结束，按照评分标准自动评分排名。

企业运营仿真竞赛成绩以企业经营绩效得分衡量，经营绩效得分=盈利能力评分+偿债能力评分+发展潜力评分+团队表现评分。竞赛成绩在各组内进行排名，破产企业按照破产季度、净现值排名（后破产企业排名靠前，在同一季度破产按照净现值排名），如净现值一致，按资产负债率排名（资产负债率低排名靠前）。评分标准包括 4 个一级指标和 8 个二级指标，具体评分标准如附表 2-1 所示。

附表 2-1　企业经营绩效评分标准

<table>
<tr><th>一级指标
（满分值）</th><th>二级指标
（满分值）</th><th>指标说明</th></tr>
<tr><td>盈利能力
（75 分）</td><td>净现值（75 分）</td><td>净现值越大，企业盈利能力越强</td></tr>
<tr><td>偿债能力
（5 分）</td><td>资产负债率（5 分）</td><td>资产负债率=总负债/总资产</td></tr>
<tr><td rowspan="3">发展潜力
（10 分）</td><td>研发投入（3 分）</td><td>研发投入效果通过产品质量水平高低来衡量</td></tr>
<tr><td>营销投入（3 分）</td><td>营销投入效果通过产品品牌知名度高低来衡量</td></tr>
<tr><td>市场潜力（4 分）</td><td>市场潜力通过企业市场占有率高低来衡量</td></tr>
<tr><td rowspan="4">团队表现
（10 分，
采用扣分制）</td><td>采购表现</td><td>原材料非正常采购，每次扣 1.5 分</td></tr>
<tr><td>生产表现</td><td>计划生产量与实际生产量不符（偏离量大于等于 10 个）每次扣 1 分</td></tr>
<tr><td rowspan="2">财务表现</td><td>非正常负债数值（万元）按区间分次扣分如下：
（0，50]扣 0.5 分；（50，100]扣 1 分；（100，150]扣 1.5 分；（150，200]扣 2 分；（200，+∞）扣 2.5 分</td></tr>
<tr><td>借款剩余值（万元）按区间分次扣分如下：
[0，50]扣 0 分；（50，100]扣 0.5 分；（100，150]扣 1 分；（150，200]扣 1.5 分；（200，+∞）扣 2 分</td></tr>
</table>

一、盈利能力

净现值越大，企业盈利能力越强，评分越高。

$$净现值=\sum_{i=1}^{n}\frac{第i季度发放红利}{(1+k/4)^{i}}+\frac{第n季度末所有者权益}{(1+k/4)^{n}}-第0季度初所有者权益$$

式中，k 为折现率，根据具体情况设置，n 为经营季度数。

$$净现值评分=\frac{该企业第n季度末净现值}{第n季度末最高净现值}\times一级指标满分值$$

$$盈利能力评分=净现值评分$$

如果该企业第 n 季度末净现值小于等于 0 或者第 n 季度末最高净现值小于等于 0，则净现值评分为 0，盈利能力评分也为 0。

二、偿债能力

偿债能力由资产负债率衡量，偿债能力评分=资产负债率评分，资产负债率应该控制在一定的合理区间，具体评分标准如附表 2-2 所示。

附表 2-2　偿债能力评分标准

资产负债率	[0，0.6]	（0.6，0.7]	（0.7，0.8]	（0.8，0.9]	（0.9，1]
评分	5	4	3	2	1

三、发展潜力

发展潜力由研发投入、营销投入和市场潜力三项指标衡量。

（1）研发投入：研发投入效果以产品质量指数衡量，质量指数越高，研发投入效果越好，评分越高。

$$研发投入评分=\frac{该企业第n季度末质量指数}{第n季度末最高质量指数}\times二级指标满分值$$

如果该企业第 n 季度末质量指数等于 0 或者第 n 季度末最高质量指数等于 0，则研发投入评分为 0。

（2）营销投入：营销投入效果以产品品牌指数来衡量，品牌指数越高，营销投入效果越好，评分越高。

判定企业是否经营某市场的依据：如果某企业在最后 3 个季度（第 6 至 8 季度）没有投入任何营销费用，系统判定该企业已经放弃该市场，该市场不计算营销投入评分。

$$某市场营销投入评分=\frac{该企业某市场第n季度末品牌指数}{某市场第n季度末最高品牌指数}\times二级指标满分值$$

$$营销投入评分=企业所经营的各个市场营销投入评分的平均值$$

如果该企业某市场第 n 季度末品牌指数等于 0 或者某市场第 n 季度末最高品牌指数

等于0，则该企业某市场营销投入评分为0。

（3）市场潜力：市场潜力以该企业第 n 季度末总市场占有率来衡量，市场潜力越高，评分越高。

$$市场潜力评分=\frac{该企业第n季度末总市场占有率}{第n季度末最高市场占有率}\times二级指标满分值$$

$$第n季度末总市场占有率=\frac{该企业各个季度销售量之和}{所有企业各个季度销售量之和}$$

如果该企业第 n 季度末市场占有率等于0或者第 n 季度末最高市场占有率等于0，则市场占有率评分为0。

发展潜力评分=研发投入评分+营销投入评分+市场潜力评分。

四、团队表现

团队表现按采购表现、生产表现、财务表现等相关对应指标，满分为10分，采用扣分制，按实际发生扣分项目和次数进行累计扣减，扣完为止，具体扣分项如附表2-3所示。

附表 2-3　团队表现评分标准

序号	扣分项目		分值	备注
1	非正常负债数值/万元	(0，50]	0.5分	按次扣分累加
2		(50，100]	1分	按次扣分累加
3		(100，150]	1.5分	按次扣分累加
4		(150，200]	2分	按次扣分累加
5		(200，+∞)	2.5分	按次扣分累加
6	借款剩余值/万元	[0，50]	0分	按次扣分累加
7		(50，100]	0.5分	按次扣分累加
8		(100，150]	1分	按次扣分累加
9		(150，200]	1.5分	按次扣分累加
10		(200，+∞)	2分	按次扣分累加
11	原材料非正常采购		1.5分	按次扣分累加
12	计划生产量与实际生产量不符（偏离量大于等于10个）		1分	按次扣分累加

附录3

企业运营仿真平台常见问题解答

1. 什么是竞赛区域码？竞赛区域码有何用处？

竞赛区域码就是一个竞赛区域标识，或者就是一个教室编码，只有属于同一个竞赛区域码的公司才能在一个区域中进行企业运营对抗，竞赛区域码需要从教师或竞赛管理员处获得。

2. “制定战略”页面必须填写吗？

制定战略是系统提供的公司运营管理辅助工具，可以根据需要填写，不是必填项。

3. 公司筹备阶段现金支出包括哪些项目？

公司筹备阶段（第0季度）的生产线购买支出、原材料购买支出、生产线订购成本、原材料订购成本、员工工资、招聘费、培训费、研发投入等所有现金支出之和不能超过650万元。

4. 为什么会产生非正常负债？

当现金花费过多，而当前现金又不够时，系统会自动借款，产生非正常负债。

5. 出现非正常负债如何处理？

出现非正常负债后，不用进行特殊处理，系统会针对非正常负债，按照正常负债利率的4倍计算一次利息，之后非正常负债就自动变为正常负债，相当于系统对产生非正常负债的一次惩罚。

6. 怎样才能利润最大化？

要想做到利润最大化，需要做到让收入最大化，而费用支出最小化，即实现用最小的投入获得最大的产出。

7. 如何提高所有者权益？

只有通过提高净利润，才能提高所有者权益，所有者权益是靠自己辛苦经营换来的，不是凭空获得的。

8. 第0季度运营有没有销售收入？

第0季度为公司筹备，不生产销售，没有销售收入。

9. 什么是一次性生活安置费？

一次性生活安置费指解聘人员时的安置费，按人数支出。

10. 破产的条件是什么？

当负债/所有者权益≥10 时，公司破产。

11. 破产后还能继续参加比赛吗？

破产后正常是不允许继续参加运营比赛的，但是如果想继续参加比赛，可以在教师端竞赛控制中选择破产公司后，点击“继续比赛”。

12. 如何提高盈利能力评分？

净现值越大，企业盈利能力越强，评分越高。

$$净现值=\sum_{i=1}^{n}\frac{第i季度发放红利}{(1+k/4)^{i}}+\frac{第n季度末所有者权益}{(1+k/4)^{n}}-第0季度初所有者权益$$

式中，k 为折现率，根据具体情况设置，n 为经营季度数。

13. 班次管理费是按照生产线数量收取，还是按照季度收取？

按照季度收，与生产线数量无关。

14. 非正常负债产生时正常负债为什么会增加？

非正常负债产生后，先按照非正常负债的高利率算一次利息，之后就归为正常负债。

15. 发放红利要发多少，如何计算？

发放红利的现金来自净利润，如果净利润用于发放红利，就不会累加到权益中，可根据需要结合净现值（net present value，NPV）公式自行发放。

16. 在规定时间内可以无限次重送决策吗？

在当季度结果出来之前原则上可以多次重送决策，但是需要得到教师或竞赛控制人员的许可。

17. 借款有没有规定的最高限额？

借款没有最高限额，但是有破产条件无形中约束着借款额度，借款太多，又赔钱的话，容易破产。

18. 产成品存货价值修正怎么理解和计算？

产成品存货价值修正=上季度产成品存货价值−本季度产成品存货价值，当产品生产出来后，无法完全销售，产生库存时，就会出现产成品存货价值修正，通过调整保证财务报表平衡，产成品存货价值修正不影响现金流量，但是影响本季度的成本。

如果上季度产成品存货价值−本季度产成品存货价值>0，说明本季度销售掉上季度的部分产品，应该计入本季度的成本中，否则本季度利润就会较高，但这是虚假的高利润，所以需要调整，保证财务报表勾稽平衡；上季度产成品存货价值−本季度产成品存货价值=0，无须调整；如果上季度产成品存货价值−本季度产成品存货价值<0，说明本季度在上季度基础上又产生的部分库存，不能将成本计入本季度，否则利润会显得很低，所以要进行调整。

19. 本期的研发，广告支出只对本季度和下一季度有影响，对以后的季度没影响，是吗？

是的，研发效果保留，但广告效果随时间慢慢衰减。

20. 一定要按照所有者权益的 1/3 去上生产设备吗？如果多上一条会出现什么后果？

是的，多上一条，系统不让提交。

21. 解聘员工，是当季度就会解聘，还是下季度解聘？

当季度解聘，当季度生效。

22. 当季度购买的生产线有折旧吗？怎么分季度初和季度末？

当季度购买的生产线，当季度末才到，当季度不能用，当季度没有折旧，下一季度才能使用，下一季度折旧，之后每季度末都有设备折旧成本，每季度都是季度初做决策，季度末形成各种报表。

23. 四个市场系统默认为高成长，影响最后比赛结果吗？正常比赛会如何设计？

不同的产品生命周期成长速度影响该市场的市场需求变化趋势，对各团队比赛结果没有直接影响，正常比赛时随机设置。

24. 每个季度库存产品下一季度怎么卖？可以在下季度市场投放那里加上吗？

库存产品已经被运输到该市场，可以继续在该市场销售，不能放入下一季度的产品投放量中，产品投放量不包括库存产品。

25. 发放红利对净现值有什么影响啊？

首先发放红利的现金来自当季度净利润，如果用净利润发放了红利，该部分净利润就不会累加到所有者权益中，通过净现公式可以看出：发放红利可以让同样的资金折现后折现值稍微大一些。

26. 进入登录界面，无法输入用户名和密码？

把浏览器浏览模式改成极速模式即可。

27. 同一个教师账号可以多人使用同时操控不同组的比赛吗？会有冲突吗？

同一个教师账号可以多人使用同时操控不同组的比赛，不会发生冲突。

28. 平台开一场比赛能添加多少组，是多少组都可以吗？如果一次登录组数过多会卡吗？

不限组数，但是建议 8～15 组；不会，主要看你们的网速了，一个比赛最好不要超过 15 组。

29. 购买生产线有上限吗？

第 0 季度筹建阶段不限，从第 1 季度开始购买生产线支出不能超过所有者权益的 1/3。

30. 发放红利会使所有者权益减少吗？是发放多少红利就减少多少所有者权益吗？

举个例子：假设上季度末权益为 1000 万元，本季度净利润为 200 万元，如果本季度发放红利 200 万元，那么本季度末权益还是 1000 万元，如果本季度发放红利 100 万元，那么本季度末权益为 1100 万元，如果本季度发放红利超过本季度的净利润 200 万元，那么本季度末权益将减少，变为上季度末权益减去超出部分。

31. 借款和还款能同时进行吗？

借款和还款不能同时进行，账户有现金就可以还款，但是如果本季度可使用现金不够，会产生非正常负债，非正常负债利息较高。

32. 发放红利会降低所有者权益，会不会影响上生产线的数量？

发放红利后相应的净利润就不会累加到所有者权益中，相对来讲权益较低，如果购买生产线数量较多，因为购买生产线投资支出不能超过权益的 1/3，所以这时可能会导致你无法购置更多的生产线。

33. 销售量过低，是不是得加大原材料的购买量？

销售量过低主要有两个方面的原因：一个原因是你的产品在市场上不受欢迎，卖不出去；另一个原因是你的生产量没跟上。产品在市场上不受欢迎，你要联系实际看怎么才能让产品受欢迎、好卖；生产量不够，你要看生产线、原材料和技术工人是否充足。

34. 原材料的价格是随机波动的吗？

原材料价格受市场供求关系影响随机波动，供不应求，价格上涨，反之亦然。

35. 每参加一个比赛是否需要注册新的公司？

之前注册的公司在参加的比赛结束后，可以继续参加新的比赛，不用每参加一个比赛就申请一个新公司；如果公司中途破产，在参加的这个比赛结束前，该公司不能参加新的比赛。

36. 最后一季度（第 8 季度）是否仍需采购原材料？

第 8 季度是最后一季度经营，第 8 季度买原材料，第 9 季度才能用，所以买原材料就没有意义了。

37. 原材料是否有额外仓储费用，如果没有那通过恶意采购是否成本过于低廉？

原材料和产成品都有仓储费用，买得太多，会产生仓储费用，过犹不及。

38. 为什么借款要么就借多了，要么就借少了？

因为现金核算有问题，才会出现借款误差大的情况。一方面，本季度能用的现金包括：上季度账目剩余现金和本季度销售收入的一半，另一方面，本季度要花费的现金包括：本季度利润表中的所有费用支出项（除去以下三项：原材料耗用、生产线折旧和产成品存货价值修正），两项比较之后，确定借还款数额。

39. 影响产品市场需求的因素有哪些？

影响产品市场需求的因素不仅包括外部因素，如经济成长指数、产品生命周期、季节指数等，还包括内部因素，如产品价格、质量、品牌知名度高低等，是多种因素叠加的结果；还有出现部分公司破产后，其他公司的市场需求量也可能增加。

40. 上季度原材料存货价值，是不是上季度采购原材料的金额？利润表里这两者不等，比如，我上季度采购原材料花了 238 万元，但上季度原材料存货价值为 250 万元，为什么？

原材料购料支出和原材料存货价值，不是一回事。

单位材料成本=（当季度购料金额+上季度原材料存货价值）/（当季度购料数量+上季度原材料存货量）。

原材料存货价值=单位原材料成本×季度末原材料存货数量。

原材料购料支出=原材料单价×原材料购买数量。

41. 降价和增大营销投入谁对市场需求量的影响更大？

价格相比营销投入对市场需求量的影响更大。

42. 如何提高团队表现得分？

团队表现按采购表现、生产表现、财务表现等相关对应指标计算，满分为 5 分，采用扣分制，按实际发生扣分项目和次数进行累计扣减，扣完为止。